Anthony Gilbert

Schwarze Bühne

Aus dem Englischen von Melanie Langenberger

Ariadne Krimi 1034
Argument

Titel der englischen Originalausgabe: The Black Stage
First published 1945 by Collins

Lektorat: Alwin Schröder

Deutsche Erstausgabe
November 1992

Rentzelstraße 1, 2000 Hamburg 13
Telefon 040 / 45 36 80 – Telefax 040 / 44 51 89
Titelgraphik: Johannes Nawrath
Signet: Martin Grundmann
Texterfassung durch die Übersetzerin
Fotosatz: Comptext, Berlin
Druck: Clausen & Bosse, Leck
ISBN 3-88619-534-1

O grimme Nacht, du Bild der Höllengründe,
Verzeichnis jeder Schmach und Advokat,
Du Lasteramme, Chaos aller Sünde,
Du schwarze Bühne jeder Missetat.

William Shakespeare, Lucretia.

In Liebe für
Mary Dwane

»Tis the good reader makes the good book«
Emerson

1. Kapitel

Anne Vereker stieg in Little Ebbisham aus ihrem Erster-Klasse-Waggon, bedankte sich bei ihrem Mitreisenden, der ihren Lederkoffer, die dazu passende Hutschachtel und ihre Reisedecke — ein Andenken an ihre Dienstjahre — herausgetragen hatte, und erklärte ihm, daß sie kein Taxi benötige, da sie erwarte, abgeholt zu werden.

»Das habe ich vermutet«, seufzte der junge Mann. Er war hingerissen von ihrer Jugend, Schönheit und Haltung. Das alles deutete eine Sicherheit an, die er selbst niemals gekannt hatte. »Ich werde trotzdem noch warten, wenn Sie erlauben. Falls Ihr Rolls eine Panne haben sollte, könnte ich Ihnen vielleicht anbieten, im Taxi mitzufahren.«

»Sehr freundlich«, murmelte Anne mit einem Lächeln so strahlend wie elektrisches Licht — und etwa ebenso natürlich, »aber Alistairs Wagen haben niemals Pannen.«

»Oh«, murmelte ihr Begleiter und dachte darüber nach, daß, obwohl sie von London aus zusammen gefahren waren und er ihr fast seine ganze Lebensgeschichte erzählt hatte, dies der erste Einblick war, den sie ihm in ihre gewährte.

»Entschuldigen Sie. Ihr Ehemann, nehme ich an.«

Anne lachte. »Ach, Alistair hat durchaus Stil — aber es ist der Stil der Zeit um 1910.«

Altmodisch, vermutete der junge Mann. Niemals zuvor hatte er ein solches Mädchen getroffen. Sie sah aus, dachte er, als ob sie selbst ebenfalls Stil besaß. Wie diese Mädchen aus den Erzählungen der eduardischen Zeit, gekleidet in Gold und Blau, mit dem Duft von Sahne und Rosen. Zuverlässig, mutig, selbstbewußt, Alter vielleicht fünfundzwanzig Jahre. Er fragte sich, was sie wohl während der letzten fünf Jahre gemacht hatte. Er selbst war Flieger gewesen. Fünf Jahre waren eine beachtliche Leistung in einem so gefahrvollen Beruf. Unvermittelt fragte er sie danach.

»Ach, dies und das halt«, sagte sie unbestimmt, während sie auf dem Bahnsteig nach Alistair Ausschau hielt, der im allgemeinen niemals unpünktlich war — ebenfalls ein Teil seiner guten Manieren, die der eduardischen Lebensart entstammten.

»Ich verstehe«, sagte der junge Mann, der nichts verstand außer der Tatsache, daß sie offenbar nicht sehr an einer Unterhaltung interessiert war. Ihre Schönheit war vielleicht nicht von einer bemerkenswerten Art, aber in höchstem Maße auffallend. Er dachte, wenn man ein Plakat von ihr gemacht und im Mittleren Osten aufgehängt hätte, etwa mit der Schlagzeile: 'Wofür wir kämpfen' — das hätte viele ermutigt, die nicht so sicher waren, wofür sie sich einsetzten und ob es den Preis wert war, den sie zahlen sollten. Ein Mädchen wie dieses rechtfertigte einfach jeden Einsatz.

»Ich bleibe noch eine Weile in dieser Gegend«, wagte er sich vor. »Vielleicht sehen wir uns gelegentlich wieder.«

»Das hoffe ich«, sagte sie freundlich, aber selbst der phantasievollste junge Mann hätte hinter ihren Worten nicht mehr als bloße Höflichkeit vermuten können. »Oh, kümmern Sie sich nicht weiter um mich. Sie könnten Ihr Taxi verpassen, und heutzutage gibt es nicht allzu viele. Alistair kommt bestimmt, selbst wenn er einen Eselskarren benutzen muß.«

Er haßte den unbekannten Alistair, den er genau in diesem Augenblick schnellen Schrittes auf sie zukommen sah. Er korrigierte sich augenblicklich: 'Schnellen Schrittes' war nicht der richtige Ausdruck für diesen schlanken, leicht schlendernden, eigenartig korrekt aussehenden Engländer, der über den Bahnsteig stolzierte, als gehöre der Bahnhof ihm, und auf Anne zuging, als gehöre *sie* ihm auch.

»Der Zug ist pünktlich, zur Zeit eigentlich ungewöhnlich«, bemerkte er.

»Und daß *du* es *nicht* bist, noch mehr«, erwiderte Anne.

»Es liegt an Tante Tessas Wagen«, erklärte Alistair. »Er kann dem Tempo ihrer Rückkehr zu Vorkriegsverhältnissen nicht ganz folgen.«

Er blickte fragend auf den jungen Mann, und Anne sagte,

sich ihrem Begleiter zuwendend: »Es war sehr freundlich, mir ein Taxi anzubieten, aber nun, da mein Vetter eingetroffen ist ...«

Sie schien nicht gewillt, sie einander vorzustellen, und Alistair fragte: »Können wir Sie irgendwohin mitnehmen?«

Er hätte das Angebot gern angenommen, statt dessen aber erwiderte er, er werde das Taxi nehmen. Denn er hatte vom ersten Moment an gewußt, daß Anne nicht zu seiner Welt gehörte, und trotz aller schön klingenden Erklärungen und Resolutionen, mit denen man die Bevölkerung in den vergangenen fünf Jahren überschüttet hatte, gehörten sie immer noch unterschiedlichen gesellschaftlichen Schichten an.

Alistair hob weder Koffer noch Hutschachtel auf. Er sah sich vielmehr nach einem der Träger um, um die sich die ankommenden Reisenden in den letzten fünf Minuten heftig gestritten hatten. Little Ebbisham war einer jener unmöglichen kleinen Bahnhöfe, auf denen man in die Züge zu den größeren Städten des Inlands umstieg. Wie durch ein Wunder erschien ein Träger, nahm das Gepäck und deutete an, Anne sofort wiedererkannt zu haben. Sie sagte, sie habe gehört, daß sein Vater schwer krank gewesen sei, und er erwiderte ja, aber der Alte sei auf dem Weg der Besserung und werde sie alle überleben.

»Was für ein kleines Biest du doch bist, Anne«, stellte Alistair leidenschaftslos fest, während er neben ihr den Bahnsteig entlangschritt. »Mußt du diese jungen Burschen aus bloßem Vergnügen quälen?«

»Ich habe gar nichts getan«, verteidigte sich Anne. »Er wollte sprechen, und ich ließ ihn.«

»Eines Tages«, sagte Alistair, »wird dir einer von denen ein blaues Auge schlagen, und du hättest es wahrlich verdient.«

Sie verließen den Bahnhof und gelangten zu einem langen, schäbigen, dunkelblauen Wagen, der auf dem Vorplatz geparkt war.

»Soll ich fahren?« schlug Anne vor.

»Nein danke«, sagte Alistair. »Nach deinen Erfahrungen mit griechischen und italienischen Straßen hast du vielleicht verlernt, dich auf unserem ruhigen englischen Pflaster zurechtzufinden. Wir fahren hier immer noch links«, fügte er hinzu.

»Das habe ich bemerkt.« Sie nahm auf dem Beifahrersitz Platz, während der Träger das Gepäck im Fond verstaute. Dabei beobachtete sie ihren Vetter, einen großen, kühlen jungen Mann — allerdings etwas älter, als sie ihn in Erinnerung hatte — lange, feine Hände, kastanienbraunes, glattes Haar, die der Familie eigentümliche Nase, die offensichtlich zu groß für das Gesicht war, ihnen allen aber Charakter — auf Kosten der Symmetrie — verlieh: Eine Erscheinung, wie sie sie aus der Nähe seit mindestens drei Jahren nicht gesehen hatte. Sie wunderte sich darüber, daß er den brutalen Weltkrieg offenbar unverändert überlebt hatte.

»Wie geht es Tante Tessa?« fragte sie, als sie losfuhren.

»Sie ist mit der Geschwindigkeit einer V2 auf dem Weg zurück in die Vorkriegsverhältnisse«, berichtete er. »Dieser Wagen ist ein Beispiel dafür. Er ist lahm wie ein alter Gaul. Wenn du es schaffst, damit vierzig zu fahren, kannst du zufrieden sein.«

»Wenn Tante Tessa schneller als vierzig führe, würde man sie vielleicht nicht erkennen«, erklärte Anne. »Man könnte meinen, sie gehöre zu jenen gewöhnlichen Leuten, die fahren, nur um schnell von einem Ort zum nächsten zu kommen. Bei Tante Tessa ist jede Handlung wohl bedacht und stets spektakulär.«

»Ich glaube, du tust ihr unrecht. Dafür ist sie nicht vorausschauend genug«, entgegnete Alistair. Denn Gott sei Dank war sie keine dieser klugen Frauen. Sie tat stets nur das Naheliegende. Er war während des Krieges genug klugen Frauen begegnet, um ihr dafür dankbar zu sein.

»Ich vermute, sie kleidet sich zum Dinner in schwarzem Samt und trägt ihre Diamanten, genau wie zu Onkel Theos Zeiten«, fügte Anne ohne gehässigen Unterton hinzu.

»Es steht ihr«, stimmte Alistair zu, während er geschickt eine Kurve nahm.

Anne lehnte sich zurück und betrachtete mit mehr Freude, als sie im Augenblick zu zeigen bereit war, die liebliche, verschlafene Landschaft. Man konnte sich hier kaum vorstellen, daß in allen Ecken der Welt jahrelang ein Krieg gewütet hatte. Aber warum sollte man sein Herz an Dinge hängen, die vergangen waren, wenn die einzige Hoffnung darin bestand, sich der Zeit anzupassen und denjenigen zu folgen, die ihr Ziel am schnellsten erreichten?

»Ich hatte vergessen, daß Felder so grün sein können«, gestand sie. »Ich denke, ich verstehe jetzt, was du über Tante Tessa sagtest. Sie bezieht Mut und Kraft aus ihren festen Überzeugungen. Aber das taten die Märtyrer auch, und sieh dir an, wohin es sie gebracht hat. Da draußen hatte ich fast vergessen, daß diese Art Welt existiert. Ging es dir nicht ebenso?«

Aber Alistair antwortete in seiner kühlen, unbewegten Art. »Nein, ich kann nicht sagen, daß ich es vergaß.« Er sagte sich, daß man sich stets an seinen Geburtsort, wo man seine Jugend verbracht hatte, erinnern müsse, wie man seinen eigenen Namen nie vergaß. Für ihn war beides wert, dafür zu leben und zu sterben. Aber sein Gesicht spiegelte diese Gedanken nicht wider.

»Wer ist bei Tante Tessa?« wollte Anne wissen. Sie dachte darüber nach, ob Alistair sich so verändert hatte, oder ob sie es war, die sich entwickelt hatte und ihn jetzt anders sah.

»Ach, Leute«, äußerte Alistair unbestimmt. Dann aber wurde er deutlicher. »Es ist ein neues Gesicht dabei.«

»Das gibt's immer. Ein Er oder eine Sie?«

»Ein Er.«

»Selbst ein Weltkrieg scheint Tante Tessa nicht sehr verändert zu haben. Wo hat sie ihn getroffen?«

»Im Zug, vermute ich. Sie ist zu ihren Mitreisenden liebenswürdiger als du.«

»Wie heißt er?«

»Bishop, Lewis Bishop.«

»Wie nennt Tante Tessa ihn?«

»Natürlich Mr. Bishop.«

»Und wie ist er?«

Alistair war unbefriedigend vage. »Einer von diesen großen, dunklen Burschen.«

»Beruf?«

»Er verdient sein Geld als Künstler, wenn du mich schon fragst. Bei Hatton Garden außerhalb von Old Jewry.«

»Ich verstehe.«

»Was verstehst du?«

»Ich nehme an, er hat bereits Tante Tessas Diamanten bewundert.«

»Das, denke ich, war das erste, was er tat.«

»Ein glücklicher Umstand für ihn, daß sie es gern hat, wenn man ihre Sachen bewundert.«

»Glücklicher Umstand? Ich denke, es war mehr als das.«

»Du meinst, er hat in ihr gelesen wie in einem offenen Buch?« Sie lachte herzlich.

»Nun, bestimmt ist er kein Narr.« Alistair nahm eine weitere Kurve und wich einem Kaninchen aus, das mitten auf der Straße eine Ruhepause eingelegt hatte.

»Und sicher denkt Tante Tessa, daß er großartig ist. Das muß sie natürlich. Alles, was ihr gehört, ist wunderbar: Ihr Ehemann, ihre Kleider, ihre Eroberungen. Es muß sehr beruhigend sein, zu wissen, daß alles, was dir gehört, großartig ist, einfach weil du es besitzt.«

»Sehr befriedigend«, stimmte Alistair zu.

»Eines Tages«, rief sie aus, plötzlich verärgert über die unerschütterliche Gelassenheit ihres Vetters, »werden Tante Tessas Träume brutal zerstört werden. Eine ihrer Eroberungen wird ihr die Kehle durchschneiden, und dann ...«

»Schweig!« Alistair unterbrach sie scharf.

Sie sah ihn erstaunt an. »Nach all dem Blutvergießen, das du in den letzten fünf Jahren gesehen hast, hätte ich nicht geglaubt, daß du bei einer solchen Bemerkung blaß wirst.«

Alistair sagte nichts. Er und Anne waren gleicher Herkunft, ihre Erfahrungen bis zum Kriegsbeginn waren, abgesehen von geschlechtsspezifischen Unterschieden, ähnlich gewesen, aber in Augenblicken wie diesem schienen sie in zwei verschiedenen Welten zu leben. Sie wirkte wirklich überrascht, daß ihn ihre leichtfertige Bemerkung so erschreckt hatte. Dennoch hatten sie beide jahrelang alles riskiert, um die Menschen und Traditionen, die sie liebten und mit denen sie aufgewachsen waren, vor Gewalt zu schützen. In nahezu sechs Jahren des totalen Kriegs hatte sich Alistair mit aller Kraft einer hartnäckigen und sensiblen Natur bemüht, seinen eigenen Widerwillen gegen die Häßlichkeit und Grausamkeit, die zu jener Zeit sein Leben ausmachten, zu unterdrücken.

»Trotzdem«, setzte Anne das Gespräch fort, »bin ich keineswegs davon überzeugt, daß irgend jemand das Recht hat, Halsketten im Wert von 12000 Pfund zu besitzen.«

»Eine Reihe von Gaunern dürfte deiner Meinung sein.« Er hielt den Wagen vor dem eisernen Tor an, das die Aristokratin Mrs. Goodier von der Außenwelt trennte. Anne hatte die für sie ungewöhnlich phantasievolle Vorstellung, das Bild habe symbolischen Wert. Ihre Tante wurde durch mehr als dieses Tor von der Welt getrennt, die nach Jahren des Krieges nun die Unbilden des Friedens erwartete.

»Das sieht Tante Tessa ähnlich, daß sie sogar im Weltkrieg einen Gärtner halten konnte, der ihre schönen Winterrosen pflegt. Es wundert mich, daß sie ihr nicht auferlegt haben, Kohl anzupflanzen.«

»Tante Tessa könnte sogar die Behörden glauben machen, das *sei* Kohl, wenn sie wollte«, bemerkte Alistair gelassen. Und in seiner Stimme schwang Bewunderung mit.

»Es ist schon vorteilhaft, wenn man nur den eigenen Standpunkt sehen kann«, stimmte Anne zu. Sie waren an der Eingangstür angelangt, die nur angelehnt war. Eine Frau erschien in der Halle und sagte, als sie die beiden erblickte: »Alistair, du wirst am Telefon verlangt.«

»Ich komme schon, Dutchy«, rief Alistair ihr zu und verschwand.

Die Angesprochene, eine angenehme, schlicht wirkende Frau in mittleren Jahren, gekleidet in angenehmem, schlichtem Tweed gleichen Alters, sah Anne an und sagte trocken: »Du bist also zurück, Anne. Ich hoffe, es wird dir hier nicht allzu langweilig vorkommen nach deinem abenteuerlichen Leben im Ausland.«

»Alistair würde sagen, wir ernten, was wir gesät haben.«

»Du denkst, du hast ein Recht darauf, zurückzukehren? Nun, du hast Glück. Eine Menge junger Burschen und Mädchen haben nur zerstörte Häuser und ruinierte Geschäfte vorgefunden. Ich kann nur sagen, es ist oft schwer genug, im Krieg nicht zu weinen, aber im Frieden ...«

»Auf den europäischen Schlachtfeldern liegt der Krieg hinter uns, zu Hause geht er weiter«, sagte Anne ungerührt. »Auch das ist ernten, was wir gesät haben.« Sie und Dutchy waren nie gut miteinander ausgekommen. Sie hatte das Gefühl, nicht anerkannt zu werden, und trotz all ihrer vermeintlich demokratischen Ansichten konnte sie die tiefe Kluft nicht überwinden, die die Frau, die stets für ihr eigenes Überleben und ihre Sicherheit arbeiten mußte, und das Mädchen, das das Glück hatte, in wohlbehütete Verhältnissse hineingeboren zu werden, voneinander trennte. Eifersucht sprach aus Dutchys Haltung, obwohl keine der beiden Frauen das zugab. »Du hast dich offenbar nicht sehr verändert, Dutchy. Wo ist Tante Tessa?«

»Sie putzt sich heraus«, erwiderte Dutchy. Sie konnte es sich erlauben, so zu sprechen, hatte sie doch Alistair und Anne erzogen und war nun die rechte Hand der verwitweten Mrs. Goodier, ihre Haushälterin und ihr Schutzengel. »Der Krieg scheint dir auch gut bekommen zu sein.« Damit ging sie davon und ließ Anne in der Halle stehen. Die junge Frau hob ihre goldenen Brauen und blickte um sich. Alles schien unverändert, außer daß auf dem Kaminsims ein Bild stand, an das sie sich nicht erinnerte. Es war das von Hugh, dem Vetter, der ins Mittelmeer gefahren und nicht zurückgekommen war. Er war stets ihr Lieblingsvetter gewesen. Alle sagten, mit ihm habe sie anstellen können, was sie wollte, aber Anne war sich da nicht so sicher. Er sah älter aus als die anderen, älter sogar als Alistair. Sie schüttelte die beunruhigenden Jugenderinnerungen ab. Ihm würde viel Kummer erspart bleiben dort unten, fünf Faden tief, in den Resten seines Schiffs.

»Das war ein Unglück, nicht wahr«, sagte eine Stimme hinter ihr, und sie schnellte herum. Dunkle Augen sahen sie an. Dunkles Haar, zurückgekämmt über einen länglichen Kopf mit hoher Stirn. Lange, gepflegte Hände ruhten auf dem Endpfosten der Treppe, die zu sehen Leute aus allen Teilen der Grafschaft anreisten. Anne blickte den Mann an, bewegungslos wie die zur Salzsäule erstarrte Frau Lots.

»Ein ziemlicher Unterschied zwischen hier und einer Reise durch den Balkan, nicht wahr?« fragte der Mann höflich. »Sagte Ihr Vetter Ihnen nicht, daß ich hier bin?«

»Er sprach von einem Mr. Bishop. Das war doch damals nicht Ihr ...«

»Habe meinen Namen urkundlich ändern lassen«, sagte der Mann, der sich jetzt Lewis Bishop nannte, lächelnd. »Nein, Tatsache ist, ich trat unter einem anderen Namen in die Armee ein. Das ist nichts Ungesetzliches.«

»Nur zweckdienlich«, murmelte Anne und sah, wie sich die feinen, dunklen Brauen zusammenzogen.

»Es bringt nichts ein, feindselig zu sein«, schlug er vor.

Anne seufzte. »Ich vermute, es ist Schicksal, daß Sie hier auftauchen«, sagte sie müde.

»Ich bin nicht hier, um Ihnen Kummer zu bereiten«, versicherte ihr Mr. Bishop.

»Oder irgend jemand anderem etwas Gutes zu tun.«

»Erinnern Sie sich nicht, daß ich Ihnen schon einmal sagte,

ich würde aus jedem Handel das Beste machen?« fragte er in behutsamem Ton.

»Doch, ich erinnere mich. Ich zweifle auch nicht daran, daß es stimmt. Wollen Sie mir etwa einen Handel anbieten?«

»Keinen Handel. Nur einen Vorschlag. Am besten vergessen wir, daß wir uns je begegnet sind. Wie denken Sie darüber?«

»Ich weiß noch immer nicht, warum Sie hier sind.«

»Weil Mrs. Goodier mich eingeladen hat.«

»Ohne Kenntnis davon, daß Sie ein — Abenteurer sind?« Ihre Stimme war voller Verachtung. Trotz allem, was er über sie wußte, Mut hatte sie. Das war ihm klar.

»Ich denke, wir alle wollen soviel, wie wir bekommen können«, entgegnete er kühl.

»Und Sie haben sich entschlossen, es von Tante Tessa zu bekommen?«

Er kam etwas näher. Dabei konnte man sehen, daß er älter war, als es zuerst schien. Eine ausgezeichnete Figur und passende Kleidung machten ihn fünf Jahre jünger. In Wirklichkeit war er etwa vierzig Jahre alt, und sein Gesicht trug den Stempel vieler Erfahrungen. Eigentlich war es bewundernswert, daß er freiwillig den schweren Dienst eines Krankenwagenfahrers in Mitteleuropa übernommen hatte, aber Anne war zu ernüchtert, um zu glauben, daß Patriotismus hinter seinem Engagement gesteckt hatte.

Vielleicht war es ihm ganz recht, für einige Zeit außer Landes zu sein, überlegte sie. Und selbst auf dem Schlachtfeld Europas könnte es für ihn noch etwas zu gewinnen geben.

Ein altes Sprichwort fiel ihr ein: ‘Alte Sünden werfen lange Schatten!’ Sie hatte vielleicht gedacht, in Little Ebbisham sicher zu sein, die Vergangenheit hinter sich zu lassen, sich auf die Gegenwart einzurichten. Aber das Schicksal bestimmte es anders, es will, daß man seine Schulden bezahlt, und Lewis Bishop würde zusehen, daß er jeden Penny Gewinn aus der Situation zog. Sie erinnerte sich an einen Mann draußen, der gesagt hatte: ‘Es würde vielen eine Menge Kummer ersparen, wenn ich nicht zurückkäme.' Damals hatte sie diese Haltung verachtet, heute konnte sie Verständnis dafür aufbringen.

Bishop sprach mit seiner weichen, unverwechselbaren Stimme weiter. »Ihre Tante und ich haben vieles gemeinsam.«

»Und Sie sehen nicht ein, warum es nicht noch mehr werden sollte«, vermutete sie.

Er sah sie scharf an. Aber bevor er weiter sprechen konnte, kam Alistair vom Telefon zurück. Er pfiff leise vor sich hin.

»Ich habe entdeckt, daß Miss Vereker auch auf den Schlachtfeldern Europas war«, stellte Bishop lächelnd fest. Annes Mund verzog sich verächtlich. Alistair schien die anmaßende Redewendung zu überhören.

»Sie sind auch dort gewesen?« vermutete er höflich. »Und Sie sind sich nicht begegnet?«

»Es ist alles sehr weiträumig dort, Colonel.«

Alistairs Kopf hob sich. »Nachdem ich nicht mehr in der Armee bin, lege ich keinen Wert mehr auf meinen militärischen Titel«, sagte er. »Es war ohnehin nur ein zeitlich begrenzt verliehener Rang.«

»Ich wußte gar nicht, daß du etwas so Hervorragendes wie ein Colonel warst«, stichelte Anne.

Sie hatte Alistair an einer empfindlichen Stelle getroffen. Warum, wußte sie nicht. »Ich war eigentlich ein Major«, sagte er. »Ich übernahm Nigels Amt nach seinem Tode, weil ich zufällig der älteste Offizier vor Ort war. Das ist alles.« Er schien darauf bedacht, das Thema zu wechseln. Er bückte sich und hob ihre Koffer auf. »Ich werde das Gepäck nach oben tragen. Hier ist man immer noch etwas knapp an Bediensteten.«

Anne sah Bishop an und sagte so unbefangen wie möglich: »Gut, ich sehe Sie später, Mr. Bishop«, und folgte ihrem Vetter.

»Was für ein Tiefstapler du sein kannst, Alistair«, beklagte sie sich.

»Es gab nichts zu erzählen. Ich weiß wirklich nicht, warum Tante Tessa diesen Kerl hier zu haben wünscht. Gewiß, es ist ihr Haus, trotzdem ist er ein ziemlich giftiges Subjekt.«

»Ich mag dich, wenn du ehrlich bist, Alistair«, sagte Anne. »Ja, er hat eine Seeräubernatur, findest du nicht auch?«

»Es würde ja nichts ausmachen, wenn Onkel Theo noch hier wäre.«

»Wenn Onkel Theo noch lebte, wäre Bishop nicht hier.«

»Du hast recht. Übrigens, sein Bruder ist aufgetaucht, ich meine Onkel Theos.«

»Was? Der Taugenichts James?«

»Ich hoffe doch, es gibt nicht noch mehr von der Sorte. Ziemlich klar, warum er sich zu Lebzeiten von Onkel Theo nicht blicken ließ.«

»Ich vermute, er will auch ein Stück vom Kuchen.«

»Immerhin hat er mehr Rechte als Bishop.«

»Könnten wir ihn nicht mit Dutchy verheiraten?« scherzte Anne, und Alistair lachte zum ersten Mal.

»Du kannst es ihm ja vorschlagen, er würde vielleicht sogar schleunigst Fersengeld geben, wenn er davon hörte.«

»Und Dutchy würde wahrscheinlich Arsen unter meinen Porridge mischen. Jedenfalls hat sie dich immer bevorzugt.«

Alistair hielt am Treppenabsatz inne und ging zum großen Treppenhausfenster, und sie bemerkte zum ersten Mal, daß er sehr müde wirkte. Von dieser Stelle aus konnte man die Landschaft bis zum Horizont überblicken: Kleine Farmhäuser, Felder, die wie bunte Taschentücher aussahen, gelb, braun und grün, Zäune, wie man sie als Spielzeug für Kinder kauft, große weiße Wolken, die sich am alabasternglänzenden Himmel auftürmten.

Hier war er aufgewachsen, seine Seele hatte hier Wurzeln geschlagen, so daß er oft dachte, falls er auf fremdem Boden fallen sollte, müßte sie hierher zurückkehren. Hier wollte er die ihm verbleibenden Jahre verbringen. Er hatte nicht viel gemeinsam mit Tante Tessas Gatten, einem aus eigener Kraft emporgekommenen Kaufmann, der aussah wie aus einem Theaterstück der Jahrhundertwende. Aber er hatte das Anwesen zurückgekauft, als es versteigert werden sollte, und es auf diese Weise Alistair ermöglicht, seine Jugend hier zu verbringen, wofür er ihm immer dankbar sein würde.

Er wandte sich Anne zu. Sie hatte sich an das Geländer gelehnt und beobachtete ihn.

»Alistair, hast du dir schon überlegt, was du machen willst, nun da der Krieg vorüber ist?«

Aber er konnte ihre Frage nicht beantworten. Er hatte niemals weiter gedacht als bis zu dem Punkt, daß er leben würde. Das allein war schon ein Wunder — zu leben ohne die bange Frage, was der Tag bringen wird. Und da Leben für ihn dieses Haus bedeutete, ging er davon aus, daß er hier leben würde. Er hatte sich in den zwei Jahren nach Onkel Theos Tod um die geschäftlichen Angelegenheiten seiner Tante gekümmert, dann wurde er eingezogen, und ein Angestellter hatte seine Aufgaben übernommen. Kein, wie er überlegte, sehr erfolgreicher Angestellter, aber man hatte keine Wahl, und Mr. Bletsoe hatte sein Bestes getan. Immerhin sollte man jetzt überprüfen, wieviel Erfahrung er wirklich hatte, und das mußte schnellstens besprochen werden. Er vergaß Anne, als er an die kleine, unbeholfen wirkende Gestalt Mr. Bletsoes dachte, bückte sich erneut und hob die Koffer auf.

Anne beobachtete ihn nachdenklich. »Er ist ein Anachronismus in der Nachkriegszeit«, überlegte sie. »Er denkt in Begriffen der dreißiger Jahre. Er wird nicht zu den Männern gehören, die die Zukunft gestalten werden, eher zu denen, die man eigentlich im Museum ausstellen sollte.«

Alistair stellte die Koffer ab, ging hinaus, und Anne begann auszupacken, wobei sie sich entschlossen bemühte, die finstere Gestalt von Lewis Bishop zu vergessen. Aber trotz dieses Vorsatzes erlag sie ihren Erinnerungen. Sie erlebte jede Einzelheit der schrecklichen Nacht vor fast zwei Jahren im Geiste noch einmal. Lewis würde sich ebenso daran erinnern und sicherlich keine Skrupel haben, von seinem Wissen Gebrauch zu machen. Vergebens sagte sie sich, daß die Vergangenheit tot sei, daß zwei Jahre verflossen seien und sie in dieser Zeit ein unbescholtenes Leben geführt hatte, ja sogar, daß Alistair sie verstehen werde. Denn sie wußte, das würde er nicht. Man kann anderen nichts verzeihen, was man sich selbst nicht vergeben würde. Denn die Bibel hat recht: Man lebt ebensowenig für sich allein, wie man für sich allein stirbt, und was man tut, berührt immer auch die anderen. Und in ihrer Vorstellung sah sie Alistairs ungläubiges Erschrecken, wenn Bishop die Geschichte jener unseligen Nacht auf dem Balkan verbreitete.

Selbst jetzt konnte sie nicht ohne Widerwillen, Angst und Schmerz zurückblicken. Man sagt so leicht, was vergangen ist, ist vorbei, die Taten sind geschehen, die Tränen vergossen. Aber es gibt Dinge, die niemals vorbei sind, sondern dein Leben hartnäckig bis zum Ende deiner Tage beeinflussen. Und obwohl in jenem Chaos, umgeben von Furcht und Verzweiflung, ihr Handeln als einzig mögliches erschienen war, nahm es doch hier, an diesem ruhevollen Ort, einen unwirklichen, alptraumhaften Charakter an. Nach einer Zeittheorie geschieht das, was einmal geschehen ist, für alle Zeiten, es ist in der Ewigkeit fixiert und kann niemals enden noch abgeändert werden. Für sich und Desmond Frere würde sie das bejahen. Aber daß Bishop, der einzige, der ihr Leben zerstören konnte, sich hier aufhielt und sie erpreßte, ihr verweigerte, seine niederträchtigen Pläne aufzudecken, schien ihr ein Schritt von seiten der Vorsehung, der nicht vorhersehbar gewesen war.

»Und wenn es mir nicht auf andere Weise möglich sein wird, ihn zum Rückzug zu bewegen, werde ich sprechen müssen«, dachte sie schwermütig. »Aber dennoch, wie könnte ich das? War es nicht genug, daß es überhaupt geschehen mußte? War es nicht Strafe genug für alles, was ich getan habe?« Aber anscheinend war es das nicht.

Sie entschloß sich dennoch, vorerst für den Augenblick zu leben. Vielleicht konnte die Vorsehung auch in letzter Minute noch eingreifen, obwohl sie im Innersten ihres Herzens überzeugt war, daß keiner von ihnen so bedeutend war, daß sich die maßgeblichen Stellen um seine Probleme scherten.

Vor ihrer Tür rief jemand: »Bist du da, Anne?«, und ohne auf Antwort zu warten, öffnete die Sprecherin die Tür und trat ein. »Ich hörte, daß du zurück bist«, sagte sie. Sie war von kleiner Gestalt aber ungewöhnlicher Lebenskraft und Entschlossenheit. Sie hatte glattes, dunkles Haar, ein schmales Gesicht und war offenbar nicht bemüht, besonders gut auszusehen. Sie war so etwas wie eine Cousine des verstorbenen Theodore Goodier und wohnte schon seit einer Reihe von Jahren als Gesellschafterin von Tessa in Four Acres.

»Hallo, Alicia, du warst also als erste zurück. Was hast du gemacht?«

»Nichts, was mein Foto in den *Tatler* gebracht hätte. Deins habe ich gesehen: 'Miss Anne Vereker, die einen Lazarettwagen auf dem Balkan fährt.' Von Mädchen, die zur Landarbeit eingezogen werden, erscheinen keine Fotos in Illustrierten.«

Anne sagte nichts. Wenn Alicia gewünscht hätte, auf den Balkan zu gehen, hätte niemand sie aufgehalten. Aber dazu hatte sie zu keiner Zeit Lust gehabt. Sie hatte sich fest an das Leben innerhalb eines Landhauses geklammert, und selbst ein Weltkrieg hatte sie nicht daraus verdrängen können. Als Landhilfe hatte sie die Möglichkeit gehabt, zu Hause zu bleiben und bei einem benachbarten Farmer zu arbeiten. Sie sah kaum wie eine aus, die harte Arbeit bei jedem Wetter verrichtet, aber in Wirklichkeit war sie kräftig wie ein Pferd und hatte die Willenskraft von einem halben Dutzend.

»Ich habe Tante Tessa vorgeschlagen, den roten Teppich für dich auszulegen, aber sie meinte, du würdest das nicht erwarten. Ich vermute, du hast bereits einen großartigen Job gefunden?«

Anne war ziemlich aus der Fassung gebracht. »Darüber habe ich noch nicht einmal nachgedacht.«

»Du kannst dich doch nach all den aufregenden Ereignissen

unmöglich zu einem ruhigen Leben hier entschließen«, drängte Alicia weiter.

»Ich weiß nicht, warum das alle annehmen«, sagte Anne. »Ich bin lediglich der Ansicht, Menschen wie wir brauchen im Augenblick ein wenig Ruhe.« Obwohl es nicht den Anschein hatte, daß sie zu denjenigen gehören würde, denen man sie zukommen ließ — nicht, solange Lewis Bishop in diesem Haus war.

Sie sagte unvermittelt: »Wie lange ist Mr. Bishop schon hier?«

»Viel zu lange«, erwiderte Alicia mit Entschiedenheit. »Aber du kennst Tante Tessa. Jeder kann sie für sich einnehmen. Wenn du mich fragst, besitzt er keinen Pfennig und ist nur hier, um zusammenzuraffen, was immer er bekommen kann. Ich wünschte, Alistair würde ihn wegschicken.«

»Es ist nicht Alistairs Haus.«

»Onkel Theo hat immer gesagt, es solle Alistair gehören. Man kann sich einfach niemand anderen hier vorstellen. Es — es wäre einfach nicht recht.«

»Das wird, denke ich, von Tante Tessa abhängen«, entgegnete Anne, die zwar mit Alicia übereinstimmte, aber nicht die Absicht hatte, es zuzugeben.

»Ich hätte auch nicht erwartet, daß es dich interessiert.« Alicia war in Zorn geraten. »Du hast dir nie viel aus dem Besitz gemacht, nicht soviel wie Alistair — und ich.«

»Es ist ein wunderbares Haus«, stimmte Anne zu, und Alicia unterbrach sie erneut erregt: »Ich vermute, das ist alles, was es für dich bedeutet. Du denkst nicht, daß es eine Persönlichkeit hat — eine Seele?«

»Die du entdeckt hast?«

»Oh, ich weiß, du denkst, die einzigen, die etwas von Tradition verstehen, sind die, die auf der richtigen Seite des eisernen Zaunes geboren sind. Hast du je überlegt, daß es bloß Glück und keine Tugend ist, daß du zu diesem Kreis gehörst, und nur Unglück, daß ich zwar die Zugehörigkeit fühle, aber nicht die Stellung habe? Ich sage dir, ich habe Jahre gearbeitet, um diese Schranke zu überwinden, jetzt bin ich auf der richtigen Seite und gedenke, dort zu bleiben.«

Anne sah sie verwundert an. »Niemand will dich hier vertreiben.«

»Vielleicht nicht. Aber als Herrin von Four Acres könntest du dir mich nicht vorstellen, oder?«

Oh, das ist phantastisch, dachte Anne, Alicia Turner als Hausherrin! Doch dann hielt sie inne. Hatte sie sich nicht selbst seit Jahren immer wieder gesagt, daß die alten Schranken und Unterschiede verschwinden müßten, daß A gleich B und X gleich Y sei? Woher also kam die Abneigung dagegen, sich Alicia an Tante Tessas Platz vorzustellen?

»Siehst du«, sagte Alicia ruhig, »Du bist beleidigt. Wenn du es kannst, sag mir doch, warum ich nicht ebenso gut bin wie du. Niemand würde es seltsam finden, wenn du und Alistair ...«

»So etwas steht überhaupt nicht zur Debatte«, sagte Anne scharf. »Und ich hoffe, du gehst nicht herum und erzählst sowas. Du würdest nur Alistair in Verlegenheit bringen.«

»Ich weiß, daß du nichts für ihn empfindest. Aber wenigstens solltest du *mir* keine Steine in den Weg legen.«

Anne war erschrocken über die Welle der Empfindungen, die über sie hereinbrach. Sie hatte nie viel über Alicia nachgedacht. Sie war halt da, und voraussichtlich würde sie eines Tages heiraten, aber der Gedanke, daß sie Alistair heiraten könnte, war einfach lächerlich.

Sie sagte in sanfterem Ton: »Ich wollte nicht unfreundlich sein, Alicia, aber — nun — ich bin überzeugt, Alistair hat niemals daran gedacht, ich meine ...«

»Du meinst, du würdest es nicht gern sehen, wenn er darüber nachdächte. Mein Leben gilt dir nichts. Aber ich sage dir, ich liebe dieses Haus, jedes Stück und jeden Stein davon. Und ich liebe Alistair. Ich würde alles tun, um ihn zu bekommen, und das werde ich auch.«

Anne hatte ihren Mund bereits zu einer Antwort geöffnet,

zögerte und schloß ihn wieder. Denn dies war Alicias Angelegenheit. Und Alistairs. Sie wollte sich nicht einmischen. Und die Vergangenheit war ihr zu nah gekommen in Gestalt von Lewis Bishop, als daß sie berechtigt gewesen wäre, anderen einen Rat zu erteilen. Schließlich — bei Männern wußte man nie so genau. Vielleicht hatte sich Alistair mehr verändert, als man oberflächlich bemerken konnte.

So war alles, was sie letztlich sagte: »Wenn du ihn dir so sehr wünschst, bekommst du ihn vielleicht. Man sagt ja, man kann alles bekommen, was man sich wünscht.« Und sich zum Gehen abwendend fügte sie hinzu: »Ich muß Tante Tessa begrüßen. Sie wird es gräßlich von mir finden, daß ich nicht sofort, als ich eintraf, zu ihr geeilt bin. Aber man gerät so in Unordnung auf einer Zugfahrt.«

Tante Tessa hatte ihr Zimmer inzwischen verlassen, nachdem sie sich genügend und mit großer Wirkung herausgeputzt hatte, und schenkte Tee im Wohnzimmer ein. Es war ein gemütlicher, altmodischer Raum, der Ruhe ausstrahlte. Nirgendwo gab es ein Zeichen von Modernität. Es war Ausdruck der Grundhaltung ihrer Tante, daß sie alle Hinweise auf den Weltkrieg bereits aus dem Zimmer entfernt hatte, dachte Anne, und ihr wurde erneut deutlich, daß selbst sehr dumme Leute auf ihre Art Haltung zeigten. Selbst die Fotos von Männern und Frauen in Uniform waren in andere Räume des Hauses verbannt worden.

Die Schonbezüge, die vor dem Kriege erneuert worden waren, hatten den kalten Speicher verlassen und waren auf die bequemen, auf dem Aubusson-Teppich stehenden Sessel zurückgekehrt. Das passende Porzellan war aufgedeckt, das Silber glänzte, in der Schale war Würfelzucker, und die Gastgeberin selbst sah kühl und alterslos aus in ihrem entzückenden Kleid. Anne in ihrem gutsitzenden Wollkleid fühlte, daß die ältere Frau ihr etwas Bestimmtes voraushatte. Flüchtig dachte sie an die Generationen von männlichen Verekers, die Befriedigung darin gefunden hatten, aus der Welt des Sports und der Geschäfte in diesen gemütlichen Raum zurückkehren zu können. In einer Welt, in der sich Frauen abmühten, etwas aus sich zu machen, war Tessa Goodier damit zufrieden, einfach eine Frau zu sein.

Sie war eine liebenswerte, dumme Person, die als Mädchen wunderschön gewesen war und es in ihrer Jugend verstanden hatte, vielen ein harmloses Vergnügen zu bereiten. Damals hatte man ihr eine bedeutende Heirat vorausgesagt, aber vielleicht hatte ihre Dummheit diese vereitelt. Sie versammelte viele Männer um sich, aber irgendwie heirateten sie alle Tessas Altersgenossinnen, und sie war schon achtundzwanzig Jahre alt, als Theodore Goodier sie zum ersten Mal sah und entschied, daß das die Frau war, nach der er immer Ausschau gehalten hatte. Er wünschte sich keine kluge, vernünftige Frau, denn er besaß selbst genügend Intelligenz und auch die Klugheit, sie zu benutzen. Er hatte sich alle Wünsche erfüllt, die ein Junge, der im Armenviertel Liverpools geboren wurde, hatte, und als er aus dem Ausland heimkehrte, schloß er mit dieser Seite seines Lebens ab und beschloß, eine Adlige zu heiraten und sich als Landedelmann niederzulassen. Vielleicht war er in bezug auf letzteres Vorhaben nicht gänzlich erfolgreich gewesen, aber Tessa Vereker hatte er widerstandslos erobert. Er war nicht der Auserwählte, den die Familie sich gewünscht hatte, aber in der Zeit vor dem 1. Weltkrieg waren achtundzwanzig Jahre bereits ein erhebliches Alter für eine Frau, die weder verheiratet noch verlobt war. Außerdem hatte die Familie finanzielle Probleme, das Gut sollte versteigert werden, und es war leicht möglich, daß irgendein bürgerlicher Geschäftsmann es sich schnappen würde. Niemand gab sich der Illusion hin, daß Theodore ein Gentleman sei, aber er konnte es sich leisten, den Besitz zu erwerben und den jungen Verekers ein Heim zu geben. Außerdem waren die Frauen der Familie klug genug zu erkennen, daß Tessa zum ersten Mal in ihrem Leben bis über beide Ohren verliebt war. Als eine der viktorianischen Tanten Einspruch erhob, weil Theodore keinen Stammbaum besaß, den ein Vereker anerkennen konnte, erklärte sie ohne Bosheit, doch mit vielleicht mehr Spitzfindigkeit, als der Rest der Familie bemerkte, daß sie lange genug feilgeboten worden sei, ohne daß sie ein Angebot von einem Gentleman erhalten habe, der reich genug gewesen wäre, um ernsthaft berücksichtigt zu werden. Außerdem wolle sie Theodore auf jeden Fall heiraten, selbst wenn das bedeutete, daß sie mit ihm fliehen müsse.

»Ich bin nicht der Mann für eine Entführung«, soll Theodore gesagt haben. »Vielleicht bin ich nicht gut genug für dich, aber für deine Verwandten bin ich es.« Damit hatte er recht.

Als die Familie ihn aufgenommen hatte, stellten alle fest, gut daran getan zu haben. Er besaß eine gewisse Unkompliziertheit, die ihn daran hinderte, sich über die, die jetzt seine Vorbilder darstellen sollten, lustig zu machen. Er war scharfsinnig, großzügig und Tessa vollständig ergeben. Später sagte einer der Onkel, das Beste, was ein Vereker seit Jahren für die Familie getan habe, sei gewesen, Theo in ihre Sippe aufzunehmen. Sie sprachen von der Familie, als ob sie das himmlische Königreich sei.

»Ich habe gar nichts dazu getan«, sagte Tessa später. »Er überrumpelte mich einfach, er hätte ein Nein als Antwort nie akzeptiert.«

»Hast du versucht, nein zu sagen?« fragte ein etwas boshafter Zeitgenosse, aber Tessa konterte mit der Bemerkung: »Er gab mir keine Gelegenheit dazu.«

Um bei der Wahrheit zu bleiben — die Familie war durch die Situation von ihren Sorgen befreit. Theodore Goodier war offensichtlich der Mann, von dem man erwarten konnte, daß er seine Frau nicht enttäuschte. Und er hatte sie auch nur ein einziges Mal enttäuscht, nämlich als er im Alter von zweiundsiebzig Jahren starb — er war zwanzig Jahre älter als sie — und sie, erneut hilflos und vereinsamt, zurückließ.

»Ich vermisse Theo so schrecklich«, gestand sie Alistair.

»Er hat mir stets gesagt, was ich tun sollte. Ich weiß wirklich nicht, wie ich nun allein zurechtkommen soll.«

Natürlich machte sie überhaupt keinen Versuch in dieser Richtung. Solange Alistair da war, verließ sie sich auf ihn. Als er — wie rücksichtslos — einberufen wurde, sah sie sich eilig nach einem Mann um, der seinen Platz einnehmen konnte. Sie machte niemandem, auch nicht sich selbst, vor, daß Mr. Bletsoe ein ebenbürtiger Ersatz war, aber jedenfalls war er ein Mann — und offensichtlich einer, an dem die zuständigen Stellen kein Interesse zeigten.

»Und es ist bloß, bis Alistair wiederkommt«, sagte sie. Selbst Mr. Bletsoe erkannte den vorübergehenden Charakter seiner Anstellung, und niemand fragte danach, was er nach dem Kriege vorhabe. Keiner, außer Mr. Bletsoe selbst, war im entferntesten daran interessiert. Selbst Tessa wußte, daß im Krieg jeder in irgendeiner Form mit 'Ersatz' zu tun hatte.

Als Anne sie jetzt betrachtete, verspürte sie ein Gefühl der Zeitlosigkeit und ebenso eins der Ungerechtigkeit, weil ein Krieg, der so viele Leben unendlich verändert hatte, so wenig Einfluß auf diese gutsituierte Frau von achtundfünfzig Jahren hatte ausüben können, die den Tee ausschenkte mit all dem Getue, das die Frauen, als sie ein junges Mädchen gewesen war, hatte verlockend erscheinen lassen. Für sie gehörte es einfach zum guten Ton, jedermanns Vorliebe Milch und Zucker betreffend zu kennen, und ihre Art zu plaudern paßte zu ihrem Auftreten.

»Die Temperleys sind zurück auf Hunton Chase«, sagte sie gerade, als Anne eintrat. »Tim hat sich entschlossen, zu heiraten, Bertie ist allerdings tot, aber Allisons Mann ist zurückgekommen. Ich denke, das Landleben wird bald wieder wie früher sein.« Dann sah sie Anne. »Du bist also auch zurück, meine Liebe — wie schön. Bist du nicht schlanker geworden? Aber das ist nicht überraschend. Hast du Mr. Bishop kennengelernt? Oh, wirklich? Er war während des Krieges in derselben Gegend wie du. Vielleicht bist du ihm begegnet?

Nein? Na ja, es ist ein großes Land. Nun solltest du alles vergessen und irgendwo Fuß fassen.«

»Du meinst, ich sollte heiraten«, sagte Anne sanft.

»Ich finde, es war vernünftig von Alistair und dir, damit bis nach dem Krieg gewartet zu haben. Viel zu viele Kriegerwitwen, und was für eine Belastung für die Regierung, pflegte Theodore zu sagen. Aber jetzt, da die Jungs heimkehren, müssen wir einen Ball veranstalten. Ich hoffe, ihr habt nicht diese modernen Vorstellungen, in Mantel und Rock zu heiraten. Ich würde liebend gern eine standesgemäße Hochzeit ausrichten. Und dann müssen wir anfangen, auch für dich einen Mann auszusuchen, Alicia.«

»Ich bin froh, daß du mich nicht ganz vergessen hast«, sagte Alicia mit einem seltsamen Lächeln.

»Natürlich nicht, meine Liebe. Du hast dich im Krieg so nützlich gemacht, aber jetzt mußt du an dich selbst denken. Wir werden für Anne und dich passende Ehemänner finden.«

»Und bekomme ich auch eine weiße Hochzeit?«

»Selbstverständlich, Liebes. Ist es nicht wunderbar, daß wir alle wieder zusammen sind. Außer dem armen Hugh natürlich, aber der starb den Heldentod.«

»Vielleicht«, sagte Alicia nachdenklich, »hat Anne bereits eigene Pläne. Nach all den Jahren ...«

»Unsinn, meine Liebe«, entgegnete Tante Tessa ablehnend. »Noch etwas Tee, Alistair? Sie kann unmöglich jemand Passenden auf diesem schrecklichen Balkan kennengelernt haben.«

Alistair schaute hinüber zu Anne. Ihr Gesicht war verschlossen. Er wunderte sich, daß niemand sonst bemerkte, wie sehr sie sich verändert hatte.

»Nein, ich bin wirklich froh, daß alle so vernünftig waren, zu warten«, fuhr Tessa fort. »Jetzt haben wir genug Zeit, und es gibt soviel zu tun. Nicht, daß Mr. Bletsoe nicht sein Bestes getan hätte. Wußtet ihr, daß er jetzt hier lebt? Das Gesundheitsministerium beschlagnahmte die Kate für einen Arbeiter —

etwas ungewöhnlich, ich glaube nicht, daß Theo sich das hätte gefallen lassen — aber natürlich hatten wir genug Platz. Er nimmt das Dinner mit uns zusammen ein und auch den Lunch, aber er ist wirklich ein ganz netter kleiner Mann, nur wegen seiner Zähne müßte er endlich etwas unternehmen. Ich nehme an, auch er wird über seine Zukunft nachdenken, nachdem Alistair wieder da ist.«

»Weißt du«, sagte Anne nachdenklich, »du kannst die Uhr nicht zurückstellen. Die Welt hat sich verändert, und wir ebenso. Nichts kann wieder genau so sein wie früher.«

»Na, ich weiß nicht, meine Liebe«, sagte Tessa tröstlich. »Wenn der Rest dieser schrecklichen Einschränkungen abgebaut ist und wir einige der Räume renovieren lassen können — und natürlich muß der Garten gepflegt werden, aber wir konnten wirklich keine Leute dafür bekommen. Ihr, die ihr draußen wart, könnt euch bestimmt nicht vorstellen, wie schwer es war, mit all dem fertigzuwerden ...«

»Nein«, sagte Alistair sanft.

Die Rettung kam aus einer unerwarteten Ecke. »Miss Vereker hat recht«, sagte Bishop, sich plötzlich in die Unterhaltung einschaltend. »Wir können nicht mehr zurück. Wir haben in den vergangenen Jahren eine Ära durchlebt, jetzt heißt es vorwärts gehen oder sterben.«

»Der ganze gesellschaftliche Aufbau hat sich verändert«, stimmte Anne zu, die etwas verärgert seine Unterstützung akzeptierte.

»Ich hoffe doch, meine Liebe, du bist nicht als eine dieser schrecklichen Sozialistinnen heimgekehrt. Hier auf dem Lande sehen wir die nicht oft. Du darfst nicht denken, nur weil wir zu Hause geblieben sind, hätten wir nichts vom Krieg mitbekommen. Eine von diesen schrecklichen Raketen ging am Jahresanfang hier runter. Ich vermute, sie war für London bestimmt, aber Hitler konnte wohl nicht mehr so gut zielen. Sie tötete Timothy Tompkins. Erinnerst du dich an ihn, Anne?«

»Eine von Tante Tessas Lieblingskatzen«, fiel Alicia mit ihrer leisen aber klaren Stimme ein.

»Wie schrecklich«, sagte Anne.

»Ja, meine Liebe, aber er starb natürlich einen schnellen Tod. Dieser Gedanke war mir ein Trost.«

»Wenn der Krieg uns etwas gelehrt hat, dann, daß wir alle gleich sind«, verkündete Alicia.

»Dann, soweit es mich betrifft, war er unnütz«, sagte unerwartet Bishop. »Wohin man auch blickt, erkennt man, daß das ein Trugschluß ist. Es gibt keine Gleichheit. Sieh dir zum Beispiel«, er lächelte seine Gastgeberin an, »diese Diamanten an, die du heute abend tragen wirst. Ich könnte gewiß eine Kette beschaffen, die genauso aussieht, und nur ein Kenner — und da wäre nur dein Schwager, der Erfahrung in diesen Dingen hat, aber bestimmt niemand sonst in diesem Haus — könnte den Unterschied feststellen. Selbst das Gewicht würde übereinstimmen.«

»Theodore würde mir nie erlaubt haben, Imitationen herstellen zu lassen«, versicherte ihm Tessa. »Er fand es unbefriedigend, Nachbildungen zu tragen. Und ich sollte sie auch nicht auf der Bank eingeschlossen halten. Sie könnten ebensogut gestohlen werden, wenn man ihren Nutzen berücksichtige. Er war halt immer ein Spieler.« Sie zeigte ihr strahlendes Lächeln, das einst viele junge Männer glauben gemacht hatte, sie seien ihrem Schicksal begegnet. »Er pflegte zu sagen, es gehöre zu den Pflichten eines Spielers, auf das richtige Pferd zu setzen.«

Er hat damit wohl seine Ehe gemeint, überlegte Alistair, behielt den Gedanken aber für sich. Er war wahrscheinlich der einzige Anwesende, der seine Tante in diesem Augenblick zu würdigen wußte. Hier zu sein, in diesem entzückenden, friedlichen Raum, und hausgemachtes Gebäck mit hausgemachter Marmelade zu essen, gab einem das Gefühl, in einem Fotoalbum zu blättern, zurückversetzt zu werden in die Zeit um 1910, 1912, bevor die großen Kriege zerstörten, was man damals Zivilisation nannte. Obwohl sein gesunder Menschenverstand ihn mit Anne darin übereinstimmen ließ, daß die ganze Welt sich verändert hatte, sagten sein Instinkt und sein Verlangen ihm das Gegenteil.

Mrs. Goodier, die sich nicht um, wie sie es nannte, politische Kontroversen kümmerte, warf hier lebhaft ein: »Wußtet ihr, daß James, der Bruder eures Onkels Theodore, auch bei uns ist? Vielleicht hat Alistair es berichtet. Er ist ein etwas unsteter Charakter. Stellt euch vor, dies ist das erste Mal seit dreißig Jahren, daß er in England ist. Daher bin ich ihm bisher noch nie begegnet. Von Zeit zu Zeit hat er mal geschrieben ...«

»Wenn er Geld brauchte«, dachte Anne bei sich und sah kurz zu Alistair hinüber, um zu sehen, ob er wohl den gleichen Gedanken hatte. Falls ja, konnte man es seinem Gesichtsausdruck nicht entnehmen. Sie fragte sich, welchen Part der unstete James in dem Drama, das sich nun zu entwickeln begann, wohl spielen würde. Sowohl er als auch Bishop und Alicia wirkten seltsam deplaziert in diesem alten Haus.

Aber die Dinge sollten sich schneller entwickeln, als sie es voraussah.

2. Kapitel

Anne traf Theodore Goodiers Bruder beim Dinner. Seine Vorstellung von einer Teestunde beinhaltete etwas stärkere Getränke, als sie seine Schwägerin servierte, und er war, wie er freimütig gestand, nicht gerade salonfähig. Er war Annes Tischpartner und verlor keine Zeit, ihr zu erzählen, daß er in den letzten zehn Jahren unter dem freien Himmel Patagoniens geschlafen habe, wo Männer noch Männer seien und Frauen nichts zu suchen hätten. Er war von großer Gestalt, kräftig gebaut, trug einen mächtigen, gekräuselten Schnurrbart und an den Spitzen gelocktes Haar. Er war von derber Art, hatte große, behaarte Hände und leicht hervortretende Augen.

Alistair beobachtete ihn interessiert. Er sah aus wie eine Figur aus einem Wildwestfilm.

»Gemütliches kleines Haus hat Ihr Tantchen hier«, tönte er. »Hab' mir sagen lassen, es ist 'n ziemlicher Besitz für englische Verhältnisse.«

Tessa, die ihm zugehört hatte, beugte sich vor. »Wenn du um die Schwierigkeiten wüßtest, die wir im Krieg hatten, genügend Leute zu bekommen, bloß um zu verhindern, daß alles zu einer einzigen Unkrautwiese herunterkommt, würdest du nicht so geringschätzig darüber sprechen, James. Ich weiß nicht, was ich ohne Mr. Bletsoe gemacht hätte.«

Mr. Bletsoe, ein kleiner, unbeholfener Mann, dem die Unfähigkeit nicht nur im Gesicht geschrieben stand, schien verlegen. Nachdem nun Alistair heimgekehrt war, sah er das Ende seines wohlversorgten Lebens voraus, und in der schnelllebigen Nachkriegswelt würde er sicher unter die Räder geraten. Wenn er doch wenigstens seine Stellung hier behalten könnte, dachte er, wobei er alle Gesichter betrachtete und sich fragte, wer wohl als Bundesgenosse in Frage käme. Auf Tessa konnte man sich nicht verlassen, sie war wie ein Chamäleon, das mit jedem neuen Gefährten die Farbe wechselte. Am längsten und hoffnungsvollsten sah er Alistair an, aber der schien ihn nicht zu bemerken.

»Zu dir paßt das alles hier, liebe Schwägerin«, verkündete James Goodier, »aber ich kann mir Theo hier einfach nicht vorstellen. Muß sich seit seinen jungen Jahren mächtig verändert haben. Nun gut.« Er sah auf die Gabeln vor sich und dann auf die Gesellschaft, um zu erfahren, welche man benutzen mußte. »Ehrlich gesagt: Ich hatte nie viel Sinn für's häusliche Leben.«

»Und was haben Sie jetzt vor?« fragte Anne höflich.

»Bin einfach ins alte England zurückgekommen, um meine reizende Schwägerin zu besuchen. Wissen Sie, Theo sagte immer, ich solle wieder nach Hause kommen, aber irgendwie hab' ich's nie geschafft ...« Er warf seinen mächtigen Lockenkopf zurück. »Ich hörte das Heulen des Küstenwindes, den Rhythmus des Küstenregens, lauschte dem Gesang: Wie lang noch, wie lang? Aber ich hab's immer wieder verschoben und bin weitergezogen. Dennoch denke ich, es wird Zeit, daß ich Anker werfe und mich niederlasse. Ich muß schauen, daß ich eine nette kleine Frau finde, die einen guten Ehemann aus mir macht. Was meinst du, Tessa?«

»Wir werden eine wahre Flut von Hochzeiten haben«, antwortete Tessa fröhlich. »Die Kriegshochzeiten waren so deprimierend. Man war nie sicher, ob man nicht bald erfuhr, daß die Braut zur Witwe geworden war.«

»Ach, die hübschen Mädchen sind sicher vor mir«, erklärte James mit einem Blick auf die mißbilligend schauende Miss Dutchley, die seit dem Tode Theos mit der Familie zusammen aß. »Eine nette, vernünftige Frau ist mehr mein Fall.«

Miss Dutchley hatte den Blick auf das Tischtuch gesenkt, und er fragte sich, ob sie annahm, er habe das persönlich gemeint. Natürlich war das nicht der Fall. Auf ihre Weise war sie eine bewundernswürdige Frau, die Unbescholtenheit, Intelligenz und große Energie verband mit hohem Sittlichkeitsgefühl — all die Tugenden, die, wie Theo sich ausgedrückt hätte, ein Mann an einer Frau bewundert, die er nicht heiraten muß. Miss Dutchley lehnte James in jeder Hinsicht ab. Sie ahnte, daß er zuviel Vernunft besaß, um zu Theos Zeiten aufzukreuzen, und später hatte die Kriegssituation es unmöglich gemacht. Aber jetzt war er hier, eifrig bereit — salopp ausgedrückt — die Witwe zu schröpfen. Zumindest hatte Miss Dutchley keinerlei Illusionen, was James' Vermögensstand betraf. Sie hoffte nur, Alistair sei genauso vernünftig. Man könnte ebensogut erwarten, daß Äpfel an einem Birnbaum wachsen, wie gesunden Menschenverstand von Tessa.

In der Zwischenzeit bemühte sich James, aufsehenerregend und unterhaltsam zu sein, und mit ersterem hatte er sicherlich Erfolg. Was das zweite betraf, so scheiterte er bei allen recht kläglich, mit Ausnahme von Tessa, die mit ihren Gedanken woanders war. Anne sah in ihm einen vulgären Schmarotzer und dachte, man habe eigentlich befürchten müssen, daß jemand, der so dumm war wie ihre Tante, der Familie eine derartige Plage ins Haus holen würde. Mr. Bletsoe ärgerte sich sehr über ihn. Dieser Kerl verdiente keinerlei Zuwendungen, und doch würde dieser wichtigtuerische junge Besserwisser Alistair Vereker vermutlich dafür sorgen, daß er mit vollen Taschen wegging, während er selbst nach soviel Dienstjahren vor die Tür gesetzt würde. Alicia hielt James für eine abscheuliche Kreatur, seit er vorgegeben hatte, eine kleine Uhr, die sie trug — ein Geburtstagsgeschenk von Mrs. Goodier — zu bewundern, nur um, wie sich herausstellte, ihre Hand zu halten und ihr vorzuschlagen: »Wie wär's, wenn wir beide demnächst mal tanzen gingen. Ich wette, ich könnte Ihnen ein paar nette Lokale zeigen, und immerhin sind wir doch Verwandte, nicht wahr?«

Nur Alistair durchschaute all die oberflächliche Prahlerei und Dreistigkeit und erkannte, daß der Kerl eine Mordsangst vor irgend etwas hatte. Er selbst war kaum dreißig Jahre alt, doch er verstand bereits, daß es in einer Nachkriegswelt für Männer wie James Goodier keinen Platz gab — für Männer, die nicht mehr an Arbeit gewöhnt waren, die einen kostspieligen Geschmack hatten, und deren körperliche Reize verblaßten. Für einen derartigen Burschen sah Alistair keine Zukunft. Jeder, der jetzt vorankommen wollte, mußte korrupt und intelligent sein, oder intelligent mit der Fähigkeit, hart zu arbeiten — und James war lediglich korrupt. Lewis Bishop wiederum kannte kein Mitleid. Für ihn war es nur eine Frage von Tagen, bis James vor die Tür gesetzt würde. Wenn man nicht ehrlich sein konnte, sollte man wenigstens geschickt sein, war sein Motto, und James war ein geborener Stümper, der noch nicht einmal die Schlauheit besaß, dies zu verbergen.

James selbst hatte seine Augen überall. Er mochte vielleicht ein Narr sein, aber er war klug genug, zu erkennen, daß er gut daran tat, sich in die Familie seiner Schwägerin einzuschmeicheln, denn Tessa war eindeutig die Art Frau, die es mochte, wenn man ihr sagte, was zu tun war. Mit Alistair sprach er, als sich die Gelegenheit bot, von seinen Kriegserfahrungen. Er berücksichtigte Miss Dutchley (törichterweise) nicht, weil er den altmodischen Standpunkt vertrat, daß die Meinung einer alten Jungfer in einer abhängigen Stellung nicht viel zähle. Auch Bletsoe hatte er nicht auf der Rechnung, aber Bishop betrachtete er mit Unbehagen. Er hatte seine Erfahrungen mit dieser Art Männer, und er zweifelte keinen Augenblick daran, daß Bishop nur hier war, um sich ins gemachte Nest zu setzen. Er beobachtete ihn sorgfältig und fragte sich, ob er ihm vielleicht ein Bündnis zum beiderseitigen Nutzen anbieten könne, verwarf den Gedanken aber sofort wieder. Bishop würde zwar seine Hilfe annehmen, solange sie ihm von Nutzen war, dann jedoch seinen Verbündeten fallenlassen. Und James war bescheiden genug, einzusehen, daß er diesem eleganten Schurken nicht gewachsen war.

Immerhin war ihm klar, daß dieser Mann ein nicht zu vernachlässigender Faktor in der dringlichen Frage seiner eigenen Zukunft war. Seine Lage war kritisch. Nicht nur, daß er seine täglichen Ausgaben kaum bestreiten konnte, er brauchte unbedingt in naher Zukunft eine größere Summe Geldes, um sich aus einer scheußlichen Lage zu befreien. Und die einzige, die er vielleicht erweichen konnte, war seine Schwägerin, Mrs. Goodier.

Er sah sie an, wie sie so zufrieden, so glücklich, frei sogar von den normalsten Existenzsorgen, am oberen Ende der Tafel saß, prächtig gekleidet in schwarzem Samt, mit ihrem großen Diamanthalsband, das jeden Lichtstrahl widerspiegelte, so daß man den Eindruck gewann, rund um ihren Stuhl glitzere die Luft heller als im übrigen Raum. Und er überlegte, daß er von dem Erlös dieses Schmuckstücks für mehrere Jahre seinen Lebensunterhalt würde bestreiten können, falls es ihm möglich wäre, es in seinen Besitz zu bringen. In seinem Leben war er oft in Schwierigkeiten gewesen, doch noch nie in einer so ausweglosen Situation wie der jetzigen.

Er war nicht der einzige unter den Anwesenden, der von Unruhe geplagt wurde. Sowohl Anne als auch Alicia waren verstört, wenn auch aus unterschiedlichen Gründen. Alicia betrachtete Alistair, bemüht, seine Aufmerksamkeit auf sich zu ziehen. Anne war sich der Spannung, die über allen lag, bewußt, und sie dachte angestrengt darüber nach, welcher Grund für Bishops Anwesenheit im Haus bestand. Daß er ihre Tante verzauberte, war augenscheinlich, doch wie sehr, ahnte weder sie noch einer der anderen, bis das Dinner fast beendet war. Dann, als der Nachtisch serviert wurde, lächelte Tessa, einem Vorkriegsbrauch gemäß, ihren männlichen Gästen zu und erhob sich mühevoll.

»Es gibt etwas, das ich euch sagen möchte«, verkündete sie, und James Goodier lehnte sich zurück, klatschte in seine dicken Hände und rief: »Eine Rede! Eine Rede!«

»Nein, eigentlich ist es keine Rede«, entgegnete Tessa, und ihr Gesicht verfärbte sich leicht rosa. »Es ist nur etwas, das ihr alle wissen solltet, und da die ganze Familie endlich unter einem Dach versammelt ist, scheint mir der richtige Moment gekommen, es euch zu erzählen.«

James drehte selbstzufrieden an seinem Schnurrbart. Das ‘die ganze Familie’ klang gut.

»Wie ihr wißt, war ich meinem geliebten Mann sehr ergeben. Niemand hätte besser und gütiger sein können als Theo, daher ist es nicht verwunderlich, daß ich mich ohne ihn vollständig verloren fühle. Ich bin keine der klugen Frauen, die allein zurechtkommen. Als ich ein junges Mädchen war, wurde von uns nicht erwartet, daß wir unternehmungslustig sind und uns allein ernähren können. Und bestimmt war ich mehr auf Theo angewiesen, als es die Frauen heute auf ihre Männer sind. Jedenfalls habe ich das Gefühl, daß ich nicht ohne einen Mann, der für mich sorgt, leben kann.«

An dieser Stelle lehnte sich nun James vor, um in seiner jovialen Art das Wort zu ergreifen. »Ich hab' immer gesagt, es war ein guter Engel, der mir auf die Schulter geklopft und mir geraten hat, heimzukehren. Ich weiß, ich bin kein Mann wie Theo, aber keiner konnte jemals behaupten, James Goodier hätte sich seinen Pflichten entzogen. Ich bin jetzt der Mann in deiner Familie, meine liebe Tessa. Ich bin viel herumgezogen in meinem Leben, nun aber habe ich den Hafen erreicht. Du brauchst dich um deine Zukunft nicht mehr zu ängstigen. Ich darf wohl sagen, ich bin kein Mann ohne Lebenserfahrungen, und ich habe immer den Wunsch des Engländers verstanden, sich auf einem eigenen Stückchen Land niederzulassen und dort auch begraben zu werden. Mit allem, was ich habe, meine teure Tessa, stehe ich zu deinen Diensten, erwarte deine Befehle.«

Mrs. Goodier, die in der Mitte ihrer Ansprache unterbrochen worden war, drehte sich um und betrachtete ihn freundlich.

»Mein lieber James, wie gut und aufopferungsvoll du bist, und du weißt ja, daß du immer ein willkommener Gast sein wirst. Aber an derartiges hatte ich eigentlich nicht gedacht. Ich habe — andere Pläne.«

Sie sah Lewis Bishop an, und ihr Blick war so dankerfüllt und innig und zugleich so einfältig, daß zumindest drei ihrer Zuhörer sofort wußten, welche Dummheit sie zu machen im Begriff war.

»Ich bin jetzt schon sehr lange allein gewesen«, nahm sie den Faden ihrer Rede wieder auf, »und ich fühle, daß ich Gesellschaft brauche. Nicht wie die Gesellschaft eines Bruders, sondern mehr, vertrauter ...« Sie wandte sich um und streckte ihre Hände — Hände, die auch nach dem langen Krieg noch gepflegt aussahen — Bishop entgegen. »Lewis, sag du es ihnen lieber.«

Bishop war bereits aufgestanden. »Mrs. Goodier hat mir die große Ehre erwiesen, mir zu versprechen, meine Frau zu werden.«

Anne hatte das Gefühl, von einem Sprungbrett in tiefes Wasser gestoßen zu werden. Eine Minute glaubte sie, zu ersticken, zu erblinden, zu ertrinken, und kämpfte verzweifelt gegen die Dunkelheit. Als sie schließlich ihre Sinne wieder geordnet hatte, war bereits eine Flut von Glückwünschen über das verlobte Paar hereingebrochen. Alistair, bei dem kein einziges Zucken in seinem Gesicht verriet, daß er praktisch einen Todesstoß erlitten hatte (denn wer konnte von Lewis Bishop erwarten, daß er auch nur den geringsten Brocken dieser fetten Mitgift Four Acres wieder herausgeben würde?), stand mit erhobenem Glas da.

»Wir müssen auf ihre Gesundheit trinken«, sagte er und schaute von einem zum anderen, auf der Suche nach Unterstützung.

Alicia strahlte ihn an. »Liebe Tante Tessa, was für eine kleine Schwindlerin du doch bist, neckst uns, wir sollten heiraten, und führst uns hinsichtlich deiner eigenen Gefühle die ganze Zeit an der Nase herum.«

Alicia war erfreut, denn sie überblickte die ganzen Folgen der Ankündigung nicht. Alles, was sie erkannte, war, daß Lewis Bishop niemals auf einem Besitz wie Four Acres wohnen würde. Er würde eine Wohnung bevorzugen, dort, wo er den Nabel der Welt vermutete, und das, so dachte Alicia, bedeutete, daß Four Acres Alistair gehören würde. James Goodier unternahm keinerlei Anstrengung, seine Wut und Enttäuschung zu verbergen. Gerade, als er ein warmes Nest für sich entdeckt zu haben glaubte, mußte diese fette, lächelnde Kuh, die sein Bruder geheiratet hatte (groteske Bilder hatten James nie gestört) den ganzen Kram einem Kerl, dem man den Gauner auf Meilen ansah, zum Geschenk machen. Für ihn bedeutete das, die Tür von draußen schließen zu müssen, und das verdammt schnell. James würde keinen von Alicias

Fehlern machen. Miss Dutchleys großer Mund schnappte zu wie eine Rattenfalle. Sie habe das ahnen müssen, sagte sie sich immer wieder. Es war eigentlich erstaunlich, daß Tessa es nicht schon lange vorher getan hatte, aber im Krieg gab es dafür praktisch keine Gelegenheit. Bletsoe plapperte etwas über die Freude, die es ihm gemacht habe, für Mrs. Goodier zu arbeiten, und das noch größere Vergnügen, das es bedeuten würde, nun für Mrs. Lewis Bishop tätig sein zu dürfen. Aber seiner Rede fehlte die Substanz. Er war nur ein kleines, erschrockenes Tier, das Angst hatte, aufs freie Feld gejagt und von der Meute erlegt zu werden. Was Tessa betraf, so sah sie wie die Verkörperung von Glück und Stolz aus. Man hätte sie für ein Mädchen halten können, mit der Einschränkung, daß ein Mädchen verlegener gewesen wäre, wenn sie den Mittelpunkt von soviel spekulativer Aufmerksamkeit gebildet hätte. Anne bemerkte plötzlich, daß Alistair sie beobachtete. Sie warf ihm einen hilfesuchenden, gequälten Blick zu, den er jedoch ignorierte, und ihr wurde klar, daß sie ihren Augenblick verpaßt hatte, den Moment, in dem sie hätte aufspringen und erklären können, daß diese Heirat unmöglich war. Später fragte sie sich, ob es überhaupt solch einen Augenblick gegeben hatte. Denn sie konnte doch nicht eine vor Freude strahlende Tante Tessa, eine Frau von fast sechzig Jahren, die all die Jahre gewartet hatte und nun die wahre Romanze zu finden glaubte, inmitten einer Tischrunde, der kein Wort entging, so demütigen.

»Aber Bishop muß wissen, daß er damit nicht durchkommt«, sagte sie sich verwirrt. Sie blickte den Tisch hinunter zu seinem Platz, wo er immer noch stand, und sah, daß er lächelte — heiter, milde, selbstbewußt. In diesem Moment wußte sie, daß er sie herausforderte, die Wahrheit auszusprechen, falls sie es wagte. Nichts anderes als die Wahrheit konnte diese Heirat verhindern, und der Preis, den sie für die Wahrheit zu zahlen hätte, war so erschreckend hoch, daß diese Möglichkeit nicht in Betracht kam.

»Anne, Liebes«, sagte Tante Tessa, und Anne bemerkte, daß die Frauen den Raum verließen. Sie errötete, als sie aufstand und den anderen zur Tür folgte. Bishop stand da, hielt Tessas Hand und blickte ihr so strahlend in die Augen, daß auch eine weniger empfängliche Frau als Mrs. Goodier berauscht gewesen wäre. Miss Dutchley gab vor, noch zu tun zu haben, und begab sich in ihr Arbeitszimmer. Tessa setzte sich bequem hin und begann, über ihre bevorstehende Vermählung zu sprechen.

»Du denkst doch nicht etwa an eine sofortige Heirat?« fragte Anne.

»Wozu sollte ich warten, ich werde auch nicht jünger. Ihr werdet sowieso bald alle heiraten, und dann werde ich endgültig das Nachsehen haben.«

»Die besten jungen Männer sind im Krieg umgekommen«, sagte Alicia schwermütig.

»Du kannst nicht erwarten, daß dir ein Mann in den Schoß fällt. Du mußt dir Mühe geben, genau wie in anderen Bereichen des Lebens«, widersprach Mrs. Goodier unerwartet. »Ich weiß natürlich, daß manche Leute außergewöhnliches Glück haben. So wie ich mit deinem Onkel. Und jetzt mit Lewis.« Sie schien ins Träumen zu geraten.

»Und wenn keine übriggeblieben sind, die gut genug für uns wären, müssen wir uns eben unseren Lebensunterhalt selbst verdienen«, sagte Anne leichthin.

»Ich wüßte nicht, was ich tun könnte«, murmelte Alicia. »Du bist anders, du sprichst Fremdsprachen, kannst Auto fahren und — auf dich selbst aufpassen.«

»Es gibt Ausbildungskurse«, antwortete Anne. Sie war sich bewußt, daß der freimütige Theodore der Tochter seiner Schwester niemals erlaubt hätte, derart untätig zu sein. Lebte er noch, hätte sie etwas Nützliches gelernt — Buchführung, Steno und Schreibmaschine oder etwas anderes mit einem gewissen Wert auf dem Arbeitsmarkt. Theodore hatte keinen falschen Stolz, Unabhängigkeit betreffend. Denn heutzutage bedeutete verheiratet sein keine Absicherung dagegen, vielleicht doch eines Tages gezwungen zu sein, sein Brot selbst verdienen zu müssen, und das nicht nur unter dem eigenen Dach. Die Frauen hatten im Krieg der Geschlechter eine Menge an Punkten gewonnen. Sie hatten darum gekämpft, in gewisse Positionen hinein zu gelangen, und viele Männer waren noch immer bemüht, sie herauszuhalten. Aber um solche Siege zu erzielen, hatten sie ihr uraltes Vorrecht aufgeben müssen, gekleidet, mit einem Heim versorgt und gespeist zu werden.

»Oh, Alicia wird bestimmt heiraten«, sagte Tessa mit Bestimmtheit. »Später mußt du zu uns kommen, und wir finden einen netten Ehemann für dich. Ich bin überzeugt, Lewis kennt einige sehr nette Männer.« Das war die unmißverständliche Botschaft an Alicia, sie solle ja nicht glauben, der Ehemann ihrer Tante beabsichtige, ihr ein Heim zu bieten. Alicia war dreiundzwanzig Jahre alt und für sich selbst verantwortlich. Außerdem würde es, wie die Politiker der Bevölkerung ständig versicherten, in nächster Zeit genug Arbeit für alle geben.

»Wo werdet ihr wohnen?« wollte Alicia wissen. »Ich kann mir nicht vorstellen, daß Mr. Bishop den Rest seines Lebens auf dem Lande verbringen will.«

»Lewis hat eine ganz entzückende Wohnung in London, wie er sagt. Ich muß gestehen, ich liebe dieses Haus, und es war lieb von Theodore, es zu kaufen und dadurch der Familie zu erhalten. Für Alistair war es eine wundervolle Umgebung, als er ein Junge war. Aber ich habe mich doch oft genug nach einer Zentralheizung und warmem Wasser gesehnt, ohne mich mit dem Warmwasserspeicher herumärgern zu müssen, und ohne die Schwierigkeiten, die wir mit dem Koks hatten, wenn im Winter die Straßen vereist waren. Und natürlich beginnt man ein neues Leben am besten in einer neuen Umgebung. Man möchte schließlich nicht in einen Trott verfallen«, fügte Tessa hinzu, offenbar glücklich und in seltsamer

Verkennung der Tatsache, daß sie schon seit dreißig Jahren im immer gleichen Trott lebte.

»Dann nehme ich an, Alistair wird weiter hier leben?« setzte Alicia nach.

Tessa wirkte geistesabwesend. »Ich weiß es wirklich nicht. Ich denke, Lewis hat bereits gewisse Pläne mit dem Haus.«

»Du meinst, ihr wollt es verpachten?«

»Lewis sagt, wir würden niemals einen Pächter finden. Natürlich ist der Besitz sehr malerisch, aber die Leute, die es sich leisten könnten, Four Acres zu pachten, würden alle möglichen Verbesserungen am Haus fordern, die wir nicht bezahlen können.«

»Dann denkst du an Verkauf?«

»Nicht als Privathaus. Aber Lewis meint, es werde viele Entwicklungen — industrielle Entwicklungen — in naher Zukunft geben, und die Lage des Hauses sei sehr günstig.«

»Du wirst doch wohl aber nicht alles Mr. Bishop überlassen?«

»Er ist ein Realist, und natürlich werde ich mich von ihm leiten lassen. Er sagt, die Dinge hätten sich seit dem Krieg verändert, es gebe keine Hoffnung, in die Vorkriegswelt zurückzukehren. Und er sagt, Theo würde ihm zugestimmt haben, weil er auch ein Realist war. Frauen heiraten immer die gleiche Art Männer, egal wieviele Ehemänner sie haben.«

»Ich glaube nicht, daß Mr. Bishop sehr viel mit Onkel Theo gemeinsam hat«, sagte Anne trocken, und Mrs. Goodier erwiderte: »Aber du kennst Lewis nicht, meine Liebe, du bist ihm doch erst heute abend begegnet.« Anne sah rasch auf, überlegte: Ist das meine Chance?, erinnerte sich an Alicias Anwesenheit, zögerte und entschied schließlich, es wäre vielleicht am besten, Bishop direkt anzusprechen. »Und schließlich muß man doch vernünftig bleiben«, sagte Tante Tessa gerade. »Denkt nur an meinen lieben Vater. Der war ein gebildeter Mann und so fromm, ein Bein in der Bibliothek, das andere im Himmel. Und ich erinnere mich, daß Theo sagte:

'Hat ihn denn niemand darauf aufmerksam gemacht, daß mit beidem kein Geld zu verdienen ist?'«

»Also soll Four Acres eine Fabrik werden? Ist es das, was du damit wirklich sagen willst, Tante Tessa?« Alicia konnte es nicht glauben. »Aber das kann er doch nicht machen, das darf er nicht, es gehört ihm nicht.«

»Dir ebenfalls nicht«, sagte Tessa zornig.

»Onkel Theo sagte immer ...«

»Er bestimmte, daß, wenn ich es bei meinem Tode noch besitzen sollte, Alistair es erben solle. Allerdings, wenn nicht ...«

»Hast du es Alistair gesagt?«

»Augenblicklich gibt es nichts zu sagen. Wirklich, Alicia, du bist heute abend recht schwierig. Und Anne könnte kaum mürrischer aussehen. Ich hatte eigentlich gehofft, ihr würdet euch über die Neuigkeit freuen. Zumindest seid ihr beide jetzt frei. Andernfalls hätte ich vielleicht eine von euch gebeten, bei mir zu bleiben.«

In diesem Augenblick kamen die vier Männer herein. In der Regel kam Bletsoe nicht nach oben, aber heute abend, glaubte er, sei eine Ausnahme. Zudem war er voller Angst um seine eigene Zukunft und hoffte, in der allgemeinen Unterhaltung ein paar wichtige Informationen aufschnappen zu können. Was auch immer geschah, er brauchte Alistairs Sympathie. Weder Bishop noch Goodier würden ihm irgendwie helfen.

Es war offensichtlich, daß James etwas zu tief ins Glas geschaut hatte. Er kam zu Tessas Platz und überhäufte sie mit Komplimenten, die sie allerdings nicht einmal zu hören schien; sie hatte nur Augen für Lewis Bishop. Alicia gelang es, einen Platz neben Alistair einzunehmen, und im Schutz der allgemeinen Unterhaltung konnte sie ihm zuflüstern: »Weißt du, daß Tante Tessa nach ihrer Hochzeit Four Acres als Fabrikgelände verkaufen will?«

Alistair schien sie nicht ernst zu nehmen. »Das ist lächerlich.«

»Du wirst es vermutlich auch dann noch für lächerlich halten, wenn das Verkaufsschild aufgestellt ist. Kannst du nicht sehen, was für ein Kerl dieser Bishop ist? Er ist ein Pirat.«

»Aber Tante Tessa ...«

»... wird genau das tun, was er ihr sagt. Alistair, kannst du es nicht verhindern? Es ist doch dein Eigentum.«

»Nicht, solange Tante Tessa lebt.« Zum ersten Mal machte er keinen Versuch, seine Bestürzung zu verbergen. Er bemerkte dabei nicht, wie genau Bishop ihn beobachtete. Bishops Gewerbe hatte ihn mit unzähligen reichen Frauen in Verbindung gebracht, manche hatten ein Anrecht auf den Ehering, den sie trugen, andere nicht, aber alle verband die gleiche verzehrende Leidenschaft für Diamanten und Smaragde, die er ihnen beschaffen konnte. Er selbst hatte diese Begierde nach farbigen Steinen niemals verstanden, obwohl er sie zu würdigen wußte, denn sie hatte ihm viele Vorteile eingebracht. Aber selbst in den Augen der Habgierigsten hatte er niemals den Ausdruck gesehen, der jetzt in Alistairs Blick aufflammte, als er sich einen Augenblick lang unbeobachtet glaubte. Aus einem unerfindlichen Grund fühlte Bishop sich im Nachteil. Er zog ein wunderschönes Zigarettenetui hervor, nahm eine Zigarette heraus, steckte das Etui zurück und zog ein kunstvoll verziertes Feuerzeug aus Gold und Emaille aus einer anderen Tasche.

»Ein sehr damenhaftes Stück«, scherzte Goodier.

Bishop warf ihm einen drohenden Blick zu, und Bletsoe, bemüht, den Frieden zu erhalten, sagte in versöhnlichem Ton: »Merkwürdig, keines dieser komischen mechanischen Dinger funktioniert bei mir. Wenn ich ein Feuerzeug habe, kann ich ihm keine Flamme entlocken, Armbanduhren bleiben stehen, sobald ich sie überstreife, selbst Füllfederhalter, die bei anderen Leuten vollkommen verläßlich sind, klecksen in dem Augenblick, in dem ich sie aufschraube. Ich habe schon aufgegeben, auch nur zu versuchen, solche neumodischen Dinge zu benutzen.«

Niemand außer Alistair erweckte auch nur den Anschein, sich für seine Probleme zu interessieren. Diese gleichgültig, beinahe geringschätzig blickenden Gesichter schienen zu fragen, warum sollte sich jemand darüber Gedanken machen, was mit einem so jämmerlichen, unbedeutenden Mann wie Henry Bletsoe passierte? Alistair sah ihn plötzlich vor sich, umgeben von Streichholzschachteln, hölzernen Federhaltern — vermutlich mit verbogenen Spitzen — großen, plumpen Taschenuhren, gekauft in jenem Laden in Westminster, der sie vor dem Krieg für zehn Schillinge mit zwölf Monaten Garantie anbot.

»Solche Leute gibt es«, sagte Alistair abwesend, und Bishop bemerkte gelangweilt: »Nun, Sie rauchen nicht viel, oder? Ich kaufe meine Zigaretten in fünfhunderter Packungen, die speziell für mich angefertigt werden.«

»Sie müssen ein sehr starker Raucher sein«, entgegnete Goodier boshaft, darauf anspielend, daß Bishop sein Etui niemals herumreichte. Bishop, der nicht auf den Kopf gefallen war, verstand Goodiers versteckten Vorwurf, und sein Gesicht verfinsterte sich. Tessa, der keine noch so kleine Veränderung in Ausdruck oder Tonfall, soweit es ihn betraf, entging, versuchte, dem Gespräch eine Wende zu geben. »Ich weiß nicht warum, aber ich habe Rauchen nie gemocht. Ich glaube, viele Frauen denken so, aber sie glauben, es sei klug, so zu tun, als gefalle es ihnen. Ich vermute, Anne raucht wie ein Schlot ...?«

Anne gestand ja, vermutlich tue sie das, man gewöhne es sich leicht an, und Alistair reichte ihr sein Etui, das nicht annähernd so reich verziert war wie Bishops. Alicia entschied sich, die Katze aus dem Sack zu lassen und sagte: »Ich frage mich, was für eine Fabrik hier wohl in, sagen wir, fünf Jahren stehen wird«, und Bishop erwiderte: »Das hängt ganz davon ab, wie offen die zuständigen Behörden solchen Fragen gegenüberstehen. Dieser Standort bietet unendlich viele Möglichkeiten ...«

»Was ist an der Landwirtschaft auszusetzen, abgesehen von der Tatsache, daß sie weniger Geld abwirft als irgendwelche Trockenmilchprodukte?« murmelte Alistair, und Augenblicke später waren die beiden Männer in einen heftigen Streit verwickelt. Behauptungen und Einwände flogen hin und her wie Blätter im Herbstwind. Bishop setzte sich für Profit und gegen romantische Traditionen ein, und Alistair wollte wissen, was mit den Menschen, die sich zum Leben auf dem Lande berufen fühlten, geschehen solle. Bishop entgegnete, sie seien gut beraten, sich eine andere Berufung zu suchen, man könne die Staatsschulden schließlich nicht mit Märchen bezahlen.

»Selbst der Finanzminister kann keine *so* schönen Märchen erzählen«, stimmte Alistair zu. »Dieser Schwindel mit den billigen Nahrungsmitteln ...«

»In diesem Punkt dürften die Hausfrauen ganz anderer Meinung sein«, widersprach Bishop.

»Ja, solange Geld das maßgebende Kriterium für das bleibt, was wir gern als Zivilisation bezeichnen. Ich hatte gehofft, daß uns dieser Krieg wenigstens ein Gutes bringen würde, und zwar die Einsicht, daß Geld wertlos ist, wenn es in den Läden nichts dafür zu kaufen gibt.«

»Ich verstehe nicht, warum wir am ersten Abend nach Annes Rückkehr, der noch dazu mein Verlobungsabend ist, derartige politische Auseinandersetzungen haben müssen«, jammerte Tessa. »Es war ja nur eine Idee, und natürlich werde ich mit Alistair über alles sprechen, aber ich bin überzeugt, daß Lewis recht hat. Wir sind zu leicht geneigt, auf den ausgetretenen Pfaden der Tradition zu bleiben, und dann überholen uns natürlich die anderen, und wir können das Rennen nicht gewinnen.«

James Goodier meldete sich zu Wort. »Bei meiner Seele, ich weiß, warum Theo dich geheiratet hat, Tessa. Du bist damit zufrieden, die Welt den Männern zu überlassen. Es gibt heutzutage sowieso zu viele Frauen, die was zu sagen haben wollen, das steht fest. Die wichtigste Aufgabe einer Frau ist es, ihren Ehemann zufriedenzustellen.«

»Die wichtigste Aufgabe einer Frau ist es, einen Ehemann zu bekommen. Das habe ich Alicia heute bereits erklärt«, erwiderte Tessa, bemüht, besonders geistreich zu wirken.

Aber Alicia weigerte sich, in den Disput hineingezerrt zu werden. Sie beugte sich zu Alistair hinüber und flüsterte: »Er meint es ernst, das weißt du, und kein Trick wäre ihm zu schmutzig. Wahrscheinlich hat er sich sein ganzes Leben mit miesen Tricks geholfen — das wäre eine Möglichkeit, Alistair.«

»Wovon redest du?« flüsterte Alistair, während er weiterhin Bishop beobachtete, der inzwischen mit Anne sprach, ihre Angriffe abwehrte, lachte, widersprach. Kein leichter Gegner, überlegte er. Man konnte Tessas Betörung verstehen.

»Wahrscheinlich hat er eine furchtbar dunkle Vergangenheit. Wenn wir die Heirat irgendwie verhindern könnten — du weißt, wie Tante Tessa ist — würde sie dir wahrscheinlich blind vertrauen.«

»Das geht nicht«, murmelte Alistair. »Zunächst einmal wissen wir gar nichts.«

»Wir könnten eventuell etwas herausfinden. Jedenfalls kannst du mir nicht erzählen, daß ein Mann mit so einem Gesicht ehrlich ist. Von mir aus kann er heiraten, wen er will, solange es nicht Tante Tessa ist. Wie schade, daß er nicht Anne zuerst begegnet ist. Er hätte vielleicht Gefallen an ihr gefunden.«

»Warum hackst du immer auf Anne herum?« raunte Alistair verärgert. »Wenn du glaubst, daß er solch ein Schurke ist ...«

»Ich meine doch nur, Anne kann auf sich selbst aufpassen. Sie ist soviel herumgekommen, ist hart gesotten. Tante Tessa ist so — so naiv. Sie glaubt fast alles, was man ihr erzählt. Nein, Alistair, auf irgendeine Weise müssen wir diese Heirat verhindern.«

3. Kapitel

Es war offensichtlich, daß Lewis Bishop bereits vor der Hochzeit die Geschäfte in seine Hand nahm. Tessa überließ ihm ohne zu zögern alle Entscheidungen. Zum Ärger der beiden jungen Frauen schien sie Alistair aus seinem ursprünglichem Amt als Berater hinausgedrängt und Bishop an seinen Platz gesetzt zu haben. Eines Morgens, eine Woche nach Bekanntgabe der Verlobung, kam Goodier schnaubend vor Wut zu Alistair. Er hatte soeben den Eindringling zur Rede gestellt.

»Hören Sie zu, mein Junge, ein Wort unter uns«, begann er. »Wenn Sie von dem Wrack noch etwas retten wollen, müssen Sie sich verdammt beeilen. Dieser Kerl ist wie ein Krake, hat seine Tentakel überall. Bei meiner Seele, ich weiß nicht, was mein Bruder dazu gesagt hätte.«

Stotternd vor Entrüstung erzählte er seine Geschichte. Er sitze, zugegebenermaßen, etwas in der Klemme. Der alte Theo, sagte er voller Überzeugung, würde ihm sicher ausgeholfen haben, denn Theo habe auch schwere Zeiten durchgemacht, habe gewußt, daß das Glück sich auch mal gegen einen wenden könne. Er, James, sei heimgekehrt, um Theo seine Lage zu schildern.

»Aber er ist seit Jahren tot!« rief Alistair aus.

»Nun, ich kriege dort, wo ich lebe, nicht viel Post«, erklärte James. »Auf jeden Fall ist es doch noch sein Geld, oder nicht? Ich versichere Ihnen, mein Junge, der alte Theo hätte mich nicht so kalt abblitzen lassen.«

»Und Mrs. Goodier hat das getan?«

»Bei meiner Seele, ich weiß nicht, was über die Frau gekommen ist. Etwas Besseres als Bishop könnte man an jeder Straßenecke finden. Ich ging zu ihr und sagte: ‘Hör zu, Tessa, ich möchte mit dir sprechen. Tatsache ist, ich bin etwas in Verlegenheit, und du bist die Frau meines teuren Bruders, seine Witwe vielmehr’, und was glauben Sie, was sie antwortete? Bevor ich weiter reden konnte, sprang sie auf und empfahl mir, mit Bishop darüber zu sprechen. 'Ich mußte ihm versprechen, kein Geld zu verteilen, ohne ihn zuvor um Rat zu fragen.' Haben Sie sowas schon gehört? 'Ich verstehe nichts von Geld', sagte sie. 'Ich habe solche Dinge immer Theo überlassen.' Ich meine, wenn sie einen Ratgeber braucht, warum dann nicht Sie?«

»Ich werde sie schließlich nicht heiraten«, sagte Alistair. »Haben Sie mit Bishop gesprochen?«

»Ich hätte ebensogut versuchen können, einen Ochsen zu melken. Man könnte meinen, der Kerl wäre ein Geldverleiher, und es ist nicht mal sein eigenes Geld. Das ärgert mich so, es gehört ihm doch nicht. 'Nun, wofür brauchen Sie es?', wollte er wissen. 'Haben Sie eine Rechnung? Wo ist dieser Kerl?' 'Ich werde Ihnen nicht alle meine privaten Angelegenheiten anvertrauen', sagte ich. 'Ich gehe davon aus, daß ich ein gewisses Anrecht habe auf das, was mein Bruder hinterlassen hat, und ich zweifle nicht daran, daß er von seiner Frau erwartet hätte, gegebenenfalls einem in Not geratenen Verwandten unter die Arme zu greifen. Mein Bruder Theo', fügte ich noch hinzu, 'würde sich im Grabe umdrehen, wenn er hörte, wie Sie mich hier ins Kreuzverhör nehmen.'«

»Und das Ende vom Lied war, daß er Sie einfach abgewiesen hat? Nun, ich weiß nicht, was ich in diesem Fall tun kann. Wenn Ihnen fünfzig Pfund irgendwie von Nutzen wären ...«

»Mein lieber Junge, das ist wirklich verdammt großzügig von Ihnen. Und vergessen Sie nicht, es ist nur ein Darlehen. Das Glück wird sich wenden, das ist immer so, aber die jetzigen Zeiten sind etwas hart für Burschen wie mich.«

»Helfen Ihnen fünfzig Pfund weiter?« fragte Alistair nochmals. »Ich meine, falls Sie mir diese Frage erlauben?«

»Ich bat meine Schwägerin um ein Darlehen — ein Darlehen, wohlgemerkt — von 1500. Was sind schon 1500 für Ihre Tante!«

»Wenn Sie ein Pfund in Sixpence umrechnen«, konterte Alistair gelassen, »sind das 40 mal 1500, falls Sie das in Ihrem Kopf ausrechnen können.«

James schien beleidigt. »So also sieht Ihre Arithmetik aus. Jedenfalls finde ich, daß diese Frauen, die nie gelernt haben, Geld zu verdienen, auch nicht darüber bestimmen sollten. Ich bin von Theo überrascht, ja wirklich. Zumindest hätte er etwas dagegen unternehmen sollen — gegen mein kleines Problem, meine ich.«

»Das hätte er sicherlich auch getan«, dachte Alistair, »Er hätte dich augenblicklich vor die Tür gesetzt.« Man lernte schnell, den professionellen Schmarotzer zu erkennen. Aber Alistair war ein gerecht denkender junger Mann. Er wußte, daß selbst Schmarotzer einen Magen besaßen, der von Zeit zu Zeit gefüllt werden mußte, und Theodore Goodiers Geld konnte genausogut James Goodiers Magen füllen wie den von Lewis Bishop.

»Ich wünschte, Sie würden bei der alten Dame mal einen Versuch unternehmen. Auf Sie hört sie, davon bin ich überzeugt.«

Zögernd versprach Alistair, es zu versuchen, obwohl er sich keinen Erfolg davon versprach.

»Ich will Ihnen noch etwas sagen«, fuhr James mitteilsam fort. »Seien Sie vorsichtig. Der Bursche würde Ihnen das Fell über die Ohren ziehen, wenn er könnte. Ich würde mich meiner Haut erwehren, wenn ich an Ihrer Stelle wäre.«

»Und was würden Sie tun?« fragte Alistair neugierig. »Bishop ermorden?«

»Ihn irgendwie aus dem Weg schaffen. Ein Kerl wie er hat sicher eine Vergangenheit, die keine Nachforschungen verträgt. Das Problem ist, daß sie bereits vollständig in seiner Gewalt ist. Alles, was ihr gehört, ist im Prinzip auch bereits seins.«

»Das gehört nun mal zur Heirat«, murmelte Alistair, der die Unterhaltung als zunehmend geschmacklos empfand.

»Pech für Sie. Soweit ich weiß, sind Sie hier aufgewachsen. Ein Schlag für Sie, mitansehen zu müssen, wie Ihr Heim in eine Fabrik umgewandelt wird.«

»Oh, das wird nicht geschehen«, sagte Alistair.

James betrachtete ihn forschend. »Da wäre ich mir nicht so sicher, alter Junge. Das Bürschchen verliert keine Zeit. Erinnern Sie sich an den Kerl, Charrington, der vor ein oder zwei Tagen hier war? Eine ziemlich zwielichtige Gestalt, fand ich, aber ich bin sicher, Bishop würde sowas nicht stören. Nun, die beiden haben sich ziemlich genau umgesehen, und zufällig schnappte ich ein oder zwei Brocken auf, und es würde mich nicht überraschen, wenn der Kerl ein Angebot gemacht hätte.«

»Wenn Bishop so gerissen ist, wie Sie vermuten, wird er nicht gleich das erstbeste Angebot annehmen.« Aber Alistair war sich keinesfalls so sicher, wie er sich anhörte.

»Es sei denn, es springt etwas für ihn dabei heraus. Bishop ist kein Dummkopf. Er wird keine Zeit verschwenden. Vor kaum einer halben Stunde war ich bei Tessa, um mit ihr zu reden — na, ich hab' Ihnen ja erzählt, wie es abgelaufen ist, und wenn sie denkt, ein Bursche wie Bishop darf die Nase in meine Geschäfte stecken, so irrt sie sich — und er kam mit einigen Papieren herein und hatte diesen Rechtsverdreherblick. Also, vielen Dank, alter Junge.« Denn Alistair hatte inzwischen seine Brieftasche herausgeholt und einen Scheck ausgeschrieben. »Das Problem mit Frauen wie meiner Schwägerin ist, daß sie nicht begreifen, wie jemand sich fühlt, der nicht weiß, wo er nächste Woche schlafen soll. Und wenn Sie meinen Rat hören wollen«, er nahm den Scheck, faltete ihn und nickte Alistair zu, als ob er ihm einen Gefallen damit täte, sein Geld anzunehmen, »passen Sie auf, daß Sie nicht auch zu kurz kommen.«

»Der Kerl mag ein Gauner sein«, überlegte Alistair, als James gegangen war, »aber er ist kein Narr. An dieser Charrington-Geschichte könnte etwas dran sein. Außerdem ist da noch Bletsoe ...«

Wie Mr. Mell glaubte er daran, daß es keinen günstigeren Zeitpunkt als den gegenwärtigen gäbe, und so ging er augenblicklich in das Zimmer, das Tante Tessa ihr Büro nannte. Es sah Bishop ähnlich, das Eisen zu schmieden, solange es heiß war, und eher fielen Weihnachten und Ostern auf denselben Tag, als daß er sich ein Geschäft entgehen ließe, das Gewinn für ihn versprach, und man mußte ihn nur ansehen, um zu erkennen, daß sein ganzes Leben offenbar eine Reihe erfolgreicher Geschäfte gewesen war. Anne hätte ihm einiges darüber erzählen können.

Tessas Zimmer war behaglich möbliert mit einem Sofa, bequemen Sesseln und einem Schreibtisch, der auffällig in der Mitte des Raumes plaziert war, obwohl Alistair vermutete, daß sie mehr Zeit auf dem Sofa verbrachte als am Schreibtisch. An diesem Morgen jedoch fand er sie am Tisch sitzend, als er eintrat, einen Füllfederhalter in der Hand und Lewis Bishop an ihrer Seite.

»Oh, störe ich euch bei einer Besprechung?« murmelte Alistair und schloß die Tür, ganz offensichtlich nicht gewillt, den Raum wieder zu verlassen.

»Natürlich nicht, mein Lieber. Es ist nichts Eiliges.« Tessa legte den Stift wieder hin. »Gibt es etwas Besonderes?«

»In gewisser Weise.«

»Geben Sie uns noch einen Augenblick, Vereker«, sagte Lewis Bishop, »und Sie haben das Feld für sich allein. Nur noch eine Unterschrift, Tessa.«

»Machst du ein neues Testament?« fragte Alistair.

»Noch nicht. Obwohl Lewis sagt, ich sollte es tun, sobald wir verheiratet sind. Dann, meint er, sei ich natürlich in einer ganz anderen Lage.«

»Das wirst du ganz sicher sein.«

»Deswegen wollte ich dich auch heute nachmittag sprechen. Lewis meinte, ich dürfe mir eine solche Gelegenheit nicht entgehen lassen. Komm und sag mir, was du davon hältst.«

Bishop schien ihn mit Blicken töten zu wollen.

Alistair kam näher und sah seiner Tante über die Schulter. Sofort erkannte er, daß James recht gehabt hatte. Das fragliche

Papier gab Charrington ein Optionsrecht auf das Gut und das Recht, es für eine Summe zu kaufen, die Alistair höchst uneigennützig erschien.

»Ich würde nichts überstürzen«, riet Alistair. »Es wird eine Zeit dauern, bis der Wert des Besitzes geschätzt ist — nebenbei, ist das schon veranlaßt? Ich habe nichts davon gehört.«

»Ich — ich weiß wirklich nicht, mein Lieber. Lewis wollte das für mich erledigen, aber ich hatte ihn gebeten, es mit dir abzusprechen, da du ja so lange die Verantwortung getragen hast, sozusagen. Ich selbst verstehe nichts von diesen Dingen. Theodore hat sich immer um alles gekümmert, und später warst du da.«

»Ich denke, es wäre sicher für uns alle beruhigender, eine Schätzung vornehmen zu lassen. Und außerdem ist auch noch die Frage ungeklärt, welche Art Fabrik Mr. Bishops Freund errichten will. Denn es gibt ja auch noch diverse Vorschriften, und die Nachbarn haben wohl auch ein Einspruchsrecht. Wir sind nicht völlig frei von Auflagen, und das wird sicher noch für geraume Zeit so bleiben. Ich denke, du läßt dich da vorschnell in etwas hineinziehen, Tante Tessa.«

»Dies ist eine großartige Gelegenheit, die sich vielleicht nicht noch einmal bietet«, fauchte Bishop, der seine Höflichkeit für einen Augenblick vergessen hatte. »Charrington bietet einen guten Preis ...«

»Wenn er das bietet, was das Land wert ist, wird es weitere Gelegenheiten geben. Es ist nicht notwendig, gleich die erste zu ergreifen. Und wenn er zuviel bietet — nun, Bishop wird mir da sicher zustimmen ... Niemand würde sowas ohne Hintergedanken tun. Überhaupt, warum lassen wir das Ganze nicht versteigern, wenn du meinst, daß du unbedingt verkaufen mußt?«

»Ich denke, das ist ein sehr guter Vorschlag, was meinst du, Lewis? Und es gibt trotzdem Mr. Charrington die Gelegenheit, zu kaufen, und er könnte sich bis dahin über seine Haltung klar werden.«

»Es gibt überhaupt keinen Grund, die Dinge zu überstürzen«, setzte Alistair nach. »Er muß erst die Baugenehmigung und das Material haben, Pläne entwerfen und sie prüfen und anerkennen lassen. Das braucht alles seine Zeit. Und auch du solltest dir die Chance nicht nehmen lassen, die ganze Angelegenheit noch einmal gründlich zu durchdenken. Vielleicht kommst du letzten Endes doch noch zu dem Entschluß, den Besitz besser zu behalten.«

Er nahm das Dokument, faltete es und überreichte es Bishop. »Bewahren Sie es auf, bis es gebraucht wird«, sagte er.

»Ich fürchte, dir gefällt die Idee, das Haus zu verkaufen, nicht?« sagte Tessa verunsichert.

»Ich hoffe immer noch, es erweist sich als nicht notwendig. Es hat viele Generationen lang der Familie gehört, und auf jeden Fall müßte man den nächsten Verwandten ein Vorkaufsrecht einräumen. Bishop wird es egal sein, was mit dem Anwesen passiert, solange er einen guten Preis erzielt.«

Aus dem Blick, den Bishop ihm zuwarf, konnte er erkennen, daß seine Bemerkung ins Schwarze getroffen hatte. Bishop war mehr als nur der gute Freund Charringtons. Er sah Four Acres als Einkommensquelle an, vielleicht für den Rest seines Lebens, und in diesem Augenblick beschloß Alistair, daß er es nicht bekommen sollte, komme was wolle.

»Es gibt noch etwas anderes, was ich mit dir besprechen möchte«, sagte er, und selbst Bishop war nicht gefeit gegen den Tonfall in Alistairs Stimme. Ziemlich verstimmt verließ er den Raum.

»Es handelt sich um Bletsoe«, begann Alistair. »Offensichtlich hat Bishop ihm in deinem Namen gekündigt.«

»Er meinte, wir brauchten ihn nicht mehr, und er sei ohnehin von keinem großen Nutzen gewesen. Obwohl ich sicher bin, daß er sein Bestmöglichstes getan hat«, fügte sie rasch hinzu.

»Er ist kein junger Mann mehr, und so schnell wird er keine neue Stellung finden. Wenn du ihn hier während seiner Kündigungsfrist festbindest, verhinderst du, daß er sich zwischenzeitlich einen anderen Job suchen kann, und wie er mir anvertraute, hat er keinerlei Rücklagen.«

»Armer kleiner Mann!« sagte Tessa. »Was soll ich deiner Meinung nach tun?«

»Warum gibst du ihm nicht drei Monatsgehälter anstatt einer Kündigung und bittest ihn, sich eine andere Stelle zu suchen? Wenn er in der Armee gewesen wäre, hätte er eine Abfindung erhalten, und er hat recht, wenn er meint, niemand werde sich um Leute seines Alters kümmern, die nicht gedient haben. Tante Tessa, ich werde hier sein und kann dir alle Sorgen abnehmen.«

»Du weißt, ich habe volles Vertrauen zu dir, Alistair. Ich werde mit Lewis darüber sprechen.«

Alistair runzelte die Stirn. »Du brauchst seine Erlaubnis in einer solchen Sache nicht einzuholen«, erklärte er ihr.

»Nun, Lewis meinte, es würde mir eine Menge Sorgen ersparen, wenn er sich in Zukunft um die geschäftliche Seite des Anwesens kümmerte. Er hat jetzt die Vollmacht, meine Schecks auszustellen — für geschäftliche Zahlungen — natürlich nicht meine privaten — weil ich wirklich keinen Sinn fürs Geschäftliche habe, es belastet mich ...«

»Es gab keinen Grund, das zu tun«, entgegnete Alistair, der immer noch zornig war.

»Ich konnte es nicht gut zurückweisen, als er es vorschlug. Er hat schon eine ganze Weile als eine Art Geschäftsführer für mich gearbeitet. Ich fürchte allerdings, daß Mr. Bletsoe es mir ziemlich verübelt hat, und auch Dutchy scheint nicht damit einverstanden. Ich verstehe überhaupt nicht, warum. Ich dachte, sie wäre froh darüber, wenn man ihr etwas Verantwortung von den Schultern nimmt.«

»Die Leute sind nicht so glücklich, wie du annimmst«, warnte Alistair sie. »Tatsächlich ... Darf ich offen reden?«

»Natürlich, mein Junge.«

»Bishop macht sich gründlich unbeliebt. Und da du ihn zu heiraten gedenkst, ist das sehr bedauerlich.«

»Er sagt, ich hätte die Zügel schleifen lassen. Er ist ein kluger Kopf, Alistair.«

»Gewiß, sehr klug«, sagte Alistair trocken.

»Und er hat mir so sehr geholfen. Ich glaube wirklich, ich war im Begriff, in ziemliche Schwierigkeiten zu geraten, und er kam und bot mir an, mir zu helfen mit der Buchführung, und ...«

»Was geschah mit Brett?« unterbrach Alistair sie.

»Mr. Brett, der Anwalt? Oh, der ist noch da.«

»Er ist derjenige, von dem du dich beraten lassen solltest.«

»Er war ziemlich krank, und seinen Stellvertreter konnte ich nicht leiden. Jetzt, glaube ich, ist Mr. Brett wieder gesund, aber nun kann ich doch Lewis nicht wieder alles wegnehmen. Das siehst du doch ein? Ich weiß natürlich, daß Alicia ihn überhaupt nicht leiden kann.«

»Was hat Alicia für Pläne? Ich nehme nicht an, daß sie gedenkt, weiter bei euch zu leben, wenn ihr verheiratet seid?«

»Um Gottes willen, Lewis würde das nicht wollen. Er meint, sie müsse in der Lage sein, sich ihren Lebensunterhalt selbst zu verdienen.«

»Das sollte sie. Aber hat sie etwas gelernt?«

»Sie hat während des Krieges auf dem Land gearbeitet. Aber sie ist nicht sehr kräftig. Sie sollte heiraten.«

»Hat sie — entschuldige, daß ich frage — eigenes Geld?«

»Theo hat ihr nichts hinterlassen, aber ich habe ihr natürlich in meinem Testament etwas zugedacht.«

»In dem, das du ändern willst?«

»Ich will nicht alles ändern. Nur findet Lewis, es sei üblich, daß man ein neues Testament macht, wenn man heiratet.«

»Du wirst es doch von Brett aufsetzen lassen, oder nicht? Und wäre es nicht das Beste, Alicia schon jetzt etwas zu geben, zu einer Zeit, in der sie es wirklich braucht, so daß sie eine Ausbildung machen und in der Zwischenzeit von diesem Geld leben könnte? Sie wird vielleicht nicht so schnell heiraten, wie du es dir vorstellst.«

»Lewis sagt, sie hat eine zu scharfe Zunge.« Es drehte sich alles immer nur um Lewis, immer wieder um Lewis. »Aber wenn du es für eine gute Idee hältst. Alistair, was ist mit Anne passiert, sie scheint sich, seit sie fortgegangen ist, sehr verändert zu haben.«

»Drei Jahre dort, wo sie war, würden jeden verändern. Sie braucht etwas Zeit, um auszuspannen — obwohl, so wie ich Anne kenne, wird sie sie sich kaum gönnen.«

»Ihr braucht alle Zeit, euch zu erholen. Das habe ich auch zu Lewis gesagt, als er vom Hausverkauf sprach. Ich meinte, ihr müßtet die Möglichkeit haben, hier zu bleiben, um euch zu entspannen, bevor wir etwas derartiges unternehmen. Aber er hat kein Verständnis dafür, daß man müde sein kann. Er selbst ist von einer so bewundernswerten Vitalität. Und er glaubt, Faulenzen sei etwas Gefährliches.«

»Tante Tessa«, sagte Alistair unvermittelt, »würdest du mir den Besitz für zwölf Monate überlassen? Er wird danach immer noch gleich wertvoll sein, egal, was Bishop darüber denken mag. Wir alle brauchen etwas Zeit, um uns an den Frieden zu gewöhnen, und die Industriellen dürften sich in ähnlicher Lage befinden. Wenn du nach diesem Jahr immer noch die Absicht hast, zu verkaufen, und ich deinen Preis nicht aufbringen kann, ist es abgemacht, daß Four Acres zur Versteigerung ausgeschrieben wird. Was sagst du dazu?«

»Mir scheint, das ist ein wirklich guter Gedanke. Ich bin überzeugt, daß du etwas Ruhe gebrauchen kannst. Ich weiß, Lewis wird zustimmen.«

Alistair sah besorgt aus. »Du bist immer noch Eigentümerin von Four Acres, Tante Tessa«, sagte er eindringlich. »Es liegt an dir, zu bestimmen, ob der Besitz verkauft werden soll oder nicht.«

Tessa schien aus irgendeinem Grund beleidigt zu sein. »Natürlich weiß ich das. Hast du nicht gehört, daß ich mich weigerte, den Optionsvertrag zu unterzeichnen? Ich meinte doch nur, ich würde Lewis mitteilen, was ich entschieden habe, und dann können wir die Angelegenheit für ein Jahr aufschieben.«

»Und Bletsoe?«

»Darüber muß ich selbstverständlich nachdenken. Wenn du meinst, daß es so angemessen ist, hast du sicher recht damit ...«

»Und du wirst selbst mit ihm sprechen?« hakte Alistair nach.

»Ja, natürlich. Ich muß jetzt sofort mit Lewis wegfahren, aber morgen bestimmt, morgen werde ich alles in Ordnung bringen.«

Als er ihr Zimmer verlassen hatte, wurde ihm klar, daß er Goodier überhaupt nicht erwähnt hatte.

* * *

Trotz des Versprechens seiner Tante war sich Alistair keineswegs sicher, daß ihm die Pacht von Four Acres ermöglicht werden würde, und die Ereignisse bewiesen, daß seine Zweifel berechtigt waren. Als Tessa und Lewis von ihrer Ausfahrt heimkehrten, verschwand seine Tante eiligst in ihrem Zimmer, aber Lewis stellte ihn in der Halle zur Rede.

»Tessa hat mir von ihrem Vorschlag erzählt, Four Acres zu pachten, und mich um Rat gefragt. Ich fühlte mich verpflichtet, sie darauf aufmerksam zu machen, daß sie möglicherweise eine gute Gelegenheit verpassen würde, wenn sie Ihrem Wunsch nachgäbe. Die Grundstückspreise werden in den nächsten Monaten ihren Höhepunkt erreichen, davon bin ich überzeugt. Obwohl später die gesetzlichen Restriktionen gelockert werden könnten, wird das industrielle Wachstum begrenzt sein — ich nehme an, Sie stimmen mir zu?«

»Ja, soweit meine Kenntnisse in dieser Thematik ausreichend sind.«

Lewis stieß einen leisen Pfiff aus. »Ich verstehe. Das also war Ihr Gedankengang. Sie glaubten, wenn man lange genug mit dem Verkauf des Besitzes wartete, könne man das Haus nur noch zu Wohnzwecken verkaufen, und das wäre dann Ihre Chance.«

»Sie lesen in mir wie in einem Buch«, sagte Alistair trocken. »Aber Tessa würde immer noch einen guten Preis erzielen, denn derjenige, der die Summe aufbringen kann, die das Land in zwölf Monaten wert ist, wird auch über genügend Mittel verfügen, um die notwendigen Verbesserungen auszuführen. Sie sind Geschäftsmann, Bishop. Sie müssen mir recht geben.«

»Ja, aber ich bin nicht wie Ihr verstorbener Onkel. Ich ziehe stets den Vogel in der Hand vor.«

Alistair ging davon, noch besorgter als zuvor. Er mochte die Art und Weise nicht, wie dieser Abenteurer sein Tante im Griff hatte. Sie war eine einfältige Person, trotz all ihrer natürlichen Freundlichkeit und ihres Charmes. Hätte er ein gemelodramatischeres Temperament besessen, würde er sich gefragt haben, wieviel Zeit Lewis Bishop wohl seiner Ehe gab. Er vermittelte nicht den Eindruck eines Mannes, der für längere Zeit eine triste Verbindung erdulden würde, und eine Frau mit mehr Vorstellungskraft hätte angesichts dieser Aussichten gezögert. Es gab jedoch keine Hoffnung, daß Tante Tessa zur Einsicht gelangen würde. Sie war betört und blind wie alle verliebten Mädchen. Alistair suchte mit seinen Sorgen abends im Garten Zuflucht und zog sich in ein versteckt gelegenes Sommerhaus zurück. Es war vor Jahren einmal für einen gelähmten jüngeren Sohn errichtet worden, der soviel Licht und Luft wie möglich benötigte. Er war schon einige Zeit dort, als er leise Schritte auf dem Weg vernahm und Alicia die drei hölzernen Stufen heraufkam.

»Du wirst dich erkälten«, sagte Alistair unwillkürlich, aber sie lachte und schüttelte den Kopf.

»Aber nein. Ich trage doch meinen Plüschmantel. Tante Tessa hat ihn mir letztes Weihnachten geschenkt. Er gehörte ihr, und sie hat ihn für mich ändern lassen. Er sitzt wirklich nicht schlecht. Aber eines Tages, Alistair, lasse ich mir von meinem Ehemann einen Nerz schenken. Du kannst dir nicht vorstellen, was ein Nerz für eine Frau bedeutet.«

Sie war in einer merkwürdigen Stimmung, überreizt und zugleich vertrauensvoll. Er sah sie eindringlich an, und sie setzte sich auf einen Stuhl neben ihm und legte ihre Hand auf seinen Arm.

»Wie vorsichtig du bist, Alistair. Als ob wir es nicht alle in einigen Stunden erführen. Du hättest dich nicht hierhin zurückziehen müssen, um dein Geheimnis zu wahren.«

»Mein Geheimnis?«

»Ja, Lewis hat es dir gesagt, nehme ich an. Ich habe gesehen, wie ihr in der Halle miteinander spracht.«

»Du meinst wegen des Hauses? Ich würde das nicht gerade als Geheimnis bezeichnen.«

»Ich denke nicht an das Haus speziell. Nein, ich meine — alles.«

»Ich verstehe nicht, was du meinst.«

Sie sah ihn an, und in ihrem Gesicht wich die Ungläubigkeit purer Überraschung. »Soll das heißen, du weißt nicht, wohin Bishop Tante Tessa heute nachmittag gefahren hat?«

Alistair erhob sich etwas. »Sie haben doch nicht etwa geheiratet?«

»Nein, nein, sie würde sich nicht richtig verheiratet fühlen, wenn sie bloß so eine heimliche Zeremonie gehabt hätte. Nein, er nahm sie mit zu einem Anwalt und ließ sich alles, was sie besitzt, überschreiben.«

»Hat er dir das gesagt?« Selbst Alistair hatte seine übliche Ruhe verloren.

»Nicht direkt. Aber — ich hörte, wie er in der Bibliothek mit Bletsoe sprach. Die Tür war nur angelehnt, und er machte keine Anstrengungen, leise zu sprechen. Ich könnte mir vorstellen, es war ihm gleichgültig, ob das ganze Haus zuhörte, vielleicht wollte er das sogar. Ich vermute, Bletsoe, dieser Narr, wollte sich bei ihm einschmeicheln.«

»Ich glaube kaum, daß Bletsoes Lage sehr beneidenswert ist«, bemerkte Alistair recht kühl.

»Er ist genau so dran wie alle armen Verwandten, er muß sich schon aufs hohe Roß setzen, wenn er nicht unter die Hufe geraten will. Glaubst du, ich weiß nicht, daß Lewis Bishop Tante Tessa dahin bringen will, daß sie mich vollständig enterbt, wenn er irgendwie kann? Und wahrscheinlich kann er so ziemlich alles tun, was er will, aber du wirst nicht erleben, daß ich vor ihm auf die Knie falle. Solche Leute schätzen Unterwürfigkeit nicht.«

»Was genau hat er denn zu Bletsoe gesagt, der übrigens schon seine Kündigung erhalten hat — was ja mittlerweile bekannt sein dürfte.«

»Oh, ich vermute, Bletsoe hat um so etwas wie eine letzte Chance gebeten, und Bishop hat sie ihm mit größtem Vergnügen verweigert. Jedenfalls hörte ich etwas über Tante Tessa, und Bishop sagte: 'Das wird Ihnen nichts nutzen. Ich sah mich gezwungen, entsprechende Schritte zu unternehmen, um zu verhindern, daß sie von einer Schar von Geiern ausgeplündert wird.«

»Keine sehr schmeichelhafte Bezeichnung für uns«, stimmte Alistair zu. »Aber doch nicht so endgültig, wie deine ersten Worte vermuten ließen.«

»Ich wette, wenn du sie fragst, wird sich herausstellen, daß sie heute nachmittag bei einem Anwalt waren. Vielleicht hat sie noch nicht alles unterzeichnet, aber das ist nur eine Frage von Stunden, und niemand kann es verhindern.«

Alistair sah sie seltsam an. »Es ist gefährlich, den Propheten zu spielen.«

»Ich glaube nicht, daß es viele Leute gibt, die gegen Bishop eine Chance hätten. Jedenfalls war Bletsoe außer sich. Er fing an zu schreien. Ich hörte etwas von Mord, und Bishop lachte unaufhörlich. An Bishops Stelle würde ich lieber zweimal überlegen, ehe ich so loslache.«

»Hört sich an, als meintest du das ernst«, murmelte Alistair.

»Sehr ernst. Hat du noch nie gehört, wie jemand sagte, es gebe Leute, die zum Mordopfer geboren seien? Bisher bin ich noch keinem begegnet, aber ich denke, Bishop ist so ein Mensch. Schließlich ist das ganze Haus voller Leute, die ihn gern aus dem Weg hätten.«

»Sprich lieber für dich«, schlug Alistair vor.

»Es ist wirklich grotesk, wie er solche Macht über Tante Tessa gewinnen konnte. Aber ich weiß, woran es liegt. Er sagt ihr, was sie zu tun hat, und sie würde jeden lieben, der ihr so viele Probleme vom Hals hält und ihr das Denken abnimmt. Die Wahrheit ist, Alistair, daß sie eine schrecklich faule Frau ist. Daraus hat sie direkt eine Art Hobby gemacht. Onkel Theo wußte es, aber er dachte, daß es zu ihrem aristokratischen Stil paßte. In der Welt, in der er aufgewachsen war, mußten Frauen geschäftig und rührig sein, den Haushalt versorgen oder Geld verdienen, und er stellte sich vor, es sei ein Zeichen blauen Blutes, daß sie nicht mal fähig war, nachzudenken, geschweige denn irgend etwas Nützliches zu tun. Wenn du doch nur als erster heimgekommen wärst ...«

»Ich kann mir nicht vorstellen, was das an der Sache geändert hätte.«

»Wenn sie dich gehabt hätte, um ihre Angelegenheiten zu regeln, wäre sie nie auf die Idee gekommen, daß Bishop nötig sei. Zwar hatte sie Dutchy, aber die ist etwas gouvernantenhaft, und vor allem ist sie eine Frau. Außerdem findet sie es unehrlich, Komplimente zu machen. Sie ist nämlich der Überzeugung, daß man für jedes leere Wort am Jüngsten Tag Rechenschaft ablegen muß. Nein, ich bin eigentlich nicht überrascht, daß Tante Tessa von Bishop fasziniert ist, aber ich hatte nicht erwartet, daß er auch Anne in seinen Bann ziehen könnte.«

»Anne!« Alistairs Ton drückte eine Mischung aus Erstaunen und Entrüstung aus. Eigentlich war es albern, Alicia diese Andeutung von Kritik zu verübeln, dennoch war er ausgesprochen verärgert. Er stimmte oft nicht mit Annes Ansichten überein, und seit seiner Heimkehr hatte er einen tiefen Graben zwischen ihnen erkennen müssen, der vor dem Kriege nicht dagewesen war, aber das gab Alicia keineswegs das Recht, sie zu kritisieren.

Alicia verstand das alles vollkommen, aber sie war in gewissem Sinne klüger als Alistair, da sie ihre Gefühle nicht zeigte.

»Du hast es doch sicher bemerkt? Ich will damit nicht direkt sagen, daß sie sich von ihm angezogen fühlt, aber sie teilen ein Geheimnis, und das erscheint mir nicht schicklich, wo Tante Tessa ihn doch heiraten wird.«

»Ich glaube, deine Phantasie geht mit dir durch«, sagte Alistair unfreundlich.

»Nun, wenn alles in Ordnung ist, warum trifft sie sich dann heimlich mit Bishop? Oh ja, das tut sie. Sie wird ihn heute abend um halb zwölf in der Bibliothek treffen.«

Alistair bezwang seinen Widerwillen. »Hast du das ebenfalls *zufällig* gehört?«

Alicia war aufrichtig. »Ich gebe nicht vor, Tante Tessa besonders ergeben zu sein. Sie hat sich nie viel Mühe gegeben, mir das Leben zu erleichtern. Aber trotzdem empfinde ich es als Schande, daß Anne versucht, ihr Steine in den Weg zu legen.«

»Wenn du damit meinst, daß Anne diese Heirat nicht gefällt, so dachte ich, in diesem Punkt seien wir einer Meinung mit ihr.«

»Du kannst auch die Heirat mißbilligen, ohne dich gleich zu heimlichen Rendezvous mit dem zukünftigen Bräutigam zu verabreden«, entgegnete Alicia zornig. »Du magst so gelassen schauen, wie du willst, Alistair, aber du weißt genau, sie wird Tante Tessa nicht erzählen, daß sie ihren Liebling heute nacht in der Bibliothek trifft.« Rot vor Entrüstung drehte sie sich um und verschwand. Sie ging durch die Seitentür ins Haus und überließ Alistair seinen wenig erfreulichen Gedanken.

»Ich hätte sie aufhalten müssen. Sie führt nichts Gutes

gegen Anne im Schilde, und Anne ist wie ich. Wir beide haben Alicia nie als Familienmitglied betrachtet, lediglich als eine, die zu Onkel Theo gehört.« Er überlegte, wie es dazu gekommen war, und entschied, daß es daran lag, daß Alicia weder ihrer Herkunft noch ihrem Wesen nach zur Familie gehörte, und während Theodore Goodier die Tatsache akzeptiert hatte, daß er sich den Weg nach Four Acres erkauft hatte, wollte Alicia alle glauben machen, sie gehöre von Gottes Gnaden hierher.

»Sie ist eine kleine Närrin. Heutzutage nennt man das einen Minderwertigkeitskomplex. Aber wenn sie, was Anne betrifft, recht hat, ist der Teufel los. Und Anne scheint nicht die geringste Absicht zu haben, sich jemandem anzuvertrauen. Dieser ganze Feminismus«, dachte Alistair, der nun wie sein eigener Großvater aussah und genauso argumentierte. »Es ist absolut unwahrscheinlich, daß Anne sich gegen einen so verschlagenen Kerl allein behaupten kann, aber sie ist der Überzeugung, Mann und Frau seien gleich und müßten auch die Verantwortung für sich selbst übernehmen, und sie würde eher einen Mißerfolg in Kauf nehmen, als um Hilfe bitten.«

Alicias Mitteilungen hatten ihn zu sehr beunruhigt, als daß er länger bleiben wollte, und er verließ das Sommerhäuschen. Er stellte fest, daß das Wetter sich während der letzten Stunde dramatisch geändert hatte. Als er das Haus verlassen hatte, hatte der Mond wie eine Laterne am Himmel gestanden, und das ganze Tal hinter dem Garten hatte silbern geschimmert. Jetzt wurde der Mond von herumwirbelnden Wolken verdunkelt, die wie eine Herde schwarzer Schafe über den Himmel hinweg rasten. Die Bäume hatten ihren Zauber verloren, und eine mächtige Fichte ragte aus der Finsternis wie eine riesige, drohende, aus schwarzer Pappe geschnittene Spielzeugfigur. Mit einem Seufzer wandte er sich dem Haus zu. Normalerweise wäre er durch den Seiteneingang gegangen, der niemals abgeschlossen wurde, obwohl Bishop Mrs. Goodier bereits gewarnt hatte, daß im Falle eines Einbruchs die Versicherungsgesellschaft eine Menge Schwierigkeiten bei der Entschädigung machen könnte, wenn herauskäme, daß das Haus nicht genügend gesichert war. Aber Mrs. Goodier hatte in ihrer verschwommenen Art erklärt, es habe nie Einbrüche gegeben, als Alistair im Krieg gewesen sei, und sicher würde es erst recht keine geben, nachdem er nun wieder da sei – eine Logik, die niemand zu entkräften oder zu verstehen versuchte. Heute abend aber machte er, besorgt durch Alicias Warnungen und zornig über sich selbst, einen Umweg, der ihn an den Fenstern der Bibliothek vorbeiführte. Es handelte sich um Terrassentüren, die sich zum Garten hin öffnen ließen. Die langen, schwarzen Samtvorhänge waren nicht ganz zugezogen, so daß er einen Lichtschein im Raum wahrnehmen konnte. Er stellte fest, daß trotz der kalten Nachtluft eines der Fenster nicht ganz geschlossen war, doch er widerstand der Versuchung, den Raum zu betreten und Bishop zur Rede zu stellen. Nach kurzer Überlegung entschied er, daß er kaum die Quelle seiner Informationen preisgeben konnte, und ohnehin war der Gedanke, mit einem Mann, den er als Außenstehenden ansah, über seine Cousine zu sprechen, zu unangenehm, um in Erwägung gezogen zu werden. Er war so in Unruhe, daß er sich wünschte, ein anderer zu sein und den Raum unbemerkt von den Anwesenden betreten zu können, um sich hinter den dunklen Vorhängen zu verstecken. Es wäre wie in einem Versteck gewesen, einer kleinen, finsteren Nische, in der einen niemand sehen konnte und man selbst auch nichts sah (es sei denn, man würde die Vorhänge beiseite schieben), man aber alles hören konnte, was vor sich ging. Er ging um das Haus herum, betrat es durch den Haupteingang und stieg die Treppe hinauf in das kleine Zimmer, das er seit seiner Kindheit bewohnt hatte. In fünfzehn Jahren war hier nichts verändert worden. Das Zimmer atmete förmlich seine Knabenzeit, und er war froh, für einen Moment den Ängsten und Ungewißheiten der Gegenwart zu entkommen und zu den Tagen zurückzukehren, die ihm als Teil einer anderen

Welt erschienen, einer Welt, die seine Söhne, falls er welche haben sollte, niemals kennen würden. Er betrachtete voll Dankbarkeit die abgenutzten Bezüge und die zerkratzte Oberfläche des Schreibtischs. Er blieb eine Weile dort, um einfach an nichts zu denken, seinen Kopf frei zu machen und zu erkennen, daß er nichts tun konnte; weder gegen Bishop noch für Tante Tessa und Anne, und ihm wurde klar, daß dies die härteste Prüfung war, die einem Mann auferlegt werden konnte.

Aber er konnte nicht umhin, zu fühlen, welches Elend es war, daß ein Krieg die Blüte der Menschheit dahinraffte und die Glücksritter, die Spekulanten, die Glattzüngigen, deren Bibel der Profit war, weiterleben ließ, um ihnen die Neugestaltung der Welt, für die soviele Armeen gestorben waren, zu überlassen ... Als er später zu Bett gehen wollte, entdeckte er, daß er und sein Gegenspieler nicht die einzigen waren, die so spät noch wach waren. Ein goldener Lichtstrahl drang unter der Tür von Dutchys Zimmer hervor, und einer plötzlichen Eingebung folgend ging er zu ihr hinein.

4. Kapitel

Dutchy saß an einem Tisch und machte mit grimmiger Miene Notizen auf einem kleinen Schreibblock.

»Ich hoffe doch sehr, du arbeitest nicht mehr als zwölf Stunden am Tag«, sagte Alistair herausfordernd. Er lächelte, als er sprach, aber Dutchys Gesicht erwiderte dies Lächeln nicht, als sich ihre Blicke trafen.

»Ich bin dabei, einen Rechenschaftsbericht über meine Haushaltstätigkeiten anzufertigen«, erklärte sie, »denn ich rechne damit, in den nächsten Tagen übergeben zu müssen.«

»Übergeben? An wen?«

»Wen auch immer Bishop auswählt. Er würde mich wohl kaum davon unterrichten.«

Alistair ging weiter in den Raum hinein und setzte sich auf eine Ecke des Tisches.

»Dutchy, dieser Kerl hat doch nicht etwa die verfluchte Unverschämtheit besessen, dir den Laufpaß zu geben? Er hat doch gar nicht das Recht ...«

»Keiner von uns kann sagen, welche Rechte er hat. So, wie sich die Dinge entwickeln, würde ich sagen, daß er binnen vierzehn Tagen alles in seinen Händen hält.«

»Was ist seit heute morgen geschehen? Ich hatte den Eindruck, er sei relativ gut gelaunt.«

»Er hat *sie* überredet, ihm freie Hand in allen ihren Angelegenheiten zu lassen. Sie sagt, sie verstehe nichts von Geld, womit sie recht hat. Sie verbrachten den Nachmittag bei einem Anwalt.«

»Um ein neues Testament zu verfassen?«

»Ich denke, da liegst du ziemlich richtig.«

»Man kann wirklich die Gründlichkeit, mit der dieser Kerl vorgeht, nur bewundern. Er übersieht nichts. Und es stört ihn nicht im geringsten, wie sehr wir ihn alle verachten.«

»Jedenfalls bin ich sicher, daß sie hinsichtlich ihrer Pläne zu einem Entschluß gekommen sind, denn Mrs. Goodier erklärte mir, es sei nicht notwendig, die Küchengeräte zu ersetzen — wir hätten dringend einige neue Töpfe gebraucht. Und dann sagte sie, nach all den Jahren brauchte ich mal eine Pause, denn ich müsse wirklich erschöpft sein. Es ist lange her, Alistair, seit ich die Schulbank gedrückt habe, aber ich kann immer noch zwei und zwei zusammenzählen.«

»Es ist hart für dich, Dutchy, denn wenn ich eines über solche Kerle weiß, dann, daß er dafür sorgen wird, daß alles Bisherige über Bord geworfen wird, und du bist seit Jahren Halt und Stütze dieses Hauses gewesen.«

»Er wird die Pläne vieler Leute durchkreuzen, auch die von

Mr. Goodier und Alicia. Wenigstens haben du und Anne etwas eigenes Vermögen ...«

»Ach ja — Anne. Da wollte ich dich noch etwas fragen. Eigentlich bin ich sogar deswegen zu dir gekommen. Mir ist natürlich bewußt, daß drei Kriegsjahre jeden verändern können, aber ... Glaubst du, daß etwas zwischen ihr und Bishop ist?«

»Alicia hat mit dir gesprochen«, sagte Dutchy scharfsinnig.

»Also ... nun ja. Sie erzählte etwas von heimlichen Treffen, was ja wohl entweder Zuneigung auf Annes Seite voraussetzt, an die ich nicht glauben kann, oder irgendeine unangenehme Verbindung in der Vergangenheit. Ich würde es nicht weiter beachten, wenn Frauen wie Alicia nicht so oft recht hätten, und Anne, wenn ich sie richtig einschätze, würde nie jemanden um Hilfe bitten ...«

»Sie würde sich lieber die Kehle durchschneiden lassen und es jemand anderem überlassen, die Schweinerei wegzuräumen.«

»Du glaubst nicht, Alicia hätte sich das ausgedacht, oder?«

»Alicia würde nie eine solche Dummheit begehen. Sie weiß, was sie will. Sie ist das, was man im Film wohl ein gerissenes Biest nennt. Darum solltest du auch auf dich aufpassen, Alistair.«

»Ich?« Alistair schaute sie entsetzt und völlig verwirrt an.

»Hat dir der Krieg völlig den Verstand geraubt?« fragte Dutchy gereizt. »Siehst du nicht, daß Alicia wie eine Seiltänzerin auf einem Zaun ist, die sicher gehen möchte, daß, falls sie fällt, sie auf der richtigen Seite landet? Mit anderen Worten, sie ist hier der Kuckuck im Nest und denkt nicht daran, ihren Platz zu räumen. Man kann ihr deshalb noch nicht einmal einen Vorwurf machen. Sie hat nichts als eine ziemlich unrühmliche Laufbahn vor sich, falls sie scheitert. Darum, meine ich, solltest du auf dich aufpassen. Leute ohne Gewissen sind immer gefährlich. Sie haben so viel Spielraum.«

Alistair zuckte die Achseln, als wolle er Dutchys Andeutungen abschütteln.

»Danke für die Warnung, Dutchy. Um auf Anne zurückzukommen — hast du etwas Bestimmtes bemerkt?«

»N-nein«, sagte Dutchy langsam. »Aber Anne hat nie zu den Leuten gehört, die mit normalen Maßstäben zu messen sind. Psychologen würden vermutlich behaupten, es läge daran, daß ihre Mutter fortging, als Anne noch ein Baby war, und ihr Vater danach diese scheußliche Frau geheiratet hat und alles Interesse an dem Kind verlor. Wenigstens ... obwohl man bei den meisten Leuten voraussagen kann, wie sie sich in einer bestimmten Krise verhalten — bei Anne konnte man niemals sicher sein. Du könntest in neunundneunzig von hundert Fällen richtig liegen, beim letzten macht sie das, womit du niemals gerechnet hättest und schockiert alle.«

»Wieviel du über uns weißt, Dutchy.« Er zog sein Zigarettenetui heraus und reichte es ihr. »Aber natürlich nimmst du eine. Selbst du mußt dich manchmal gehenlassen. Also, du bist der Meinung, Anne sei Bishop auf irgendeine Weise verpflichtet?«

»Ich würde sagen, er ist ein Erpresser«, sagte Dutchy eifrig.

»Das klingt alles ziemlich melodramatisch«, entgegnete Alistair nachdenklich. »Ich muß sagen, sie zuckte nicht einmal mit der Wimper, als ich ihr erzählte, der Kerl sei einer von Tante Tessas Gästen. Aber ein so cleverer Bursche muß wissen, daß er Verbündete braucht.« Er warf mit einer recht theatralischen Geste seine gerade angezündete Zigarette fort. Doch er zündete sich keine neue an. Er hatte gerade ein Geräusch gehört, das ihm mißfiel, das leise Schließen einer Tür im Stockwerk über ihnen und das Knarren heimlicher Schritte auf der Treppe. Er sah auf seine Uhr. Es war kurz nach elf, aber vielleicht wollte Anne die Unterredung schnell hinter sich bringen. Anne so verstohlen die Treppe hinunter schleichen zu hören, machte ihn fast krank. In ihrem eigenen Haus sollte Anne, die stets klar und entschlossen auftrat, nicht wie ein Dieb schleichen müssen. Er unterdrückte das Verlangen, die Tür zu öffnen, sie zu stellen, sie aufzufordern, hereinzukommen und ihnen den Grund ihres Kummers mitzuteilen. Ihre alte Vertrautheit war verschwunden und bisher durch nichts ersetzt worden.

Die Schritte bewegten sich leise an der Tür vorbei, weiter nach unten. Nach ungefähr einer Minute verriet ein leichtes Quietschen, daß die Tür zur Bibliothek geöffnet wurde, und er dachte, wie fast täglich seit seiner Rückkehr: »Ich muß das Ding ölen.« Er sah Dutchy an und bemerkte, daß ihr Gesicht blaß und verzerrt aussah.

»Ich halte dich auf«, sagte er entschuldigend. »Mach heute nacht keine Abrechnungen mehr, Dutchy. Du würdest dich doch bloß verrechnen. Wer weiß, vielleicht passiert noch was. Noch sind sie schließlich nicht verheiratet.«

Aber Dutchy nahm ihm den Wind aus den Segeln, indem sie sagte: »Ich sorge mich um sie, Alistair. Sie hat diesem Betrüger ihr Herz geschenkt, und ich weiß, daß er nicht das Geringste für sie empfindet. Aber ich zweifle daran, daß wir, abgesehen von der Möglichkeit, ihn zu ermorden, etwas dagegen unternehmen können.«

Als Alistair den Raum verließ, fiel ihm auf, daß er soeben zum dritten Mal in drei Stunden das Wort 'Mord' in Verbindung mit Lewis Bishop gehört hatte.

Als er die Stufen hinaufstieg, dröhnte der Donner, Blitze zuckten, und er dachte: »Offenbar müssen wir uns auf ein typisches Unwetter gefaßt machen.« Oft rollten hier die Stürme mit ungeheurer Geschwindigkeit über das offene Land, mit Orkanböen und starken Regengüssen, die überall in der Gegend erhebliche Schäden anrichteten. Auch heute nacht, gerade, als er den Schalter in seinem Zimmer betätigte, flackerte das Licht, und er dachte einen Moment lang, der Strom sei ausfallen. Sie produzierten ihren eigenen Strom mittels eines Generators im alten Wagenschuppen, und er erinnerte sich daran, wie Dutchy ihm von den Schwierigkeiten während des Krieges erzählt hatte, vom Energieministerium genügend Diesel zugeteilt zu bekommen. »Sie verstehen einfach nicht«, hatte sie geklagt, »daß eine zwölf Jahre alte Maschine mehr verbraucht als eine neue, und solange die alte noch funktioniert, wird uns keine neue bewilligt. Es scheint ein Teufelskreis zu sein.« Nun, da die Lage sich etwas entspannt hatte, konnten sie hoffen, einen neuen Generator zu bekommen. Doch hatten die Fabriken ihrerseits Schwierigkeiten, sowohl mit Arbeitskräften als auch mit Material. Man versicherte immer wieder, das Möglichste zu tun, doch dabei war es bisher auch geblieben.

Er fühlte sich unsagbar müde und überlegte, ob wohl das Wasser warm genug für ein Bad sei. Auf dem Weg zum Badezimmer hielt er an Annes Tür an und klopfte die alten Signale aus ihrer Schulzeit. Aber niemand antwortete, und er wollte der Familie keinen weiteren Anlaß zum Gerede geben, indem er mitten in der Nacht vor ihrer Tür herumstand. Er seufzte tief und ging ins Bad. Das Wasser war warm genug, wenn auch nicht so heiß, wie er es sich gewünscht hätte. Das warme Bad hatte eine einschläfernde Wirkung auf ihn, und er sank in tiefen Schlaf, kaum daß er unter der Decke lag. Später versuchte er sich zu erinnern, ob er Schritte gehört hatte, aber das, so glaubte er, war wohl nicht der Fall gewesen.

Er hatte den Eindruck, gerade erst die Augen geschlossen zu haben, als jemand heftig an seine Tür klopfte und die Stimme seiner Tante seinen Namen rief. Nach fast fünf Jahren Dienst in der Armee war er zu sehr an plötzliches Wecken gewöhnt, als daß er nicht blitzartig wach und auf den Beinen gewesen wäre, und nur einen Augenblick später hatte er seine Tür geöffnet, um schließlich eine so merkwürdige Abordnung zu erblicken, wie er sie nie vorher gesehen hatte. Seine Tante, in einen wattierten Morgenrock gehüllt, das Haar mit einer Art grünem Krabbennetz zusammengefaßt, stand auf dem Gang mit einem Revolver in der Hand. Hinter ihr sah er Dutchy in einem Schlafrock aus dunkelrotem Flanell (oder was seine männliche Unkenntnis für Flanell hielt) mit einer Spitzenhaube, die von zwei Bändern auf ihrem glatten, grauen

Haar gehalten wurde, und einem großen Feuerhaken in der Hand.

»Irgend etwas sehr Merkwürdiges geht da unten vor sich«, sagte Mrs. Goodier, die ausnahmsweise einmal ausgesprochen munter zu sein schien. »Wir sollten Lewis rufen — aber er scheint zu schlafen, denn er hat auf mein Klopfen nicht geantwortet.«

»Vielleicht ist er in das Durcheinander verwickelt«, entgegnete Alistair. »Du bleibst mit Dutchy hier, Tante Tessa, und ich werde runtergehen und nachsehen.«

»Ich vermute, es sind Einbrecher«, sagte Mrs. Goodier und fuchtelte in einer Weise mit dem Revolver herum, die der in diesen Dingen erfahrenere Alistair als ziemlich gefährlich empfand.

»Um so mehr Grund, hierzubleiben.« Er wollte unbedingt ein Zusammentreffen zwischen ihr und Anne vermeiden, und ein Blick auf seine Armbanduhr zeigte ihm, daß es soeben Mitternacht geschlagen hatte. Also war er weniger als eine halbe Stunde im Bett gewesen.

Er wußte jedoch sogleich, daß sein Rat zu gut war, um befolgt zu werden. Beide Frauen folgten ihm entschlossen nach unten. Er machte absichtlich erheblichen Lärm, um die vermeintlichen Einbrecher vorzuwarnen, obwohl das Geheul des Sturms jedes andere Geräusch übertönte.

»Was dachtet ihr denn, gehört zu haben?« fragte er, ohne sich umzudrehen.

»Eine Menge Stimmen.«

»Das hört sich aber nicht nach Einbrechern an.«

»Es hört sich aber auch nicht nach Four Acres an, nicht um Mitternacht jedenfalls.«

Alistair stieß die Tür zur Bibliothek auf, und sein Erstaunen war ebenso groß wie das des Trios auf der anderen Seite des Raums. Selbst James Goodier, der sich sofort zum Sprecher der Gruppe machte, und der sich stets rühmte, daß ihn nichts so schnell aus der Fassung bringe, war beim Anblick der beiden Frauen eine volle Minute lang sprachlos. Auch Alistair mußte sich eingestehen, daß sie ein ziemlich beängstigendes Schauspiel boten.

»Was geht hier vor?« fragte Mrs. Goodier, die ihre Waffe in einer Art schwenkte, die Goodier ausrufen ließ: »Nehmen Sie ihr das Ding ab, mein lieber Junge, bevor sie einen von uns damit erschießt.«

Dies schien Alistair ein guter Rat zu sein. »Es ist alles in Ordnung, Tante Tessa, es ist nur die Familie.«

Zu seiner Überraschung gab es kein Zeichen für die Anwesenheit von Lewis Bishop. Goodier und Bletsoe standen nebeneinander, der erstere mit seinen Händen in den Taschen, Bletsoes Hände klammerten sich an das Bücherregal. Ein Stück entfernt, mit unergründlichem Gesichtsausdruck, stand Anne. Alle drei waren vollständig angezogen. Die Gruppe bot einen merkwürdigen Anblick in dem großen, vornehmen Raum mit seinen endlosen Reihen von Büchern, seiner Fensterwand, die von schweren Vorhängen verdeckt wurde, und seinen massiven Stehlampen — nichts wirkte hier weiblich oder frivol. Aber wenn dies alles war, was ein erster Blick zeigte, so offenbarte der zweite ein ganz anderes, beunruhigenderes Bild. Einige der Bücher waren herausgerissen worden und lagen auf dem Sims des Regals und den Sitzen der Polsterstühle, die durch den langen Gebrauch dunkel und abgenutzt waren. Und wo die Bücher gestanden hatten, konnte man jetzt die Tür des Tresors sehen, den Theodore Goodier geschickt zwischen die Regale hatte einbauen lassen.

»Einbrecher sind in der Regel keine Leser«, hatte er gesagt. »Sie sehen hinter die Bilder, nicht aber hinter die Bücher, und wenn man bedenkt, was deine Diamanten wert sind, meine teure Tessa, sollte man lieber auf Nummer Sicher gehen.«

Aber jetzt schien es so, als ob doch jemand am Geldschrank gewesen war, ja sogar, daß er (oder sie) bei der Arbeit unterbrochen worden war. Denn sonst hätten vielleicht ein oder zwei, keinesfalls aber ein halbes Dutzend Bücher verstreut herumgelegen, wie es jetzt der Fall war.

Es war Tessa, die als erste das Wort ergriff. Sie schien den Tresor gar nicht bemerkt zu haben.

»Anne, was um Himmels willen geht hier vor? Habt ihr eine Probe für ein privates Theaterstück, oder was? Und muß das zu dieser Nachtzeit sein? Ihr habt das ganze Haus in Aufruhr versetzt. Der arme Alistair schlief bereits.«

»Der arme Alistair!« wiederholte Anne. »Was dachtest du denn, was hier vorging? Eine weitere geheime Kriegserklärung?«

»Wirklich, Anne, du bist ganz schön aufsässig. Ich weiß nicht, was mit dir geschehen ist, seit du fortgingst. Und du bist doch schon vor einer halben Ewigkeit rauf ins Bett gegangen.«

»Ja«, sagte Anne mit derselben ausdruckslosen Stimme, »und ich kam wieder runter.«

»Aber warum?« Tessa schien Verdacht zu schöpfen. »Falls du mit James sprechen wolltest ...«

»Das wollte ich nicht. Ich wußte nicht einmal, daß er hier sein würde, ebensowenig wie ich Mr. Bletsoe erwartete.«

James Goodier wurde rot. »Tatsache ist, daß ich nach Bishop Ausschau hielt. Hoffte, mit ihm sprechen zu können. Ich habe den ganzen Tag versucht, ihn zu erwischen, aber da er sich mehr um Frauen kümmert ... Als ich hereinkam, stellte ich fest, daß er hier gewesen ist und wohl wieder zurückkommen würde.«

»Wie konnten Sie das wissen?« fragte Alistair, neugierig geworden.

»Er ließ sein Zigarettenetui auf dem kleinen Tisch liegen. Jeder weiß doch, wie er sich wegen seiner Zigaretten anstellt. Ich habe nur ein einziges Mal, seit ich hier bin, erlebt, daß er jemandem davon anbot. Für Leute wie uns sind die wohl zu gut, vermute ich, und Sie können mir nicht erzählen, daß er eine volle Schachtel die ganze Nacht hier auf dem Tisch liegen lassen würde. Nein, er ist sicher nur rausgegangen, um Luft zu schnappen, und ich dachte, ich könnte hier auf ihn warten. Eigentlich«, fuhr er im Plauderton fort, »hätte ich selbst gern eine geraucht, aber mit Bishop ist nicht gerade gut Kirschen essen, wenn du entschuldigst, Tessa, daß ich das so offen ausspreche.«

»Sind nicht noch Zigaretten im Frühstückssalon?« fragte Anne.

»In der geschnitzten Dose? Schon möglich, aber wenn, dann sind sie schon seit dem letzten Jahr da. Ich habe sie probiert, nein danke. Muffig ist noch ein milder Ausdruck.«

»Und Mr. Bletsoe?« fragte Dutchy. »Suchten Sie ebenfalls Mr. Bishop?«

Bletsoe, der eine lange Taschenlampe festhielt, errötete und antwortete: »In der Tat hätte ich gern eine kleine Unterredung weitergeführt, die wir heute morgen hatten. Wir wurden unterbrochen, und wie Mr. Goodier bereits erwähnte, gab es seither keine Gelegenheit, Mr. Bishop, äh, zur Rede zu stellen. Ich — äh — Sie wissen, er hatte die Buchprüfer da, und, nur eine Formalität natürlich, da gab es noch ein oder zwei unklare Punkte, die ich mit ihm besprechen wollte ...«

»Und vermutlich wollte Anne ihn ebenfalls treffen?« fragte Tessa mit gehässiger Stimme.

»Ich wollte nicht«, sagte Anne vorsichtig, »aber — ich mußte.«

Alistair sah sie bestürzt an. »Hör auf«, zischte er.

Tessa starrte sie an. »Ich weiß nicht, was du damit sagen willst, meine Liebe.«

»Nur ein Scherz«, sagte Alistair ungeduldig. »Anne, sei vernünftig. Wie dem auch sei ... Da Bishop ohnehin nicht da ist, warum brechen wir das Treffen nicht einfach ab?«

»Guter Einfall«, bemerkte Goodier freudig. »Könnte ich dies Buch wohl mitnehmen, Tessa? Ein Reiseband von einem gewissen Hakluyt, Holländer oder Norweger. Jedenfalls versteht er sein Fach, ziemlich abenteuerliche Zeiten damals.«

»Vielleicht«, schlug Bletsoe zitternd vor Aufregung vor, »könnten wir einige der Bücher wieder zurückstellen.« Mit unsicheren Händen begann er, sie aufzuheben.

»Fanden Sie sie so vor, als Sie hereinkamen?« wollte Alistair wissen.

»Das ist ein weiterer Grund, warum ich annahm, Bishop würde gleich wieder zurückkommen«, nahm Goodier die Frage dankbar auf. »Wessen Einfall war es, hier einen Tresor einzubauen? Theos, wette ich. Das sieht dem alten Theo ähnlich, er war eben der geborene Glückspilz.«

»Vielleicht versuchte jemand, einzubrechen«, sagte Bletsoe, »und Bishop überraschte den Eindringling und — äh — verfolgt ihn jetzt.«

»Sie werden viel Spaß haben bei dem Unwetter«, bemerkte Alistair grimmig.

»Ich finde, jemand sollte in den Garten gehen und nachsehen, was los ist«, schlug Tessa vor.

»Es wäre sinnvoller, erst einmal im Safe nachzusehen, ob die Diamanten noch da sind«, berichtigte sie Alistair.

Goodier schnalzte entrüstet mit der Zunge. »Mein lieber Junge«, protestierte er, »gehen Sie da nicht etwas zu weit?«

»Ich nehme nicht an, daß jemand diese Bücher nur zum Spaß heruntergenommen hat«, entgegnete Alistair scharf.

»Und ich vermute, als nächstes behaupten Sie, hier sei eine Verschwörung im Gange gewesen, um die Diamanten zu stehlen?«

»Das ist absurd. Dennoch ist das Goodier-Collier wertvoll, und mit dem Safe ist eindeutig etwas nicht in Ordnung.«

»Mit Bishop auch nicht«, murmelte Goodier.

»Das kann ich zumindest aufklären«, sagte eine neue Stimme, und Lewis Bishop, höflich, gelassen und gepflegt wie immer, kam zwischen den Samtvorhängen, die die Fenster bedeckten, hervor und betrachtete die Gruppe vor ihm. Dabei hielt er mit seinen Händen auf jeder Seite einen Vorhang fest, was Dutchy und Alistair als lächerlich theatralische Geste empfanden.

»Ich entschuldige mich für diesen melodramatischen Auftritt«, fuhr Bishop fort, der jetzt die Bühne für sich allein hatte, weil alle anderen zu überrascht waren, um zu sprechen. »Aber das, was sich in den letzten zwanzig Minuten hier abgespielt hat, hat mich zutiefst beschämt.«

»Sie haben die ganze Zeit hinter dem Vorhang gestanden?« fragte Goodier barsch.

»Ich glaubte, Schritte zu hören, und daher versteckte ich mich, und ich denke, ich habe gut daran getan, denn ich war Zeuge einer ziemlich seltsamen kleinen Szene.«

Goodier wandte sich zu Bletsoe. »Haben wir etwas gesagt, das uns belasten könnte, Bletsoe?« fragte er. »Natürlich, wenn wir gewußt hätten, daß wir Publikum haben, wären wir vorsichtiger gewesen. Aber ich hatte bisher den Eindruck, es handele sich hier um ein Privathaus, nicht um eine Varietébühne.«

»Genug davon, Goodier«, sagte Bishop. »Auf eine Gelegenheit wie diese habe ich lange gewartet, und nun, da die ganze Familie beisammen ist, ist vielleicht genau der richtige Zeitpunkt ...«

Sein Blick wanderte von Goodier zu Bletsoe, von Bletsoe zu Anne, verweilte dort einen Moment, und erreichte dann Dutchy. Alistair beobachtete ihn finster. Es schien ihm, als ob die Lage, wie die Kriegsberichterstatter sich auszudrücken pflegten, sich dramatisch zuspitzte. Er steckte die Hand in seine Tasche und fühlte den schweren, massigen Revolver ... Irgendwie war es tröstlich, ihn dort zu wissen.

»Ach, mein Lieber«, sagte Tessa, die die Spannung im Raum spürte und instinktiv nach einem Fluchtweg suchte, »wir sollten die Angelegenheit nicht so dramatisieren. Ich meine, ich bin sicher, es gibt eine ganz einfache Erklärung bezüglich der Diamanten. Ich bin überzeugt, sie sind in Sicherheit.«

Lewis Bishop lächelte sie an. »Ich denke, sie sind in guten Händen — im Moment«, sagte er.

Alistair, der sich von einem Mann, den er immer als

Außenseiter betrachten würde, nicht verdrängen lassen wollte, kehrte zu seinem ursprünglichen Vorschlag zurück.

»Wir alle würden uns sehr viel wohler fühlen, wenn wir uns überzeugen könnten, daß die Diamanten sich da befinden, wo sie hingehören.« Er blickte sich um. »Ist der Schlüssel immer noch an dem Schlüsselbund, das an der Wand hängt?«

»Es war Theos Einfall«, sagte Tessa. »Er hatte soviele Schlüssel — Männer scheinen sie irgendwie zu sammeln — ich weiß auch nicht, warum. Und er meinte, ein Einbrecher würde bestimmt nicht an einem so auffälligen Platz suchen.«

»Dann, vorausgesetzt, der Schlüssel wurde nicht entfernt, sollten wir diesen Punkt sofort klären können.« Alistair ging zur Wand, nahm einige Schlüssel, die mit einer Schnur zusammen gehalten wurden, von einem Nagel, der schief in die Ecke der Kamineinfassung geschlagen war, und suchte den Safeschlüssel heraus. Die Spannung im Raum war nun unerträglich. Jemand atmete schwer, aber es war kaum auszumachen, um wen es sich handelte. Als Alistair zum Safe ging, donnerte es erneut. Der Regen prasselte herunter, als würde er aus Kübeln vom Himmel geschüttet.

»Wenn das so weitergeht, wird hier morgen kein Stein mehr auf dem anderen stehen«, bemerkte Bishop lakonisch und beobachtete, wie Alistair den Schlüssel in das Schloß steckte.

»Dieses Haus hat den Stürmen einige hundert Jahre getrotzt«, entgegnete Alistair frostig. »Ich nehme an, es wird auch noch etwas länger standhalten.«

Bishop lachte. »Ich habe selbst auch eine Schwäche für Antiquitäten — wenn Geld damit zu verdienen ist«, sagte er. »Aber es ist damit wie mit allen Liebhabereien. Man kann es auch übertreiben.«

Alistair erwiderte nichts. Er öffnete den Safe und betrachtete den Inhalt.

»Das ist das Kästchen, mein Junge«, rief Tessa ungeduldig. »Das da. Das ist es.«

Alistair nahm die Schatulle, auf die sie gedeutet hatte, aus dem Tresor und schüttelte sie leicht.

»Sie ist nicht leer«, bemerkte er, »aber dennoch ...«

»Hatten Sie etwas anderes erwartet?« wollte Goodier wissen.

»Warum nicht?« fragte Bishop mit sanfter Stimme.

»Aber dennoch«, fuhr Alistair langsam fort, »wußte ich nicht, daß Diamanten so leicht sind.«

Er öffnete den Verschluß des Kästchens und zeigte es herum, damit alle hineinschauen konnten.

»Und offensichtlich hatte ich recht«, fügte er hinzu.

Die Gruppe kam etwas näher. Auf dem dunklen Samtkissen lag, anstelle der glänzenden Steine, die sie dort hätten sehen sollen, eine klägliche Kette aus Glasperlen.

»Dieser Kerl ist clever«, rief Goodier aus. »Sieht mir ganz nach professioneller Arbeit aus.«

»Sie müssen es ja wissen.« Es war Bishops Stimme, klar und grausam.

Goodier wurde rot. »Und was soll das heißen?«

Bishop zuckte leicht die Schultern. »Das ist doch wohl nicht schwer zu verstehen.« Er sah zu Tessa hinüber und wollte gerade fortfahren, als Alistair energisch das Wort ergriff. »Tante Tessa, du siehst, daß dies eine sehr unangenehme Situation ist. Ich denke, es wäre am besten, wenn wir alle der bewährten Methode zustimmten und unsere Taschen ausleerten. Ich persönlich ...«

»Major Vereker, ich hoffe, Sie verdächtigen nicht einen von uns, diesen Umtausch vorgenommen zu haben«, meldete sich Bletsoe erregt zu Wort.

»Es gibt kein Zeichen dafür, daß jemand von außerhalb beteiligt war, und Bishop schloß die Diamanten doch fort — wann war das etwa?«

»Vor etwa einer Stunde, als Tessa sie ablegte.«

»Ja«, bestätigte Tessa, »und du sagtest, der Verschluß sei lose, und wir sollten ihn in Ordnung bringen lassen, wenn wir am Wochenende nach London fahren.«

»Ich wußte gar nicht, daß Sie vorhatten, am Wochenende nach London zu fahren«, erklärte Dutchy voller Mißbilligung.

»Ich glaube, Lewis, wir sollten es ihnen sagen«, drängte Tessa unruhig. Sie schien weit weniger bekümmert über das Verschwinden der Diamanten als die anderen. »Also, es geht um folgendes. Lewis glaubt, ich müßte mich erholen von — von all den Sorgen und der Verantwortung. Und ich habe, wie er ganz richtig meint, wirklich nicht das Recht, Alistairs Zeit in Anspruch zu nehmen, er muß sich um seine eigenen Pläne kümmern, und daher haben wir beschlossen, übermorgen zu heiraten.«

»Was für ein schneller Bursche Sie doch sind«, bemerkte Goodier. Falls er nur Theater spielte, dachte Alistair, so beherrschte er sein Fach. »Oder — vielleicht doch nicht so schnell?«

Bishop lächelte, und Alistair schauderte unwillkürlich. Diese Art zu lächeln ängstigte ihn.

»Mein lieber Goodier, da Sie eine Erklärung wünschen, bin ich gern bereit, Ihnen dienlich zu sein. Wie ich bereits sagte, ist es an der Zeit, eine klare Aussprache herbeizuführen. Ich will wirklich niemanden kränken, der Gast von Mrs. Goodier ist, und erst recht nicht die Angehörigen, aber auch wenn meine Worte unhöflich erscheinen mögen, so kann doch wohl niemand leugnen, daß jeder, der zur Zeit unter diesem Dach lebt, mit Ausnahme der Bediensteten, von denen ich wenig weiß, zu seinem eigenen Nutzen hier ist. Das bezieht sich sowohl auf die Verwandten als auch auf die Angestellten.« Tessa setzte hier zu einer eiligen Zwischenbemerkung an, wurde aber mit Bestimmtheit zum Schweigen gebracht. »Ich denke, es ist nur gerecht, wenn ich Ihnen allen reinen Wein einschenke. Wenn wir aus den Flitterwochen zurückkommen, werden hier einschneidende Veränderungen vorgenommen, die jeden betreffen.« Unbeeindruckt von den Verachtung und Abscheu spiegelnden Blicken, die ihn von allen Seiten trafen, fuhr Bishop fort. »Die Lage, in der wir uns jetzt befinden, ist meiner Meinung nach Beweis genug für die Absicht, Vorteile aus Mrs. Goodiers Freundlichkeit und ihrem wohlbekannten Mangel an praktischem Denken zu ziehen.« Das Lächeln, mit dem er Tessa bedachte, nahm seinen Worten die Schärfe, aber jeder andere im Raum war erstarrt. Alistair starrte die Wand an. Er macht uns alle fertig, dachte er. Droht uns, aber besonders Anne und mir — und vielleicht Alicia. Er will erreichen, daß wir alle aus dem Haus sind, wenn er zurückkommt. Alistair hätte nicht beschreiben können, was er fühlte. Ein Mensch, der plötzlich blind wird, könnte so empfinden. Auch einer, der in einer fremden Stadt ist, wo er nichts und niemanden kennt.

Es ist soweit, dachte er zornig. Nun, ich habe es schließlich so kommen sehen, oder etwa nicht? Und in den letzten fünf Jahren bin ich genug herumgekommen, um zu wissen, daß es außer Four Acres noch andere Orte auf der Welt gibt.

Goodier sprach als nächster, und er verbarg seine Gefühle nicht. »Sie sollten nicht glauben, Bishop, daß wir nicht wüßten, was Sie vorhaben. Und um dem Andenken an meinen Bruder gerecht zu werden, muß ich dich warnen, Tessa, daß ich jeden erdenklichen Schritt unternehmen werde, um deine Heirat mit diesem Gauner zu verhindern ...«

»Sie würden mich am liebsten ermorden, nicht wahr?« fragte Bishop herausfordernd.

»Sie wären es nicht wert, Ihretwegen zu hängen.«

»Ich finde das alles sehr gefährlich«, winselte Bletsoe. »Ich meine, wenn Leute Sachen sagen, ohne ganz zurechnungsfähig zu sein ...«

»Leute, die nicht zurechnungsfähig sind, gehören ins Irrenhaus«, stellte Dutchy gefühllos fest.

»Ich fürchte, Goodier, Tessa und ich werden trotz Ihrer Einwände heiraten«, sagte Bishop sanft, aber Alistair fühlte das erhitzte Gemüt unter der Oberfläche der gelassenen Worte. »Wir werden nicht von Ihnen verlangen, Ihr Gefühl der Loyalität gegenüber Ihrem toten Bruder mit Füßen zu treten, indem Sie bei uns bleiben ...«

»Ach, mein lieber James, ich finde, du bist wirklich nicht sehr freundlich«, stammelte Tessa.

»Freundlich? Ich würde dich lieber mit einer schwarzen Mamba verheiratet sehen. Ich gehe sogar noch weiter. Ich würde dich lieber im Sarg sehen als verheiratet mit diesem ...«

»Aber die ganze Aufregung ist ohnehin umsonst«, sagte eine neue Stimme. »Er heiratet Tante Tessa weder Donnerstag noch sonstwann. Er kann es gar nicht. Er ist schon verheiratet.«

Alle drehten sich instinktiv zu der Sprecherin um. Anne begegnete ihren fassungslosen Blicken mit einer Miene, die sowohl Endgültigkeit als auch Hilflosigkeit ausdrückte. Alistair wurde klar, daß sie offenbar in den letzten Sekunden zu einem wichtigen Entschluß gekommen war. Dennoch war er der Antwort auf die Frage, welcher Art Bishops Macht über sie war, kein Stück näher als zuvor. Jedenfalls mußte es etwas ungewöhnlich Schwerwiegendes sein, um sie so lange schweigen zu lassen. Er war der einzige, der seinen Blick sofort von ihr abwandte hin zu dem Mann, der von ihrer Enthüllung am meisten betroffen sein mußte, und was er sah, entsetzte ihn. Nun, da seine Verteidigung plötzlich in sich zusammengefallen war, schien Bishop so überwältigt von Wut, so angefüllt mit Haß, daß sogar Alistair, der während der Kriegsjahre genug gesehen hatte, um abgehärtet zu sein, sprachlos war vor Schrecken. Gott — und sie alle — mußten Anne beistehen, wenn dieser Mann sie wirklich in der Hand hatte.

»Das reicht nicht, Anne«, brach Dutchys gebieterische Stimme die Stille. »Du mußt schon etwas näher erläutern, was du gerade behauptet hast.«

»Es wäre wohl besser, wenn man mir die Erklärung überließe«, unterbrach Bishop scharf.

Er wandte sich Tessa zu, die jedoch einen Schritt zurückwich. »Lewis, ich verstehe das nicht. Was hat Anne gemeint?«

»Nun, es ist so, daß deine Nichte zufällig eine Information erhalten hat, die ich dir vorenthalten habe, weil sie mit unserer Verlobung nichts zu tun hat, und ich dir jeden möglichen Kummer ersparen wollte. Miss Vereker hat recht. Ich war bereits verheiratet. Es war eine kurze, unglückselige Affäre, und ich habe sie schon vor geraumer Zeit beendet.«

Er sprach sehr selbstbewußt, aber Tessa entzog sich ihm noch immer. »Theo war gegen Scheidungen«, sagte sie. »Er war der Meinung, eine Heirat sei eine ernste Angelegenheit.«

»Dein erster Mann, Tessa, war ein ungewöhnlich glücklicher Mensch. Es gab keinen erdenklichen Grund, warum er sich hätte scheiden lassen sollen. Es ist immer wieder festzustellen, daß die Gegner der Gesetzgebung, die die Fesseln, die unerträglich geworden sind, lockern will, Männer und Frauen sind, die selbst keiner solchen Erleichterung bedürfen ...«

»Trotzdem«, sagte Tessa, »ich wünschte, du hättest es mir gesagt — oder Anne hätte es nicht erwähnt.«

»Ich denke nicht, daß wir lange suchen müssen, um Miss Verekers Beweggründe zu erkennen«, versicherte ihr Bishop mit einem widerlichen Grinsen auf seinem Gesicht. »Als sie vorschlug, mich heute nacht hier zu treffen ...« Er legte eine Kunstpause ein, und für einen Moment sprach niemand ein Wort. Tessa brauchte immer etwas länger als die anderen, um die ganze Tragweite einer Situation oder Aussage zu begreifen. Alistair und Dutchy beobachteten sie genau. Goodier hatte einen verschlagenen Gesichtsausdruck, und Bletsoe war offensichtlich nur darauf bedacht, seine eigene Haut zu retten.

Tessa fragte: »Anne schlug ein Treffen vor? Bist du deshalb hier?«

Anne holte tief Luft. »Wir mußten die Angelegenheit endlich regeln. Es wurde zu spät.«

»Ich muß sagen, meine junge Dame, Sie haben sich Ihrer Tante gegenüber recht gefühllos benommen«, brummte Goodier. »Wenn Sie wirklich davon überzeugt waren, Bishop sei nicht frei, um heiraten zu können, warum haben Sie es dann nicht sofort gesagt?«

»Weil ich zuerst zu verblüfft war — die Verlobung wurde am Abend meiner Ankunft verkündet, und ich hatte ihn gerade erst wiedererkannt ...«

»Du kanntest ihn also schon«, unterbrach sie Tessa.

»Ja.«

»Und warum hast du uns nichts davon gesagt?«

»Weil niemand außer dir, Tante Tessa, und nicht einmal du, wenn du nicht so verliebt wärst, gerne zugeben würde, ihn jemals gekannt zu haben.«

»Seien Sie vorsichtig.« Bishops Augen waren schwarz vor Zorn. »Ich möchte Sie daran erinnern, daß ...«

»Sie müssen mich an nichts erinnern. Ich weiß alles. Ich weiß, daß Sie es den anderen erzählen werden ...«

»Was soll er uns erzählen?«

Anne streckte die Hand aus, als wolle sie die Worte beiseite schieben. »Im Augenblick spielt das keine Rolle. Tatsache ist, daß ich seit dem ersten Abend versucht habe, Mr. Bishop zu überreden, die Verlobung von sich aus zu lösen — ohne Tante Tessa die Wahrheit zu sagen.«

»Was ist das für eine lächerliche Wahrheit, von der du ständig sprichst? Wirklich, Anne, du bist heute abend ziemlich geheimnisvoll.«

»Fest steht, daß er bereits eine Frau hat, und ...«

»Er hat sich von ihr scheiden lassen, und obwohl ich Scheidungen verabscheue ...«

»Frag ihn nach Beweisen. Du wirst entdecken, daß er keine hat. Außerdem wäre es nicht das erste Mal, daß er sich mit einer reichen Frau verlobt und dann ...«

»Sie ist von Sinnen«, sagte Bishop verächtlich, »und ich werde dir auch sofort sagen, warum.«

Tessas Gesicht hatte sich zu einem matten Lila verfärbt. »Du hast nie erwähnt, daß du Mr. Bishop bereits getroffen hattest«, wiederholte sie. »Ich vermute, in Wirklichkeit warst du verliebt in ihn.« Sie sah wutentbrannt von einem zum anderen.

Anne sprach, bevor sie sich zur Besonnenheit zwingen konnte. »Ich? Verliebt in — in ...«

Bishop hob seinen Kopf. »Diese überlegene Haltung steht Ihnen nicht«, erklärte er. »Sie sind nicht so wählerisch, wie Sie Ihrer Familie weismachen möchten.«

Alistair, der die Situation unerträglich peinlich fand, unterbrach ihn. »Müssen wir das hier in aller Öffentlichkeit verhandeln? Offensichtlich gibt es einen guten Grund, warum meine Cousine vorher nicht gesprochen hat, und ich stimme mit ihr überein, daß es einen großen Teil der Schwierigkeiten erspart hätte, wenn Mr. Bishop sich davon hätte überzeugen lassen, das Verlöbnis zu lösen, ohne uns in diese unmögliche Situation zu bringen. Wenn natürlich diejenigen unter uns, die betroffen sind ...«

»Mein lieber Junge, wir sind alle betroffen«, dröhnte Goodier, der nicht daran dachte, sich aus dieser Szene vertreiben zu lassen, die er ebenso melodramatisch wie entzückend fand. Wenn das, was die junge Frau vorgebracht hatte, der Wahrheit entsprach, dürften Tessas Pläne endgültig gestorben sein. Außerdem gab es noch die Chance, Tessas Enttäuschung auszunutzen. Nach einer so erniedrigenden Auseinandersetzung könnte Tessa in Zukunft schon vor dem Wort Heirat zurückschrecken, und dann könnte sein großer Moment kommen, überlegte James, der Bishop mehr mochte als je zuvor.

»Ich denke, es wäre besser, da die Sache nun schon so weit gediehen ist, wenn wir in voller Besetzung fortfahren«, sagte Bishop. »Meine liebe Tessa, ich hätte dir das alles gern erspart, wenn ich gekonnt hätte. Ich fürchte, es wird für alle sehr unerfreulich, und ich hatte wirklich gehofft, daß das — Geheimnis — das ich mit Miss Vereker teile, unentdeckt bleiben würde.«

»Ich denke, es ist höchste Zeit, daß wir ein paar Erklärungen bekommen«, fiel ihm Tessa ins Wort. »Ich möchte wissen, warum meine Nichte sich wie ein — wie ein Hausmädchen um Mitternacht heruntersteihlt, um meinen Verlobten zu treffen. Und warum du, Lewis, mir nicht erzählt hast, daß du Anne kanntest.«

Der Ausdruck hilfloser Anbetung, den sie gewöhnlich bei allem, was Bishop betraf, zeigte, war verschwunden. Sie sah verbittert aus, ja sogar gefährlich, als sie das Paar betrachtete.

»Ich hatte nicht die Absicht, dieses melodramatische Stelldichein zu arrangieren«, sagte Anne. »In der Tat habe ich seit dem Augenblick, da das Verlöbnis am Abend meiner Heimkehr bekanntgegeben wurde, versucht, Mr. Bishop zu überreden, es auf irgendeine Weise zu lösen, und er erklärte mir, ich solle mich nicht beunruhigen, alles würde in Ordnung gehen. Aber wie sollte ich mich nicht sorgen, wo ich doch sah, wie die Sache stand? Und schließlich sagte er mir, wenn ich heute nacht käme, könnten wir die ganze Angelegenheit besprechen, und ich mußte kommen, Tante Tessa — ich hatte keine Wahl. Denn er hat recht. Er weiß etwas von mir, und ich würde alles, was ich besitze — und das ist nicht sehr viel — hergeben, um es geheimzuhalten. Ich dachte, wir könnten vielleicht irgendeine Art Handel abschließen, obwohl ich wenig Hoffnung hatte, aber auf keinen Fall wollte ich diese Heirat zulassen.«

Sie sah sich flehentlich nach allen Seiten um, aber aus jedem der Gesichter, Tessas, Dutchys, Alicias und James', begegnete ihr ein steinerner, mißtrauischer Blick. Keine Sympathie, kein Verständnis. Sie wagte nicht, Alistair anzusehen.

»Wenn du so besorgt um deine Tante warst, warum kamst du nicht sofort mit der Wahrheit heraus und nahmst die Folgen in Kauf?« wollte Dutchy wissen.

»Du würdest nicht so fragen, wenn du wüßtest, wie die Wahrheit aussieht«, entgegnete Anne lakonisch.

Bishop lachte. Anne war schneeweiß geworden. Dieses Lachen war schrecklich. Er würde Anne niemals vergeben, daß sie seine Pläne durchkreuzt hatte, erkannte Alistair. Was auch immer die Tatsachen waren, er würde sie im schlechtesten Licht darstellen.

»Miss Vereker hat recht«, sagte er. »Vielleicht sollte man endlich mit der Wahrheit herausrücken.«

»Nein, nicht jetzt, nicht hier. Ich werde es ihnen selbst erzählen, wenn es nötig ist. Aber Sie ...«

»Ich denke, ich sollte Ihre Version auch hören«, spottete Bishop. »Sie könnten einige der Einzelheiten vergessen. Und es ist eine gute Geschichte, meine Liebe, eine sehr gute Geschichte. Oh, ich sage nicht, daß man Sie hier dafür belangen könnte, aber der Krieg ist ja noch nicht lange vorbei, und es gibt immer noch Worte, die für englische Ohren einen schlechten Klang haben, Worte wie ...«

»Nein, das werden Sie nicht, auf keinen Fall!« Anne war außer sich. Alistair trat zu ihr. »Beruhige dich, Anne.«

Bishop ließ seine harten, mitleidlosen Augen über die Versammlung schweifen. »Tatsächlich hätte ich eine Menge zu berichten, Tessa, Dinge, die dir vieles erklären würden. Du wirst betrogen, meine Liebe, von allen Seiten. Und was mehr ist, ich kann es beweisen. Bis jetzt habe ich den Mund gehalten, ich wollte Ärger vermeiden. Aber jetzt, denke ich, wird es Zeit, etwas Licht in diese dunkle Angelegenheit zu bringen.«

Es gab einen weiteren lauten Donnerschlag, einen heftigen Blitz, und dann, als ob die Natur selbst in ironischer Stimmung gewesen wäre, verlosch im ganzen Haus das Licht.

Alle hörten, wie Bishop »Verdammt« sagte, und Dutchy murmelte etwas von einer Lampe. Bletsoe jammerte: »Die Taschenlampe! Ich hatte eine Taschenlampe«, und Goodier rief: »Dann machen Sie sie doch an, um Himmels willen!«

»Ich kann sie nicht finden«, sagte Bletsoe. »Oh, Moment mal.« Und dann hörten sie alle etwas Metallisches auf den Boden fallen. Bletsoe kniete nieder und kroch unbeholfen wie ein Tier in der Dunkelheit herum.

»Ich habe ein paar Streichhölzer. Steht doch mal still!« sagte Alistair.

Alle rannten wirr durcheinander, stießen mit den Möbeln zusammen, und etwas fiel um, ein Tisch oder ein Stuhl. »Was ist geschehen? Lewis, wo bist du? Bist du fortgegangen?«, rief Mrs. Goodier aus, und dann »Alistair, gib mir deine Hand. Ich mag die Dunkelheit nicht. Ich verstehe die ganze Sache mit Lewis und Anne nicht. Sie haben mich beide hintergangen. Ach, mein Lieber, warum mußte Theo sterben und mich mir selbst überlassen?«

Dutchy streichelte im Vorbeigehen ihren Arm. »Es ist alles in Ordnung. Ich werde eine Lampe holen. Und beunruhigen Sie sich nicht. Falls Anne die Wahrheit gesagt hat, ist es besser für Sie, es erfahren zu haben, bevor es zu spät ist.«

»Ich glaube ihr nicht«, sagte Tessa feindselig. »Lewis hätte es mir gesagt. Jedenfalls werden wir heiraten. Anne ist eifersüchtig, ich wußte es. Und sie ist nicht ehrlich. Ehrliche Frauen stehlen sich nicht um Mitternacht die Treppen herunter, um anderer Leute Verlobte zu treffen. Wenn alles ehrlich zugeht, warum konnte sie dann nicht die Wahrheit sagen?«

»Weil, meine liebe Tessa, eben nicht alles offen und ehrlich zugeht.« Lewis schien die Kontrolle über sich zurückgewonnen zu haben. »Vereker, haben Sie die Streichhölzer gefunden, von denen Sie sprachen?«

»Ich hab' sie«, entgegnete Alistair. Er zündete eins an und

hielt es über seinen Kopf. Es flackerte, qualmte und warf seltsame Schatten auf die Gesichter, die es mit seinem Licht erreichte. Dann ging es aus. Alistair versuchte, ein weiteres zu entzünden, aber das dünne Hölzchen zerbrach, und der Kopf fiel zu Boden.

»Das war das letzte«, sagte er gereizt. »Bletsoe, was ist los mit Ihrer Taschenlampe?«

»Ich k-kann sie nicht finden«, stammelte der jämmerliche Bletsoe.

Mrs. Goodier stieß einen Schrei aus. »Was ist los?« fragte Bishop.

»Jemand hat mich berührt — absichtlich — hat versucht, mich umzustoßen.«

»Es — es tut mir leid, Mrs. Goodier, ich habe nur nach der Taschenlampe getastet.«

»Dutchy wird sofort zurück sein«, versicherte Alistair ihnen. Er machte einen Schritt in der Dunkelheit, und jemand anders bewegte sich ebenfalls. Als es plötzlich blitzte, erkannte Alistair die Silhouette Bishops vor den dunklen Fenstervorhängen, die etwas zur Seite geschoben waren, seit Bishop aus seinem Versteck gekommen war. Alistair war angewidert von diesem Mann, der selbst jetzt noch theatralisch aussah, wie ein Dämonenkönig ...

Ein neues Geräusch durchbrach die Stille, der unverkennbare Laut eines Schusses. Jemand huschte an ihm vorbei, er wußte nicht wer. Der Wind wurde stärker, eine Frau kreischte. Die Terrassentür, die keiner festgehakt hatte, schlug heftig hin und her, und aus einiger Entfernung hörte man das Klirren von Glas.

Eines der Fenster ist kaputtgegangen, dachte Alistair. Bishop hatte vielleicht doch nicht so unrecht, wie ich glaubte. Das ganze Haus könnte noch vor dem Morgen über uns zusammenbrechen.

Der Regen prasselte unentwegt nieder. Wie das Rauschen in einem Radio, dachte Alistair, der sich etwas benommen fühlte.

Läßt sich nicht einmal durch einen Schuß zur Ruhe bringen. Und er wunderte sich über sich selbst, als er sich laut fragen hörte: »War das ein Schuß, oder ...?«

»Es ist wenigstens unwahrscheinlich, daß bei solchem Wetter jemandem ein Motorradreifen ausgerechnet in Ihrer Auffahrt platzt«, erwiderte Goodier.

Dutchys Stimme erklang aus der Halle. »Ich komme. Ich konnte im Dunkeln die Streichhölzer nicht finden. Was ist denn passiert? Es — es hörte sich an wie ein Schuß.«

»Ich hatte doch den Revolver nicht, oder, Alistair?« fragte Tessa aufgeregt. »Was sagst du, Lewis? Lewis!«

Keiner sagte ein Wort.

»Lewis, wo bist du? Halte meine Hand, ich fürchte mich.«

Immer noch keine Antwort. »Was ist los mit dir?« fragte Tessa ängstlich. »Warum antwortest du nicht? Warum ...? Alistair, es war doch nicht Lewis, oder? Ich meine, der Schuß — und jemand fiel zu Boden.«

»Ich fürchte, es hat einen Unfall gegeben«, sagte Alistair ruhig und beherrscht. »Dutchy bringt eine Lampe, und dann werden wir sehen, was passiert ist.«

Dutchy kam näher mit einer Lampe in zitternden Händen, die dadurch einen langen, flackernden Schatten warf. Alistair wandte sich ihr zu, nahm ihr die Lampe ab und stellte sie auf einen kleinen Tisch neben sich.

»Sei vorsichtig, mein Lieber«, sagte Tessa. »Sie steht sehr nah an den Vorhängen. Wir — wir wollen doch kein Feuer ...«

»Ich pass' schon auf, Tante Tessa. Nun denn.« Er wandte sich um, doch die Worte, die er sagen wollte, blieben unausgesprochen. Es war, als ob seine Zunge plötzlich gelähmt wäre. Es war Dutchy, die die Stille durchbrach.

»Anne!« sagte sie, »Um Gottes willen, was hältst du da in der Hand?«

Alle drehten sich um wie eine Herde weidendes Vieh. Anne stand neben etwas Dunklem und Schrecklichem, das auf dem Teppich ausgestreckt lag, etwas mit einem großen Loch im

Kopf, umgeben von einer Blutlache. In ihrer Hand hielt sie den Revolver, und sie blickte auf den Leichnam hinunter, als ob sie nicht wüßte, was es war. Alistair beugte sich vor und nahm ihr die Waffe ab.

»Du hättest sie nicht anfassen sollen«, sagte er streng. »Ich vermute, du hast sie auf dem Boden gefunden, als du nach der Taschenlampe suchtest.«

»Ja, vermutlich«, sagte Anne unsicher. »Alistair, wem gehört die?«

»Ich habe Mrs. Goodier immer gesagt, daß es gefährlich ist, sie geladen herumliegen zu lassen.« Als ob es sich um ein Spiel handelte, bei dem nun sie an der Reihe war, nahm Dutchy Alistair die Waffe ab und legte sie auf den Sims der Bücherwand. Alistair machte einen Schritt Richtung Fenster, so daß er zwischen seiner Tante und dem zu stehen kam, was einmal ein Mann gewesen war.

»Dutchy, bring sie raus«, befahl er.

»Es ist Lewis«, sagte Tessa. »Ich weiß, daß es Lewis ist. Nein, Dutchy, laß meinen Arm los ...«

»Ich hole einen Arzt, Tante Tessa. Es hat einen Unfall gegeben, und Bishop ist verletzt. Es hat keinen Zweck, hierzubleiben, denn er ist bewußtlos. Sobald der Arzt hier gewesen ist, erzähle ich dir, was er gesagt hat.«

»Ist er schwer verletzt?« flüsterte Tessa. »Nein Dutchy, ich gehe nicht fort, ehe ich eine Antwort bekommen habe. Alistair, ist er schwer verletzt?«

»Ich fürchte, ja«, antwortete Alistair leise.

»Wenn ich je einen Kerl gesehen hab', der mausetot war, dann ist es Bishop«, verkündete Goodier laut.

Tessa erstarrte. »Ist das wahr, Alistair? Nein, versuch nicht, mich anzulügen. Ich bin heute abend schon genug betrogen worden, und ich verzeihe Betrug nicht so einfach. Ist er tot?«

»Schon möglich. Es geschah aus nächster Nähe ...«

»Solltest du nicht lieber den Arzt holen?« fragte Anne, noch immer völlig verwirrt.

»Ich werde ihn sofort rufen. Obwohl ich fürchte, es wird nicht mehr viel helfen. Also, Tante Tessa, du gehst mit Dutchy. Du kannst hier jetzt nichts tun.«

»Nein«, stimmte Tessa zu, »nichts mehr.«

Er fragte sich, ob der Schock durch dieses schreckliche Ereignis sie aus dem Gleichgewicht gebracht hatte. Sie verließ mit Dutchy den Raum, folgsam wie ein kleines Kind. Doch nun gab es Probleme von anderer Seite. Bletsoe lehnte an der Bücherwand, schwankte hin und her und jammerte: »Deckt es zu. In Gottes Namen, deckt es zu.«

»Schon gut. Komm, Anne, tritt zurück. Was hast du?«

»Anne sah verwundert auf ihre Füße. »Es ist Blut«, sagte sie, »ich muß darin gestanden haben.«

Die Sohlen ihrer Schuhe waren klebrig, und sie hinterließ dunkle Abdrücke auf dem Teppich, als sie sich von dem leblosen Körper entfernte. Und wahrhaftig, alles war mit Blut verschmiert — die Vorhänge, neben denen er gestanden hatte, der Teppich, ein Stuhl in der Nähe ... Es war durchaus verständlich, daß Bletsoe sich übel fühlte.

»Er hat recht«, murmelte Alistair. »Ein Taschentuch ...«

»Er hatte immer eins von der Größe eines Handtuchs in seiner Tasche«, bot sich Goodier an. Er beugte sich behutsam über den Leichnam.

»Passen Sie auf das Blut auf«, warnte ihn Alistair.

»Sie könnten mich genausogut bitten, eine Nadel im Misthaufen zu suchen, aber mich nicht schmutzig zu machen. Also, irgend jemand muß unseren Freund ziemlich gehaßt haben.«

Niemand der Anwesenden mochte Goodier, aber alle empfanden ein Gefühl der Dankbarkeit, daß er eine Arbeit für sie übernahm, vor der selbst der hartgesottene Alistair zurückschreckte.

»Haben Sie es?« fragte Alistair. »Anne, du solltest besser nicht hier sein. Geh rüber in den Frühstückssalon. Wir kommen auch gleich. Was ist los, Mann? Ist das Taschentuch nicht da?«

»Aber ja«, sagte Goodier, zog es heraus und bedeckte damit das gesichtslose Grauen. »Aber — ich habe nicht erwartet, das hier auch noch zu finden.« Er richtete sich auf und trat vorsichtig von der Blutlache zurück. »Sehen Sie.« Er streckte seine Hand aus, und es sah aus, als sei ein Sternenregen auf seine Handfläche niedergegangen. »Dieser falsche Hund«, fuhr er fort. Goodier litt nicht unter allzugroßem Feingefühl und fand es daher nicht ungehörig, in dieser Art von einem Toten zu sprechen, dessen Leiche gerade vor seinen Füßen lag. »Kein Wunder, daß er nicht wild darauf war, mit der Suche voranzukommen.«

Bletsoe wandte sich abrupt ab und vergrub das Gesicht in den Händen. »S-sagen Sie nicht sowas«, stammelte er. »Der K-Kerl ist doch tot, oder? Also, dann l-lassen Sie ihn in Frieden. Er kann uns doch nichts mehr tun.«

Aber Goodier, der sich weigerte, sich von angelsächsischer Sentimentalität beirren zu lassen, stellte in weiterhin nüchternem Ton fest: »Kaum zu übersehen, daß Sie noch nie in einen Mord verwickelt waren. Starren Sie mich nicht so an, mein Lieber, natürlich handelt es sich um Mord! Pistolen stehen nicht auf und schießen von allein. Seine Sorgen mögen nun vorüber sein, aber unsere, glauben Sie mir, fangen jetzt erst an.« Er drehte sich um, ergriff Bletsoes Arm und sagte nicht unfreundlich: »Kommen Sie! Lassen Sie uns hier verschwinden. Vereker wird den Arzt rufen ...«

»Und die Polizei?« flüsterte Mr. Bletsoe.

»Ja«, sagte Goodier ruhig. »Und die Polizei.«

»Sie — scheint das überhaupt nicht zu kümmern«, wagte sich Bletsoe vor und sah mit Verwunderung und Ehrfurcht zu seinem großen Gefährten auf.

»Kümmern?« wiederholte Goodier. »Mein Lieber, das Leben eines Weltenbummlers lehrt Sie eins: Erwarten Sie stets das Unerwartete. Aber es ist wirklich schon verdammt komisch. Ich kam hierher, ganz unter uns, um ein Zusammentreffen mit der Polizei zu vermeiden, und nun sind sie hier, das heißt, sie werden in fünf Minuten hier sein, direkt vor meiner Nase.«

* * *

Alistair, offenbar viel beunruhigter als seine Gäste, hörte, gerade als er den Telefonhörer abnehmen wollte, ein leises Geräusch auf der Treppe über ihm. Er hielt inne und rief:

»Wer ist da?«

»Alistair.« Er hörte schnelle, weiche Schritte, und Alicia tauchte am oberen Treppenabsatz auf. »Um Himmels willen, was ist los? Ist jemand ermordet worden, oder was?«

»Psst! Sei vorsichtig, was du sagst.« Alistairs Stimme war streng.

Alicia blieb auf der dritten Stufe stehen. »Was soll das heißen? Doch nicht ...? Aber Alistair, es war doch nur ein Scherz.«

»Nicht für Bishop. Und auch nicht für den Kerl, der ihn erschoß.«

»Erschossen? Bishop?« Ihre Stimme war nur noch ein Flüstern. »Das war es also. Ich habe es gehört, aber ich hab's nicht geglaubt. Ich meine, solche Sachen passieren einem selbst doch nicht ...«

»Irgend jemandem müssen sie schließlich passieren«, entgegnete Alistair finster. »Und wenn man bedenkt, wieviel Unruhe und versteckte Feindseligkeit wir hier hatten, ist es fast ein Wunder, daß nicht schon früher ein Mord geschehen ist.«

»Mord! Oh nein, Alistair.« Alicia raffte ihren schön gesteppten Morgenrock und rannte die Treppe hinunter. »Aber so verrückt kann doch niemand sein. Es wäre viel zu gefährlich.«

»Mord ist immer gefährlich, trotzdem werden recht regelmäßig welche begangen. Ich persönlich würde sagen«, fügte er in einem belehrenden Ton hinzu, der Alicia noch mehr erschreckte, als es ein Gefühlsausbruch getan hätte, »daß ein

Mord in diesem Haus und unter den Umständen, unter denen er sich ereignet hat, etwas risikoloser ist als die meisten.«

Alicia starrte ihn an, die Augen weit aufgerissen vor Entsetzen. »Alistair, du weißt nicht, was du sagst. Gott sei Dank hört dich außer mir keiner. Jeder — jeder Außenstehende — müßte annehmen, es sei für dich völlig ohne Bedeutung, daß jemand erschossen wurde.«

Alistair wandte sich wieder dem Telefon zu. Ihm wurde plötzlich bewußt, daß eine Weile vergangen war, seit die Dame von der Vermittlung ihr monotones »Welche Nummer möchten Sie bitte?« gefragt hatte.

»Es wird für den Kerl von Bedeutung sein, der es getan hat. Sagte ich das nicht schon? Was Bishop angeht, so wollte er uns alle zugrunde richten, aber auf diese Weise trifft es nur noch einen einzigen von uns.«

Alicia rannte die letzten zwei oder drei Stufen hinunter und packte ihn am Arm. »Alistair, hör endlich mit diesem unmenschlichen Gerede auf. Sag mir, was ist denn passiert? Ich weiß nur, daß ich ein Krachen hörte, dann Stimmen und Leute, die hin und her rannten, und ich fragte mich, was um Himmels willen los sei. Ich dachte schon, einer der alten Schornsteine sei mit lautem Knall zusammengebrochen, aber dann hörte ich, wie Dutchy mit Tante Tessa sprach, und ich öffnete das Fenster und lehnte mich nach draußen. Wußtest du, daß es regnete?«

»Ja. Ach Vermittlung, würden Sie mir bitte die Nr. 74 geben. Ja, vielen Dank. Natürlich wußte ich das.«

»Ich nicht. Ich denke, ich war wohl schon eingeschlafen. Ich lehnte mich hinaus und bin halb ertrunken.« Sie zog ein Taschentuch aus der Tasche und begann, sich ihr Haar trockenzureiben. »Wenn ich das geahnt hätte, hätte ich mir eine Badekappe aufgesetzt. Wo sind die anderen?«

»Im Frühstückssalon. Alicia, du hältst dich da besser raus. Du kannst ihnen sowieso nichts erzählen ...«

»Das wird die Polizei entscheiden müssen«, sagte Alicia

ruhig. »Oh, ich weiß, daß ich ihnen nichts über die Tat selbst sagen kann, aber sie werden bestimmt jeden im Haus sehen wollen, nach Motiven fragen und so weiter.«

»Sie werden alle Hände voll zu tun haben, wenn sie die verschiedenen Motive voneinander trennen wollen. Ja, gut. Ich bleibe dran.« Er sprach wieder mit der Vermittlung. »Man sollte kaum glauben, daß jemand die Frechheit besitzt, in einer solchen Nacht einen Arzt zu rufen, nicht wahr? Es sei denn, es geht um Mord. Was das Motiv betrifft — was sagte ich gerade? Ach, ja. Sie werden den Wald vor lauter Bäumen nicht sehen können. Bishop wollte uns alle fertigmachen. Ich sollte Vertreter werden, und du hättest Steno lernen dürfen ...«

»Und Anne?«

Aber Alistair antwortete nicht, er hatte endlich seine Verbindung bekommen. »Doktor Tuke? Hier spricht Alistair Vereker. Hören Sie, es hat einen Unfall gegeben. Sehr ernst, fürchte ich. Ein Mann ist erschossen worden. Ja, das sagte ich. Nein, ich sagte, ein Unfall. Bishop. Kennen Sie ihn? Nun, das nehme ich an. Ich meine, sein halber Kopf wurde weggeblasen. Alicia, um Gottes willen, geh entweder zu den anderen oder leg dich wieder ins Bett. Die Angelegenheit ist schon *so* ein Alptraum, du mußt sie nicht noch schlimmer machen. Nein, ich habe mit Miss Turner gesprochen. Ja, die meisten. Oh ja, das wollte ich noch tun. Oh — ich verstehe. Nein, daran hatte ich nicht gedacht. Nun, das spart natürlich schon etwas Zeit, nicht wahr? Nein, niemand mehr da im Moment. Genau. Ich werde die Tür abschließen und der Polizei den Schlüssel aushändigen, wenn sie eintrifft.«

Er stand noch einen Augenblick da und hörte zu, dann sagte er »Auf Wiederhören« und hängte ein. Als er sich umdrehte, stand Alicia immer noch neben ihm. Welten schienen zwischen ihr und der Szenerie aus Blut und Schrecken in der Bibliothek zu liegen. Ohne für sich in Anspruch nehmen zu können, schön zu sein, legte sie doch großen Wert auf ihre Erscheinung, und auch jetzt, leicht parfümiert, das Gesicht leicht apricotfarben gepudert, mit kleinen Perlohrringen, die Lippen mattrot, schien sie am normalen Leben festzuhalten, aus dem die übrigen in den letzten Stunden so brutal herausgerissen worden waren.

»Ich will dir nicht auf die Nerven gehen, Alistair«, flüsterte sie. »Sag mir nur noch eins. Wessen Revolver war es?«

»Oh, ich vermute, er gehörte früher einmal Onkel Theo.«

»Aber wer brachte ihn heute abend mit?«

»Tante Tessa. Sie vermutete Einbrecher.«

»Wenn Tante Tessa ihn in den Fingern hatte, mußte er ja losgehen. Ich bin überrascht, daß nicht noch mehr getötet wurden.«

»Sie hatte ihn nicht in der Hand. Ich hatte ihn.«

»*Du* hattest ihn?«

»Jedenfalls hatte ich ihn auf den Tisch neben mir gelegt, als ich nach den Streichhölzern suchte.«

»Aber – wer hat gesehen, daß du ihn weglegtest?«

»Niemand, würde ich vermuten, denn es war vollkommen dunkel.«

»Dennoch, sie hätten es hören können.«

»Wenn sie nahe genug am Tisch waren, vielleicht, aber es gab ein solches Durcheinander, jeder trat dem andern auf die Füße ...«

»Aber es muß doch einen Augenblick gegeben haben ...«

»Als ich das angezündete Streichholz hochhielt – ja. Aber sie hätten schnell wie der Blitz sein müssen, der Schuß kam unmittelbar danach.«

»Wer war dem Revolver am nächsten?«

»Bishop selbst, würde ich sagen. Er stand unmittelbar am Vorhang und machte seine höhnischen Bemerkungen uns gegenüber.«

»Wer sagt dir dann, daß er nicht Selbstmord begangen hat?« schlug Alicia vor.

»Du meinst, er hat sich gerade in dem Moment, als wir alle ihn am meisten loswerden wollten, eine Kugel in den

Hinterkopf gejagt – und das mit Tante Tessas Diamanten in der Hosentasche?«

»Tante Tessas Diamanten?«

»Ja. Ach, ich vergaß, das konntest du ja nicht wissen. Die Diamanten waren aus dem Safe verschwunden, und wir wollten gerade vorschlagen, nach altem Brauch unsere Taschen zu leeren, als Bishop ein Ablenkungsmanöver startete. Und als er erschossen war, fanden wir die Diamanten bei ihm.«

Alicia erblaßte. Jedenfalls kam es ihm so vor. »Alistair, mir gefällt das nicht.«

»Nun, niemandem gefällt es, aber ...«

»Du verstehst nicht, was ich meine. War Anne dabei?«

»Das habe ich bereits gesagt. Wir waren alle da, außer dir.«

»Und sie hatte um halb zwölf in der Bibliothek eine Verabredung mit ihm. Weiß jemand davon?«

»Ja, sie hat es allen gesagt. Aber – um Himmels willen, Alicia, werde bloß nicht melodramatisch. Du kannst doch nicht annehmen, daß Anne irgend etwas über die Diamanten wußte!«

»Es geht nicht darum, was du oder ich von Anne glauben, Alistair, sondern was die Polizei denkt. Sie kommt doch wohl?«

»Ich habe vergessen, sie anzurufen.« Er nahm erneut den Hörer ab.

»Wir müssen genau wissen, was wir ihnen erzählen wollen, ehe sie kommen, verstehst du das nicht?«

»Was mich angeht«, entgegnete Alistair ungerührt, »so werde ich die Wahrheit sagen. Alles andere wäre zu gefährlich und schwierig.«

»Du willst also der Polizei sagen, daß Anne ein Rendezvous mit Bishop hatte, ohne Tante Tessas Wissen, daß danach Bishop erschossen wurde und man die Diamanten in seiner Tasche fand. Das verstehe ich nicht, Alistair.«

»Es ist nicht unsere Aufgabe, das zu verstehen. Und was Annes Rendezvous angeht, so sollte lieber sie der Polizei davon erzählen, nicht wir.«

»Anne tut mir leid«, sagte Alicia. »Alles aussagen zu müssen.«

»Was meinst du mit 'alles'?

»Daß Bishop sie in seiner Gewalt hatte. Das steht doch wohl fest.«

»Ich glaube nicht, daß sie das preisgeben muß.« Mit einem Seufzer der Erleichterung begrüßte er Dutchys Erscheinen. »Wie geht es Tante Tessa?«

»Ich bin mir nicht sicher. Irgendwie ruhiger, als ich erwartet hätte. Fragte, ob du alles Notwendige wegen der Diamanten unternehmen würdest.«

»Die Diamanten? Das hatte ich ganz vergessen. Sie weiß ja nicht, daß sie in Bishops Tasche gefunden wurden.«

Dutchy preßte die Lippen fest zusammen. »Das war es also, was er im Schilde führte? Natürlich würde sie ihn niemals verdächtigen. Ich denke, sie wird es erfahren müssen.«

»Ich fürchte, ja. Die Polizei wird jede Minute hier sein.«

»Dann sollte Alicia lieber zurück ins Bett gehen«, sagte Dutchy. »Sie kann froh sein, daß sie hiermit nichts zu tun hat.«

»Das habe ich ihr auch gesagt«, stimmte Alistair zu. »Aber sie glaubt offenbar, ihre Anwesenheit könne von Nutzen sein.«

»Sie hat keinerlei Hinweise, es sei denn, sie hätte sich hinterm Vorhang versteckt.«

»Ich bin vielleicht eine arme Verwandte«, sagte Alicia wütend, »aber ich bin nicht schwachsinnig. Und ich bin klug genug, um zu sehen, in welch schrecklicher Lage sich Anne befindet.«

»Du weißt nichts über Anne und Bishop, oder doch?« fragte Dutchy düster.

»Nur, was eigentlich für jeden hätte offensichtlich sein müssen — daß sie ihm früher schon begegnet ist.«

»Und was schließt du daraus?«

»Ich frage mich, was die Polizei daraus schließen könnte. Angenommen, sie wußte etwas, was die Heirat hätte verhindern können, und erpreßte ihn?«

»Sagtest du nicht, du seist nicht schwachsinnig?« fragte Alistair.

»Du hältst natürlich zu ihr. Das ist es, was man an dir so schätzt, Alistair. Ich glaube, selbst wenn du wüßtest, daß Anne es getan hätte — und was für eine Gelegenheit sie hatte, als das Licht plötzlich ausfiel und draußen der Donner rollte, die Blitze zuckten und der Regen in Strömen niederging — niemand würde bei der Dunkelheit mit Sicherheit sagen können, was passiert war —, selbst wenn du genau wüßtest, daß sie es getan hätte, würdest du sie nicht verraten, nicht wahr?«

»Die Frage stellt sich nicht«, sagte Alistair. »Ich weiß ebensowenig wie jeder andere, was in dem Raum passierte, nachdem das Licht ausging. Ich glaube, es kommt jemand — vermutlich Dr. Tuke. Entschuldige, Dutchy, ich denke, es ist am besten, wenn du zu den anderen gehst. Was ist mit der Dienerschaft?«

»Sie schlafen im anderen Flügel. Sie können den Schuß unmöglich gehört haben. Der Sturm tobte ja wie ein Riese in eisernen Stiefeln um das Haus.«

»Ich wußte gar nicht, daß du eine Dichterin bist, Dutchy«, murmelte Alicia.

»Es gibt noch viel, was du nicht weißt. Komm jetzt. Der Arzt läutet schon, und Alistair möchte nicht, daß die ganze Familie hier herumsteht, während er seine Erklärungen abgibt. Kannst du denn nie einen Wink verstehen?«

»Also gut, ich komme. Trotzdem, Dutchy, irgend etwas ist hier faul. Ich meine, es ergibt keinen Sinn, daß Bishop erschossen wurde, *nachdem* Anne ihm die Tour vermasselt hatte. Es hätte früher passieren müssen. Ich verstehe das einfach nicht.«

Die übrigen saßen reichlich unruhig im Frühstückssalon. Goodier hatte vorgeschlagen, jeder solle in seinem eigenen Zimmer warten, aber er war überstimmt worden. Alistair steckte kurz seinen Kopf durch die Tür, um ihnen mitzuteilen, daß der Arzt gekommen und die Polizei auf dem Wege sei. Er bat alle darum, den Raum jetzt nicht mehr zu verlassen. »Und Dutchy«, fügte er hinzu, »ich denke, du solltest Tante Tessa darauf vorbereiten, daß sie vielleicht ebenfalls benötigt wird.«

»Sie ist nicht in der Lage, jemanden zu sehen«, entgegnete Dutchy entschieden.

»Tuke wird sie sicher sehen wollen, und es liegt bei ihm, ob und wann sie mit der Polizei spricht. Jedenfalls sollte man es ihr sagen. Es war ein entsetzlicher Schock, und wir wollen heute nicht noch mehr Ärger.« Er nahm sein Zigarettenetui aus der Tasche und öffnete es.

»Verdammt! Ich vergaß ... Hat jemand ...?«

Mr. Bletsoe, eifrig bemüht, zu helfen, sprang auf und lief zu dem runden Tisch am Fenster, wo stets eine hübsche, handgearbeitete, mit exotischen Motiven verzierte Dose stand.

»Geben Sie ihm keine davon, wenn Sie ihn nicht vergiften wollen«, rief Goodier. »Die sind bestimmt fünf Jahre alt.«

»Nein, das ist schon in Ordnung«, entgegnete Bletsoe rasch. »Die Dose ist gerade erst frisch aufgefüllt worden.«

»Mit Bishops eigenen Zigaretten, bei Gott! Wo haben Sie die gefunden, Bletsoe? Er war in der Regel sehr eigen damit.«

Alistair zögerte, weil er wahrhaftig keinen Gefallen daran fand, die Zigaretten eines Toten zu rauchen, und Anne zog eine Hand aus der Tasche und sagte: »Hier, nimm eine von meinen. Du kannst meinetwegen die ganze Schachtel behalten. Ich will sie nicht.«

Alistair nahm die Schachtel und ging hinaus. Dutchy und er begegneten sich in der Tür, und sie sagte in sehr ernstem Ton: »Denk daran, Alistair, je weniger man redet, desto schneller kommt alles wieder in Ordnung. Polizisten sind nicht wie gewöhnliche Menschen. Sie finden oft in den einfachsten Worten den seltsamsten Sinn.«

Alicia beobachtete die beiden argwöhnisch. Wußte Dutchy vielleicht etwas? Hatte sie in der Dunkelheit etwas gesehen? Oder war das nur eine allgemeine Warnung? Sie besaß die Art von Loyalität, die man häufig bei Frauen findet, und die sich in persönlicher Zuneigung äußert. Sie würde ihre Pflichten als Bürgerin weit hinter ihre Verpflichtungen als Freundin zurückstellen. Zumindest für Alistair — oder Anne, überlegte sie. Aber für mich? Na ja, ist auch egal.

Die beiden verließen den Raum, und die anderen sahen sich beunruhigt an. Kaum jemand sagte ein Wort, bis die Polizei eintraf und die Spannung merklich zunahm.

»Werden sie ihren eigenen Arzt mitbringen?« wollte Alicia wissen, doch Anne erwiderte »Dr. Tuke ist doch der Polizeiarzt, nicht wahr?« und Bletsoe sagte: »Ja, Miss Vereker, daran hatte ich gar nicht gedacht, aber ich glaube, Sie haben recht. Ich denke, er ist es.«

Jemand verließ die Bibliothek und ging nach oben. Es war vermutlich Dr. Tuke, der Tessa aufsuchte. Die Tür zum Frühstückssalon öffnete sich, und Alistair kam herein.

»Haltet euch bereit«, sagte er. »Sie werden uns alle in wenigen Minuten sprechen wollen.«

»Werden sie uns alle gemeinsam vernehmen?« fragte Alicia, aber Alistair entgegnete, das nehme er nicht an, jedoch kenne er sich da nicht aus.

Dann hörte man energische Schritte in der Halle, und die Tür wurde geöffnet. Ein Sergeant kam herein.

»Sind alle hier?« fragte er.

»Außer Mrs. Goodier und Miss Dutchley. Dr. Tuke ist bei ihnen.«

»Es handelt sich um die Diamanten«, erklärte der Sergeant.

»Ich habe sie Ihnen doch gegeben«, erwiderte Alistair rasch.

»Die meine ich nicht«, sagte der Sergeant. »Ich spreche von den echten Diamanten. Sie haben mir bloß eine Fälschung gegeben. Gott sei Dank haben wir Inspektor Heath dabei. Wäre nur ich verantwortlich gewesen, ich hätte den Unterschied nicht bemerkt.«

Die Nachricht schlug, wie die Zeitungen sich auszudrücken pflegten, ein wie eine Bombe. Für einen Moment waren alle sprachlos, dann aber brach ein geradezu babylonisches Stimmengewirr los, und Ausrufe wie Absurd! Unmöglich! und Unglaublich! waren zu hören. Falls sie schauspielerten, spielten sie ihre Rollen sehr gut. Man hätte unmöglich sagen können, wer von ihnen, wenn überhaupt einer, die Wahrheit bereits gekannt hatte.

»Dieser Fall wird immer verrückter«, sagte Alicia freimütig. »Ich meine, ich hätte es verstanden, wenn man die echten Diamanten in Bishops Tasche gefunden hätte. Schließlich plante er ja, sich alles zu nehmen, was Tante Tessa besaß. Warum sollte er also nicht einen kleinen Vorschuß kassieren? Und ich bin sicher, daß Tante Tessa den Unterschied nie bemerkt hätte, und wenn doch, wäre ihr Liebling Lewis sicher der letzte gewesen, den sie verdächtigt hätte.«

»Dennoch ergibt das alles keinen Sinn«, widersprach Goodier. »Wenn die Steine, die in Bishops Tasche gefunden wurden, Fälschungen sind, wo sind dann die echten?«

»Auf dem schwarzen Markt, würde ich sagen«, antwortete Alicia.

»Was wissen Sie denn über den schwarzen Markt?« wollte der Sergeant wissen.

»Wenn es einen Schwarzmarkt für Lebensmittel gibt und einen für Textilien, so nehme ich an, gibt es auch einen für Juwelen.«

»Und Sie haben recht«, stimmte Goodier ihr zu. »Das Geld wechselt in noch nie dagewesenem Umfang den Besitzer. Ich war die meiste Zeit meines Lebens im Juwelenhandel tätig, doch sowas habe ich noch nie erlebt. Was mich beschäftigt, ist, warum wir die Imitate nicht im Safe fanden.«

»Schon gut, mein Herr«, unterbrach der Sergeant abweisend. »Darum werden wir uns schon kümmern.«

»Wenn Alistair mit seinem Vorschlag, alle Taschen zu leeren, durchgekommen wäre, hätte Bishop ganz schön dumm dagestanden«, murmelte Alicia, nachdem der Sergeant wieder gegangen war und ihnen mitgeteilt hatte, daß in Kürze alle befragt würden, aber Goodier antwortete: »Ach, ich weiß nicht. Bishop war ein kluges Bürschchen. Er hätte uns vermutlich erzählt, er habe einen Einbrecher überrascht und ihm die Steine wieder abgenommen, und deswegen habe er sich auch hinter dem Vorhang versteckt.«

»Nur, das hat er uns nicht erzählt«, jammerte Bletsoe.

»Weil er es nicht mußte«, widersprach Goodier.

In der ganzen Zeit sprach Anne kein Wort, und man konnte ebensowenig herausfinden, was in ihr vorging, wie man den Inhalt einer geschlossenen Schachtel erraten konnte. Bletsoe war beunruhigt und wünschte, die Polizei möge sich beeilen und die Sache schnell beenden. Nie zuvor hatte er solche Angst gehabt.

Anne wurde als erste vernommen. Nachdem sie befragt worden war, stieß sie nicht wieder zu den anderen. Der Sergeant kam und rief nun Alicia auf, so daß Bletsoe und Goodier zusammen zurückblieben. Bletsoe sah so elend aus, wie ein menschliches Wesen nur sein kann. Sein Gefährte versuchte, ihn aufzumuntern.

»Was auch immer Sie tun, verlieren Sie nicht die Nerven«, tröstete er ihn. »Alles, was Sie zu tun haben, ist, die Fragen einfach zu beantworten, und wenn sie zu schwierig sind, sagen Sie einfach, Sie erinnerten sich nicht.«

»Vielleicht denken sie, sie könnten mich dazu bringen, mich zu erinnern«, flüsterte Bletsoe.

»Lassen Sie sich bloß nicht drängen, etwas zu sagen. Keiner kann Sie zwingen, sich zu erinnern. Ich weiß noch genau, wie ich einmal in einer Gerichtsverhandlung war — seinerzeit als einer der Geschworenen — und der Staatsanwalt einen Zeugen einschüchtern wollte, um ihn zu einer bestimmten Aussage zu bringen. Doch der arme Kerl wiederholte wieder und wieder, er erinnere sich an nichts. ‘Aber Sie müssen sich erinnern, Mr. Smith’, sagte der Staatsanwalt, der Richter aber widersprach. ‘Wie soll er sich erinnern, Mr. Robinson, wenn er Ihnen gerade gesagt hat, er könne es nicht? Das Gedächtnis eines Menschen läßt sich nicht einfach mal schnell auffrischen.'«

»Ich kann mich nicht erinnern«, wiederholte Bletsoe fasziniert. »Aber an was erinnere ich mich nicht mehr?«

»Erinnern Sie sich an nichts, das zu vergessen angenehmer wäre«, entgegnete Goodier schlagfertig. Dann war Bletsoe an der Reihe, und Goodier blieb allein zurück. Er war selbst erschrocken über seine Nervosität. Schließlich hatte er nichts zu befürchten, nicht die Spur eines Beweises ... Selbst die Polizei, die absonderlichere Wunder vollbringen konnte als Aaron, der ein Reisigbündel in einen Sack voller Schlangen verwandelte, hatte nichts gegen ihn in der Hand. Er hatte keine Skrupel wie Alistair, die Zigaretten eines Toten zu rauchen, und er ging hinüber zu der hübsch verzierten Dose und rauchte zunächst eine Zigarette, um seine innere Ruhe wiederzufinden, solange er warten mußte, und nahm dann noch eine Handvoll, um sein eigenes Etui aufzufüllen. Er hatte bei seinem Besuch hier nicht viel erreicht, jedenfalls nicht das, was er sich erhofft hatte. Also wollte er wenigstens in der kurzen Zeit, die noch blieb, nehmen, was er kriegen konnte ... Er leerte fast die gesamte Dose, erinnerte sich dann aber daran, daß vor einer halben Stunde alle gesehen hatten, daß sie fast voll war, und legte zwei Lagen Zigaretten zurück. Schließlich hatte er wenigstens etwas ergattert ... Im Raum war es warm, und Bletsoe schien sehr lange zu brauchen. Er ging zum Fenster hinüber, öffnete es und blickte nach draußen. Es regnete noch immer in Strömen. Die Scheinwerfer des Polizeiwagens und des kleinen Austin des Arztes leuchteten durch die Dunkelheit. Jemand bewegte sich in der Auffahrt, wahrscheinlich ein weiterer Polizist, nahm er an, den man dort als Posten aufgestellt hatte, um zu verhindern, daß sich jemand aus dem Staub machte. Er schloß das Fenster wieder und lehnte sich gegen den Rahmen. Mit einer Hand löste er Kragen und Krawatte. Was zum Teufel quasselte Bletsoe bloß da drin? Er war ein Kerl, dem man nie trauen konnte, trotzdem mußte man ihn sanft behandeln. Genauso war es mit Pferden, wie schon Kipling wußte. Manchen mußte man gut zureden, andere an die Kandarre nehmen. Er grübelte und grübelte, bis er plötzlich einen Polizisten durch die Halle kommen hörte, um auch ihn zum Verhör zu holen, und ihm blieb gerade noch genug Zeit, um in den Spiegel zu schauen und Kragen und Krawatte wieder in Ordnung zu bringen.

Beim Verhör hatte er kaum Schwierigkeiten, beantwortete nur offen die Fragen, die man ihm stellte, und da er über mehr Erfahrungen im Umgang mit der Polizei verfügte als die anderen, hütete er sich, ihnen Vermutungen und eigene Theorien anzudeuten. Danach verließ die Polizei das Haus und teilte ihnen mit, daß die gerichtliche Untersuchung am nächsten Tag eröffnet werde. Alistair werde die formale Identifizierung vornehmen. Wahrscheinlich sei das alles, was sie bis nach der Beerdigung tun würden, da die Polizei beabsichtige, eine Vertagung der Untersuchung zu beantragen.

»Was soll das heißen?« fragte Dutchy, die genug mit Tessa zu tun hatte und sich keinen weiteren Kummer wünschte.

»Das heißt, daß sie einen von uns verdächtigen«, erwiderte Alistair düster. »Aber sie haben nicht genügend Hinweise – oder besser Beweise – um Anklage zu erheben. So jedenfalls sehe ich es. Ich denke, sie werden eine Vertagung erwirken, falls das der richtige Ausdruck dafür ist, um danach die Ermittlungen fortzuführen, ehe sie irgendwelche endgültigen Schritte unternehmen.«

»Und solange dürfen wir anderen wie die Fische am Haken zappeln«, bemerkte Dutchy beleidigt.

»Oh, ich denke, du wirst nicht zappeln müssen, Dutchy.«

»Und wenn sie schließlich zu einem Entschluß kommen«, fuhr sie erregt fort, mit der für Leute in Schwierigkeiten typischen Aufgebrachtheit gegen die Polizei, »wer sagt uns dann, daß sie nicht falsch liegen? Ich habe Wasser aufgesetzt«, fuhr sie im gleichen Ton fort. »Ich werde dir eine Tasse Tee bringen.«

»Bemüh dich nicht«, sagte Alistair abwesend, aber sie erwiderte: »Oh, ich kann doch sonst nichts tun, wer kann nach alldem schon schlafen?«

Die Antwort darauf konnte natürlich nur 'Niemand' lauten. Dutchy ging mit ihren Teetassen herum, erst zu Alistair, dann zu Tessa, die die Tasse beiseite schob, und schließlich zu Anne. Sie fand die junge Frau an ihrem Frisiertisch sitzend und in den Spiegel starrend, wo sie weiß der Teufel was für Gespenster sah.

»Wach auf, Anne«, sagte Dutchy streng. »Trink das. Danach wirst du dich besser fühlen.«

Anne nahm die Tasse. »Du hättest dich nicht bemühen sollen«, sagte sie.

»Was du brauchst, ist etwas Schlaf«, entgegnete Dutchy.

»Oh nein«, widersprach Anne rasch. Was nutzte einem der Schlaf, wenn einem nicht irgendein Magier die Gewißheit geben konnte, daß er traumlos blieb. Als Dutchy sie verlassen hatte, legte sie den Kopf in ihre Hände. Eine tapferere Frau, dachte sie, hätte es nicht soweit kommen lassen. Wenn sie sofort gesprochen hätte, wäre Lewis Bishops Tod nicht nötig gewesen. Und obwohl es schwerfiel, seinen Tod zu beklagen, war es doch noch schwerer, die Art und Weise, wie er sterben mußte, nicht zu bedauern.

Dutchy ging derweil zu Alicias Zimmer und fand sie ebenfalls vor einem Spiegel vor. Sie schmierte sich gerade Creme ins Gesicht.

»Sieh dir das an, Dutchy«, rief sie empört. »Der Sturm hat mein Fenster zertrümmert.«

»Wir haben es klirren gehört«, bestätigte Dutchy.

»Ich denke, es mußte wohl einfach meins sein«, sagte Alicia trocken. »Dutchy, wie geht es Alistair?«

»Was erwartest du denn?« fragte Dutchy barsch. »Daß er hysterische Anfälle hat? Was hast du der Polizei erzählt?«

Alicia erhob sich von ihrem Frisiertisch, nahm ein kleines Handtuch und begann, ihren Plüschmantel, der auf einem Sessel daneben lag, trockenzureiben.

»Der Regen ist durch das Fenster gekommen und hat meinen Mantel naß gemacht«, sagte sie betont natürlich. »Wieso, Dutchy, was sollte ich denn aussagen? Ich habe einfach ihre Fragen beantwortet, das ist alles.«

Dutchy sah sie argwöhnisch an. »Ich nehme an, du hast ihnen nicht erzählt, wen du für den Täter hältst?«

»Ich habe keine Ahnung. Außer, daß man natürlich Vermutungen anstellen kann.«

»Und vermutlich falsche«, fiel ihr Dutchy ins Wort. »Jedenfalls kannst du alles der Polizei überlassen, denn dafür bezahlen wir sie.«

Alistairs Vermutungen erwiesen sich als richtig. Sobald die Voruntersuchungen abgeschlossen waren, durften die notwendigen Vorkehrungen für Bishops Beerdigung getroffen werden. Anscheinend hatte er keine Angehörigen, jedenfalls erschien niemand zur Beisetzung, ebensowenig wie ein gesetzlicher Vertreter. Alistair überwand sich und fragte Anne, ob sie eine Erklärung habe für dieses offenbar einsame Leben Bishops, aber sie schüttelte den Kopf.

»Er war wie ein Falter im hellen Zimmer«, erzählte sie ihrem Vetter. »Er kam aus der Dunkelheit und verschwand in die Dunkelheit. Wenn er da nur ein für allemal geblieben wäre«, fügte sie verzweifelt hinzu.

Alistair zögerte. »Ich will dich nicht quälen«, sagte er. »Aber Tante Tessa ist ziemlich erregt über dies alles. Ich meine, nicht nur über Bishops Tod, sondern über die Umstände ... Sie weiß noch nichts von den Diamanten«, fügte er hinzu.

»Ich bin überzeugt, sie haben nichts damit zu tun«, sagte Anne. »Was du sagen willst, ist doch, daß es dir helfen würde, wenn du wüßtest, weshalb ich einwilligte, Bishop nachts heimlich in Tante Tessas Haus zu treffen. Ich habe dir bisher nichts davon erzählt, ich habe es niemandem erzählt. Ich hatte aufrichtig gehofft, daß Bishop nach unserem Wiedersehen seine Pläne aufgeben würde. Im Augenblick weiß die

Polizei noch wenig über ihn, aber ich bin sicher, sie werden seine Akte bald aufspüren.«

»Gibt es denn eine?«

»Oh ja. Er war verheiratet, mehr als einmal, immer mit reichen Frauen, und ich weiß bestimmt, daß er einmal eine Strafe wegen Bigamie absitzen mußte.«

»Willst du damit andeuten, er sei so etwas wie der berüchtigte George Joseph Smith gewesen?«

»Der Fall der Bräute im Bad? Nein, soweit möchte ich nicht gehen. Ich glaube nicht, daß er je einen Mord begangen hat, dafür war er zu vorsichtig.« Sie holte tief Luft. »Aber genau *das* war es, was er gegen mich in der Hand hatte.«

Einen Augenblick lang herrschte eisiges Schweigen zwischen ihnen.

»Du meinst«, sagte Alistair benommen, »dies ist schon einmal passiert? Ich meine«, verbesserte er sich rasch, »dies ist nicht das erste Mal, daß du in einen Mord verwickelt bist?«

»Du begreifst schnell«, sagte Anne. »Aber die Fälle unterscheiden sich in zweifacher Hinsicht. Beim letzten Mal wußte niemand, daß ein Mord begangen worden war — außer Mr. Bishop — und beim letzten Mal hatte ich den Mann erschossen — aber *ihn* habe ich nicht erschossen.«

Das zweite Pronomen bezog sich offensichtlich auf den inzwischen anständig beerdigten Mr. Bishop. Alistair sagte eine Weile lang gar nichts. Dann fragte er: »Geschah das im Ausland? Und warum? War er ein — Verräter?«

»Und mein Liebhaber.«

»Du, Anne? Oh, ich glaube, jetzt beginne ich, zu verstehen.«

»Dir würde es niemals leichtfallen, sowas zu verstehen, oder? Und nachdem es nun so lange zurückliegt, ist es einfach, zu behaupten, es sei schäbig und billig gewesen. Aber da draußen, wo man sein Leben in Stunden maß, schienen sich die Maßstäbe zu verändern. Er wartete auf seine Scheidung, und für Geduld hatte niemand Zeit. Hier haben die Leute keine Ahnung, welche Zustände im Zentrum Europas herrschten, nachdem die Befreiungsarmee sich überall ausbreitete. Das Schlimmste, was man hier kannte, waren Bomben und Raketen, und daß man sich mit Kabeljau anstelle von Seezunge begnügen mußte. Aber da draußen hatten wir Hunger und Krankheiten, und ein Mord wegen etwas Brot gehörte zum Alltag. Wenn die alliierten Mächte nicht für Ordnung gesorgt hätten, hätte es ein endloses Massaker gegeben. Und so schien es genug, einfach nur zu lieben und geliebt zu werden. Ich konnte nicht an die Zukunft denken. Keiner wußte, ob er mehr als ein paar Stunden Zukunft hatte.«

»Ich weiß«, sagte Alistair.

»Mein Job, oder ein Teil davon, bestand darin, den befehlshabenden General zu chauffieren. Und ich lernte bald, mich in zwei verschiedene Persönlichkeiten zu spalten. Während des Tages war ich Soldatin, eine Frau in Uniform, ein Teil der Armee. Ich dachte nicht einmal an Desmond, wenn ich es verhindern konnte. Aber wenn der Dienst beendet war, wenn ich ausruhen konnte, dann wurde ich Anne Vereker, eine Person mit Namen und Individualität. Es war, als käme ich aus einer endlosen Wüste in einen englischen Garten. Findest du, das klingt verrückt?«

»Nein«, antwortete Alistair. »Ich weiß, wie das ist. Wenn ich meinen Dienst beendet hatte, war ich in Gedanken in Four Acres.«

»Weil *das* deine Liebe ist. General Martindale war sehr in Sorge, weil er glaubte, es gäbe eine undichte Stelle, die er nicht ausmachen konnte. Er schwor, wenn er den Verräter fände, ihn eigenhändig zu erschießen. Und — ich nehme an, du hast es bereits erraten?«

»Dieser Kerl war der Verräter?«

»Ja. Er verriet sich rein zufällig, als wir eines späten Abends zusammen waren. Ein unbedacht gemurmeltes Wort, so unbedacht, daß ich zuerst nicht richtig begriff, was er gesagt hatte. Und dann war ich wie betäubt, so verblüfft, daß ich nicht die Vernunft aufbrachte, diplomatisch zu bleiben. Ich sagte nur: ‘Aber wenn du das weißt, nun, das bedeutet doch ...’ Und dann begriff er.«

»Und du hast ihn erschossen — in Notwehr?«

»Oh, nein. Alistair, ich war oft erstaunt, wie Frauen es aushielten bei untreuen Männern, bei Trunkenbolden und Taugenichtsen. Ich war verwundert über diese Einstellung ohne Stolz, ohne Vernunft. Aber jetzt verstehe ich sie. Ich könnte niemals wieder andere deswegen verurteilen. Denn selbst als ich die Wahrheit kannte — und was Desmond getan hatte, war schlimmer, als untreu zu sein, schlimmer, als betrunken oder ein Versager im Beruf zu sein — konnte ich ihn weder hassen noch verachten. Ich fühlte, daß, wie man in viktorianischer Zeit gesagt hätte, mein Herz gebrochen war. Ich konnte nicht plötzlich ein anderer Mensch werden. Denn was immer er auch getan hatte, er war doch noch immer die gleiche Person wie vorher. Das ist es, was so schwer zu begreifen ist. Und niemand ist nur ein Trunkenbold oder nur ein Verräter. Und so konnte ich das, was geblieben war, weiter lieben.«

Alistairs Hände umschlossen die ihren fest. »Fahr fort, Anne.«

»Als er feststellte, daß ich wußte, was er getan hatte, schien es ihm weniger auszumachen, als ich erwartet hatte. Er fragte: ‘Willst du die Geschichte wirklich rumerzählen?’ Und ich erwiderte: ‘Siehst du nicht, Desmond, daß ich es tun muß?’ Er sagte: ‘Das wird sich nicht gut anhören, mein Liebling. Oder kannst du dir nicht vorstellen, was alle glauben werden?’ Er meinte damit, ich hätte von meiner Vertrauensstellung bei General Martindale Gebrauch gemacht und ihm die Informationen übergeben, damit er sie dem Feind verkaufen konnte. Sie könnten ein ganzes Jahr danach suchen, sagte er, und würden die undichte Stelle doch nicht finden. Er fragte mich, ob mir klar sei, was ich da tun wolle, und ich sagte ‘Natürlich’. Wir waren in seinem Zimmer, und er öffnete die Schublade seines Schreibtischs wie jemand in einem schlechten Kriminalfilm und nahm einen Revolver heraus. ‘Angenommen, ein

Schuß würde sich lösen', sagte er. 'Der General wäre untröstlich, so eine wertvolle Mitarbeiterin zu verlieren. Und seine Untergebenen würden sich wundern, was du um Himmels willen hier zu suchen hattest. Glaubst du nicht, das wäre vielleicht eine bessere Erklärung?'«

»Und was hast du geantwortet?«

»'Da wir nun schon bei der Wahrheit sind, hat es keinen Sinn mehr, mit den Heimlichkeiten fortzufahren. Sag ihnen, daß wir heiraten werden.' Und dann begann er zu lachen. Ich verstand zunächst nicht, aber er klärte mich auf der Stelle auf. Heiraten komme nicht in Frage. Er habe seiner Frau alles erzählt — über mich — und sie habe ihm verziehen. Er zeigte mir den Brief.«

»Und dann?« fragte Alistair ungeduldig.

»Dann erschoß ich ihn.«

»Ohne ein weiteres Wort?«

»Oh, wir unterhielten uns noch etwas. Er sagte, ich hätte nicht den geringsten Beweis, und ich sah ein, daß er recht hatte. Um meiner eigenen Sicherheit willen solle ich den Mund halten, wenn ich nicht zugrunde gerichtet werden wolle, und wenn ich anfinge, zu reden, werde er aussagen, daß pure Eifersucht mich dazu veranlaßt hätte, weil er — weil er mich habe sitzen lassen. Er sagte, jeder werde ihm glauben, und ich denke, er hatte recht. Wenn damals die Offiziere darüber diskutierten, wer es sein könnte, der unsere eigenen Leute verriet, wurde sein Name niemals genannt. Auch kannte ich die wahre Quelle seiner Informationen immer noch nicht. Wenn ich einfach nach Hause ging, würde er weitermachen, von niemandem verdächtigt, und er würde vielleicht noch mächtiger werden als zuvor. Und selbst, wenn ich aussagte, würde mir niemand glauben. Und falls man mir doch Glauben schenkte, so hätte ich es doch nicht ertragen können, mitanzusehen, wie Desmond als Spion vor seinen eigenen Leuten erschossen wurde, und dabei zu wissen, daß ich es war, die ihm das angetan hatte. Und so schien es mir, als hätte ich keine Wahl. Ich nahm seinen Revolver und erschoß ihn. Ich hatte gelernt, zu schießen. Jeder da draußen mußte es lernen, Männer sowohl wie Frauen. Natürlich war es aus nächster Nähe ...«

»Aber — hörte denn niemand den Schuß?«

»Es waren Patrouillen draußen und Flugzeuge über uns. Ein einzelner Schuß fiel nicht weiter auf. Aber du hast recht, ich kam nicht so einfach davon!«

»Bishop erfuhr es?«

»Ja. Er ist eine Art Hyäne in Menschengestalt, immer auf der Suche nach Aas. Ich vermute, er hatte schon einige Zeit über Desmond und mich Bescheid gewußt und dieses Wissen für sich behalten, bis er Gebrauch davon machen konnte. Als er den Schuß hörte, klopfte er an, rief: 'Ist etwas passiert?' und kam herein. Ich hielt noch immer den rauchenden Revolver in der Hand. Er starrte mich an und sagte dann: 'Ich habe mich schon gefragt, wie lange es wohl noch dauern würde, bis Sie das tun'. Er war nicht erschüttert, nicht erschrocken, nicht einmal überrascht, soweit ich das beurteilen konnte. Ich konnte weder so tun, als ob es ein Unfall gewesen wäre, noch konnte ich ihm die Wahrheit sagen. Er nahm mir die Waffe aus der Hand und rieb mit einem Taschentuch den Griff ab. Dann drückte er Desmonds Finger darauf und warf die Pistole auf den Boden. Er sagte: 'Sie wollen doch sicher nicht, daß man Sie hier findet, oder? Wenn man Sie sieht, wird alles herauskommen.' Ich antwortete: 'Ich habe ihn erschossen', und er entgegnete: 'Sagen Sie nichts. Ich möchte nicht zum Komplizen werden, und selbst im Krieg bleibt Mord eben Mord.'«

»Wußte er von der Sache?«

»Daß Desmond ein Verräter war? Ich habe es ihm nicht gesagt, und ich glaube nicht, daß er darin verwickelt war. Derartige Risiken übernahm er nicht. Zwar wollte er Geld, aber Sicherheit liebte er ebenso. Aber nach dem, was er in der Bibliothek erwähnte, vermute ich doch, daß er die Zusammenhänge kannte. Später habe ich oft bereut, daß ich nicht so vernünftig war, zu meinen Vorgesetzten zu gehen. Ich hätte sagen können, es habe einen Unfall gegeben, daß ich seine Waffe in die Hand genommen ...«

Alistair schüttelte ungeduldig seinen Kopf. »Das hätte dir auch nicht geholfen. Wie lautete das Untersuchungsergebnis?«

»Es wurde als Unfall zu den Akten gegeben, obwohl der eine oder andere seine Zweifel hatte. Aber man beließ es dabei. Wie dem auch sei, es war die beste Lösung«, schloß sie trotzig.

»Ich fürchte, der offizielle Standpunkt wäre da ein anderer. Aber auch wenn Bishop damit drohte, alles zu erzählen — was um alles in der Welt hätte ihm das jetzt noch genützt? Er wäre doch als erstes gefragt worden, warum er nicht sofort den Mund aufgemacht hat.«

»Darum ging es nicht«, murmelte Anne, und plötzlich sah Alistair das ganze Bild vor sich. Sie hatte diesen Mann geliebt, hatte sich für ihn in Gefahr begeben, hatte die Werte, nach denen sie seit ihrer Kindheit gelebt hatte, aufgegeben, hatte dann entdeckt, daß er ein Verräter war, und ihn erschossen. Sie hatte ein schreckliches Kapitel durchlebt, und es war kein Wunder, daß sie so verändert aussah. Seine Hände schlossen sich noch fester um die ihren. »Arme Anne!«

Anne fuhr fort. »Man sagt, die Geschichte wiederholt sich, nicht wahr? Aber man glaubt nicht daran, bis es wirklich passiert. Stell dir vor, zweimal im Leben ...«

»Du hast doch der Polizei nichts davon gesagt?« fragte er.

»Zumindest keine Einzelheiten.«

»Dann tu es auch nicht. Nicht, bevor du dich mit einem Anwalt beraten hast. Ich weiß nicht, wieviel du aussagen mußt, aber in den Ohren der Geschworenen würde es verhängnisvoll klingen.«

»Geschworene? Glaubst du, daß es soweit kommt?«

»Ich weiß es nicht, Anne. Das kann niemand vorhersagen, aber man sollte auf alles vorbereitet sein. Es könnte jeder von uns gewesen sein, und Desmonds Geschichte wird nur zur Sprache kommen, wenn du es bist, die sie als Verdächtige herauspicken.«

»Was durchaus möglich ist.«

»Es kann jeden von uns treffen. Es gibt viele Möglichkeiten. Wir sind wie eine Hundemeute, die so dicht zusammen läuft, daß man sie mit einem Tischtuch bedecken könnte.«

6. Kapitel

Bill Parsons, der die Titelseite der reißerischsten aller Morgenzeitungen betrachtete, sah auf und fragte Arthur Crook: »Hast du gesehen, wen sie im Fall Bishop festgenommen haben?«

Crook, der sich nicht einmal die Mühe machte aufzublicken, antwortete: »Wahrscheinlich haben sie eine Nadel genommen und auf gut Glück hineingestochen. Sie hätten praktisch jeden festnehmen können, wenn man sich die Aussagen betrachtet.«

»Nun, wenn sie das getan haben, hat die Nadel offenbar das Vereker-Mädchen getroffen. Jedenfalls ist sie diejenige, die sie festhalten.«

Crook zerknüllte die Zeitung, in der er gelesen hatte, und warf sie auf den Fußboden. »Du kannst dich immer darauf verlassen, daß die Polizei das Naheliegendste tut«, sagte er. »Ich nehme an, sie stützen sich auf die Tatsache, daß sie die Waffe in der Hand hielt, als das Licht wieder anging. Nun, für mich bedeutet das nur, daß sie es nicht getan hat. Denn jeder, der schnell genug war, sich auf die Waffe zu stürzen und den Kerl zu töten, hätte genug Zeit gehabt, sie auch wieder wegzuschmeißen, bevor die Zofe eine Lampe hereinbrachte. Was ist ihre Version?«

»Die gleiche wie bisher. Daß sie auf dem Boden nach der Taschenlampe suchte, die Bletsoe fallengelassen hatte, und statt dessen die Waffe aufhob und so überrascht war, daß sie sie einfach festhielt.«

Crook nickte. »Bevor die Polizei anfing, Kurse in Psychologie zu belegen, hätte das nach einer absolut vernünftigen Antwort geklungen«, sagte er. »Ich jedenfalls würde ihr glauben, und ich nehme an, du auch. Aber nicht so die Behörden. Sie würden eher denken, sie habe die ganze Szene inszeniert, damit man sie verhaften könne.«

»Ich denke, sie kann es genausogut gewesen sein wie jeder andere«, vermutete Bill mit gleichgültiger Miene. Es war ja nicht ihr Fall.

»Man soll lieber den falschen hängen als gar keinen«, zitierte Crook, der manchmal seine Mitmenschen mit einem Beweis dafür überraschte, daß selbst er lesen konnte. »Ich nehme nicht an, daß sie etwas über das Geheimnis ihrer Mädchenjahre preisgibt, oder? Dabei«, fuhr er fort und öffnete einen großen, blauen, mit Moschus parfümierten Umschlag, »möchte ich wetten, daß ihre Vergangenheit sehr viel unbescholtener ist, als irgendeiner der Leser des *Record* vermuten wird.«

»Ich habe so ein Gefühl, als hätte ich diesen Bishop schon mal getroffen«, sagte Bill, der einst eine bekannte Größe gewesen war in der Welt derer, die sich für Juwelen interessieren, vor allem, wenn es um krumme Geschäfte ging, bis eine Polizeikugel seinem Treiben ein Ende setzte.

»Vermutlich nannte er sich damals Erzbischof«, stimmte Crook zu. »Nun, es ist nicht unser Bier. Wann kommt dieser Clarke, um mir zu erklären, warum er das Geld gar nicht gestohlen haben kann, das man in seiner Wohnung gefunden hat?«

»Er sagte, gegen zehn. Und es könnte immer noch unser Bier werden.«

»Diese elegante Sippschaft?« Crooks Stimme klang höhnisch. »Die wissen ja nicht mal, daß Arthur Crook geboren ist.«

Aber diesmal hatte er, ausnahmsweise, unrecht.

Mr. Clarke war immer noch nicht eingetroffen, als Bill hereinkam, die Tür zuzog, sich gegen sie lehnte und sagte: »Da ist ein Bursche, der mit dir sprechen will. Sein Name ist Vereker.«

»Hab ich den Namen nicht schon ...? Gott, Bill, es ist doch nicht etwa *der*?«

»Kommt von Four Acres. Man hätte ihm gesagt, du seist vielleicht interessiert und bereit, zu helfen.«

»Der alte Familienanwalt wird seine Hände in Unschuld waschen wollen. Schon möglich, Bill, schon möglich. Diese ehrenhaften Typen haben nichts übrig für Mordfälle, vor allem, wenn ein Skandal dahintersteckt, und sie sind zu dumm oder zu rechtschaffen, um zu wissen, wie sie ihren Klienten rausboxen können. Tradition ist ihr Markenzeichen, und die kann eine Menge bewirken, aber sie kann der Justiz nicht die Augen verbinden, nicht so, wie gewöhnliche Kerle wie du und ich es können. Hol ihn rein, Bill, hol ihn rein.«

Bill ging hinaus und kam mit einem großen, reserviert blickenden Mann zurück. Er hatte ein eigenwilliges Kinn und strahlte die Entschlossenheit aus, gemäß dem zu leben, was Crook den blaublütigen Kodex nannte.

»Mr. Crook?« fragte der Neuankömmling, und falls er überrascht war, diese faßförmige Gestalt in ihrer hellbraunen Kleidung zu sehen, mit einer braunen Melone, die schief auf einem Kopf saß, der für seinen Körper viel zu groß erschien, so sah man es ihm zumindest nicht an. »Man hat mir empfohlen, mich an Sie zu wenden ...«

»Ein Freund von Ihnen?« fragte Crook freundlich und bot ihm einen Stuhl an.

»Nicht direkt. Um genau zu sein, es war jemand, den meine Cousine, Miss Vereker, auf einer Zugfahrt nach Norden kennengelernt hat. Dieser Mann — er hatte in der Royal Air Force gedient — hielt mich auf der Straße an und erklärte mir, daß Sie auf schwierige Fälle spezialisiert seien, und ...«

»Ich verstehe. Nebenbei, haben Sie die junge Dame schon gesehen, seit sie verhaftet wurde?«

»Als Repräsentant der Familie gab mir die Polizei die Erlaubnis, damit ich die notwendigen Schritte für die Verteidigung einleiten konnte.«

»Gut«, versicherte ihm Crook. »Sie sind beim richtigen Mann gelandet. Es gibt da natürlich noch etwas, das wir erledigen müssen.«

»Ja?« sagte Alistair. Crook gefiel diese erstaunliche Gelassenheit nicht besonders. Sie bedeutete Gefahr, und Gefahr bestand schon so genug für seine Klientin.

»Wir müssen denjenigen finden, der die Tat begangen hat.«

»Und Sie glauben, Sie können das?«

»Das ist es schließlich, wofür Sie mich bezahlen werden. Ich möchte selbstverständlich alle Zeugen sprechen. Und ich werde versuchen, Aubrey Bruce zur Mitarbeit zu überreden, er ist unser bester Mann dafür. Wenn irgend jemand die Geschworenen davon überzeugen kann, daß schwarz weiß ist, dann er.«

»Ich weiß nicht, ob ich mich klar genug ausgedrückt habe. Ich glaube, daß meine Cousine unschuldig ist«, entgegnete Alistair steif.

»Sehr gut«, stimmte Crook zu. »Aber Sie sehen doch sicher ein, nicht wahr, daß das allein nicht genügen würde, das große Britische Volk in der Gestalt von zwölf guten, rechtschaffenen Männern auf der Geschworenenbank zu überzeugen? Wozu Sie mich brauchen, ist vorzuführen, daß sie es nicht getan haben kann, und der einzige Weg dazu ist, zu beweisen, daß es jemand anders getan hat. Natürlich«, fügte er ehrlicherweise hinzu, »gibt es Fälle, wo man das nicht kann, meistens, weil der Klient tatsächlich schuldig ist. Dann muß man sich mit einem Freispruch aus Mangel an Beweisen begnügen, aber ich persönlich finde das nicht sehr befriedigend, und ich bezweifle, daß es der jungen Dame gefiele. Es bedeutet nämlich, daß man für den Rest seines Lebens gezeichnet ist als einer der Glücklichen, die davongekommen sind.«

»Es gibt eine ganze Reihe von Fakten, mit denen man arbeiten kann«, sagte Alistair. »Man muß sie nur in die richtige Reihenfolge bringen.«

Crooks kleine, helle Augen weiteten sich vor Entzücken. Er streckte seine große Hand über den Tisch.

»Nehmen Sie eine Zigarre«, sagte er. »Meist dauert es bis Lektion drei oder vier, bevor ich anfangen kann, meinen Klienten das verständlich zu machen. War es nicht Mark Twain, der sagte: 'Gebt mir die Tatsachen, und ich werde sie zusammensetzen, wie es mir am besten paßt'? Sinngemäß. Bedenken Sie, ich kann keine Wunder bewirken. Immer einen Schritt nach dem anderen, bis man den Gipfel des Berges erreicht hat. Das ist meine Devise. Wenn ich jemals in den Landadel aufsteigen sollte, wird das mein Wappen sein — eine Melone und dieses Motto drum herum. Aber nun lassen Sie uns zur Sache kommen.«

»Was genau wollen Sie wissen?« fragte Alistair, sichtbar überrascht von der Eile, mit der sein Gegenüber die Aufgabe anpackte.

»Alles«, antwortete Crook. »Alles, was Sie gesehen haben oder woran Sie sich erinnern, alles, was irgend jemand tat oder sagte, auch wenn Sie der Meinung sind, es sei nicht wichtig. Es sind die kleinen Dinge, die zählen, verstehen Sie? Also, wir haben viel Zeit — schießen Sie los. Aber denken Sie daran«, fügte er in warnendem Ton hinzu, »dies ist ein Job für Profis, und ich will nicht, daß irgendwelche Amateure ihre Nase hineinstecken. Und falls ich bezüglich des Mörders eine Wahl treffe, die Ihnen ebensowenig gefällt wie die der Polizei, wird es zu spät sein, mir den Fall wieder abzunehmen. Ich bin wie der Hund, den man zuweilen in den Schaufenstern sieht, mit dem Union Jack auf dem Rücken und der Zigarre im Maul. Ich halte die Stellung bis zum Tode, und es wird ganz bestimmt nicht mein Tod sein und noch weniger der der jungen Lady.«

* * *

Nachdem Alistair gegangen war, rief Crook Bill zu einer Aussprache herein.

»Ein netter Kerl, Bill«, sagte er nachdenklich. »Wohlgemerkt, er ist eine Art Saurier mit seinen altmodischen Ansichten, aber Saurier haben auch etwas für sich. Schwört, seine Cousine sei unschuldig. Hat natürlich nicht die geringste Vorstellung, wer es getan haben könnte. Und er könnte recht haben.«

»Ist er vernünftig genug, sich vorzustellen, daß die Justiz die Dinge anders sehen könnte als er?«

»Vernünftig genug, um zu wissen, daß sie es getan haben könnte. Es gibt da so eine Geschichte, die verdammt nach Mord riecht, und die ein Jahr oder so zurückliegt. Aber ich werde mehr darüber wissen, wenn ich mit dem Mädchen selbst gesprochen habe. Für die Polizei ist das natürlich ein gefundenes Fressen. Wenn sie einmal einem Kerl eine Kugel in den Kopf gejagt hat, warum dann nicht auch ein zweites Mal? Für mich allerdings ist das eher hoffnungsvoll. Wenn du nämlich einem Kerl in den Kopf geschossen und gesehen hast, welchen Anblick er dann bietet, ist es höchst unwahrscheinlich, daß du noch einen zweiten erschießt. Und außerdem, so wie er sie mir geschildert hat, gehört sie zu den unabhängigen jungen Frauen, die, hätten sie einen Schuß auf Bishop abgegeben, den zweiten auf sich selbst gerichtet hätten. Es ist soviel bequemer, als in einer Zelle auf das Ende warten zu müssen.«

»Denkst du, er ist nach Hause stolziert und erzählt ihr, sie könne es nicht einmal getan haben, wenn sie sich selbst für die Täterin halte, nun, da du den Fall übernommen hast?«

»Ich würde sagen, stolzieren ist nicht seine Art. Ich stelle mir gerade diesen Kerl mit weißer Perücke und Seidenhosen vor. Nein, Schwierigkeiten wird uns das Mädchen bereiten. Diese modernen Frauen machen den Fehler, zu unabhängig sein zu wollen. Sie können noch so sehr strampeln, trotz allem kochen immer noch die Männer das Süppchen auf dieser Welt. Frauen mögen einige Leckereien hinzufügen, ein bißchen Petersilie hier, ein paar Blättchen Liebstöckel da«, trällerte Crook, der eindeutig lyrisch geworden war und sich von seiner Phantasie forttragen ließ. »Aber wenn du die Kleinigkeiten fortläßt, schmeckt die Suppe nicht viel anders. Manchmal denke ich«, und nun nahm seine Stimme einen unverkennbar träumerischen Ton an, »es muß wunderbar gewesen sein, einen Fall wie diesen zu bearbeiten, zu einer Zeit, als die Frauen noch nicht auf ihren eigenen kleinen Füßen stehen wollten, sondern nur ohnmächtig auf dem Bett oder dem Sofa herumlagen — so viel weniger lästig.«

Aber Bill sagte nur, daß ohnmächtig auf einem Sofa zu liegen nicht seiner Vorstellung von Bequemlichkeit entspreche. Er war wie eines dieser Feuerzeuge, die gut aussehen, aber nicht funktionieren. Man konnte sich buchstäblich die Finger wundarbeiten, ohne ihm auch nur den Funken einer Reaktion zu entlocken.

Und das gab ihm Crook auch deutlich zu verstehen.

* * *

Der Mord hatte sich an einem Dienstag ereignet. Die Polizei nahm Anne am Freitag fest, am folgenden Dienstag kam Alistair in die Stadt, um Crook aufzusuchen, und Mittwoch morgen begann Crook mit seinen Nachforschungen. Zunächst begab er sich ins Gefängnis, um seine Klientin kennenzulernen. Nachdem er Teile ihrer Geschichte überprüft hatte, machte er Feierabend. Am Donnerstag wollte er einige der anderen Zeugen aufsuchen. Doch noch bevor der Donnerstag anbrach, geschah etwas, das ein ganz neues Licht auf die tragische Angelegenheit warf.

Die erste Szene im zweiten Akt des Dramas spielte sich um neun Uhr am Mittwoch abend ab. Ort der Handlung war die Kaimauer an der Themse nahe dem Parlamentsgebäude. Es war eine jener wolkigen und stürmischen Nächte, wie sie den

Engländern im Winter wohlbekannt sind, mit Wolken, die über einen dunklen Himmel rasten, und einem verstörten Mond, der von ihrer Wildheit immer wieder überwältigt wurde. Als Big Ben neun schlug und der Klang, so dachte der Mann, der sich im Schatten versteckt hielt, die Luft mit einer unheilvollen Vorahnung erfüllte, verschwand der Mond schließlich vollständig, und als habe er auf ein Zeichen gewartet, wie es die Menschen seit Jahrhunderten taten, machte der Beobachter, der am Geländer zwischen dem Fluß und der U-Bahn-Station Westminster lauerte, einen zaghaften Schritt nach vorn und verweilte zögernd am Bordstein. Er wußte natürlich, daß Crook den Fall übernommen hatte, und er hatte sich die Mühe gemacht, einige Nachforschungen anzustellen, die ihm bestätigten, daß Crook gefährlich war, ein Mensch mit professionellem Gewissen. Kein Schleier war so dicht, als daß ihn Crook nicht lüften würde, und seine Nerven waren so eisern, daß nichts, was er dahinter sehen würde, ihn erschrecken könnte. Seit jener Nacht in der Bibliothek, als eine unsichtbare Hand einen Schuß abgegeben und ein Menschenleben genommen hatte, hatte dieser arme Teufel verlernt, wie es war, sich zu bewegen, ohne daß die Angst an seiner Seite ging und ihm Drohungen ins Ohr flüsterte, zu schlafen, ohne die Angst neben ihm, die ihm die Ruhe raubte, das Haus zu verlassen, ohne daß die Angst vor der Tür auf ihn wartete, um ihn durch den Tag zu begleiten. Jeden Augenblick erwartete er, daß sich eine Hand auf seine Schulter legte. Er hatte den lebenden Lewis Bishop gefürchtet, aber nicht so sehr, wie er jetzt den toten Lewis Bishop fürchtete.

Er wurde von dem Gedanken gefoltert, daß jede seiner Bewegungen überwacht und daß jeder seiner Wege vefolgt wurde. Manchmal blieb er mitten in einer Menge stehen und erwartete, daß irgend jemand ihn ansprach, ihn aufhielt. Er hörte Stimmen, wo es keine gab, und Schritte, die nur in seiner fiebrigen Phantasie erklangen. Er wußte, Crook würde nicht zufrieden sein, ehe er Anne Vereker frei bekommen hatte, und er war sich ebenfalls sicher, daß es Crook nichts ausmachen würde, den Rest der Familie am Galgen zu sehen, solange er nur sein Ziel erreichte.

Seine Absicht war es gewesen, aus einer der Telefonzellen am Bahnhof ein Gespräch zu führen, aber als er den Gehweg verließ, kam es ihm vor, als sei er von einer Menschenmenge umgeben, in der sich auch derjenige befand, der ihn verfolgte, und er machte einen plötzlichen Schritt zur Seite, so daß er fast unter die Räder eines vorbeifahrenden Lasters geraten wäre. Die Wut des Fahrers ignorierend, wich er aus und lief zur Kaimauer zurück, wo er eine einzelne Telefonzelle im Schatten der Brücke fand. Er schloß die Tür schnell hinter sich, warf einen ängstlichen Blick über die Schulter, machte sich klar, daß sich in der Dunkelheit eine ganze Schar von Teufeln verbergen könnte, die er nicht bemerkte, und wählte schließlich eine Nummer. Als er eine freundliche Stimme hörte, antwortete er mit einem selbst in der Zelle kaum hörbaren Flüstern.

»Bitte sprechen Sie«, sagte die Stimme, und er murmelte: »Spreche ich mit — mit Mr. Crook, Mr. Arthur Crook?« Er war wie ein Insekt, dessen Zunge für den Bruchteil einer Sekunde hervorschnellte, um seine Beute zu schnappen.

»Drücken Sie Knopf A«, schlug die Stimme mit gleichbleibender Freundlichkeit vor.

»Ja — ja natürlich, wie dumm von mir.« Er drückte auf den Knopf und hörte die Münzen fallen.

»Nun denn, schießen Sie los«, forderte ihn die Stimme auf.

»Mr. Crook?«

»Am Apparat.«

»Es ist — ich fürchte, es ist etwas spät, um noch zu telefonieren, aber, äh, es ist so ...«

»Lassen Sie die Erklärungen«, unterbrach ihn Crook sanftmütig. »Ich kenne sie alle. Tatsache ist, die Post erwägt, eine besondere Gebühr für Anrufe bei Nacht einzuführen, so überlastet ist diese Leitung.«

Der anonyme Anrufer kicherte leise, verstummte aber sofort wieder, als befürchte er, daß man auch das mithören könne. »Also, es ist folgendes. Ich — ich wollte mit Ihnen sprechen. Es ist dringend und sehr vertraulich.«

»Das ist es stets«, meinte Crook gütig. »Hatten Sie mir Ihren Namen gesagt?«

»Oh, Smith, Mr. Smith.«

»Wenn Sie es so wollen«, stimmte Crook zu. »Wann wollten Sie kommen?«

»Ich dachte — ich nehme an, heute abend ist es natürlich schon zu spät.«

»Wenn Sie noch länger warten, wird es Morgen sein, und dann werden Sie annehmen können, es sei noch zu früh. Ich erwarte Sie in zehn Minuten. Nebenbei, von wo sprechen Sie?«

»Ich — ich bin in einer Telefonzelle in Westminster. An — an der Kaimauer. Mein Telefon ist gestört. Ich meine, ich wohne in einem Hotel und ...«

»Ich habe nicht angenommen, daß Sie von zu Hause sprechen«, sagte Crook milde. »Warum sonst Knopf A?«

»Ach? Nein, Sie haben natürlich recht. Ich — ich nehme an, Sie sind es gewöhnt, an alles zu denken.«

»Worauf es für mich ankommt, ist, an alles zu denken, bevor die Polizei es tut.«

»Ja. Selbstverständlich. Also, ich möchte wegen des Bishop-Goodier-Falls mit Ihnen sprechen.«

»Ah!« Für einen Augenblick hatte er Crook aus seiner üblichen Gelassenheit aufgerüttelt. »Kommen Sie sofort vorbei. Wollen Sie mir sagen, wer der Schuldige ist?«

»Nein. Nein. Aber ich weiß, daß es Miss Vereker nicht war, was auch immer die Polizei denken mag.«

»Nun, das hätte ich Ihnen auch sagen können«, wies ihn Crook zurecht. »Wenn Sie mir nicht mehr berichten können, sollten Sie sich das Taxigeld sparen.«

»Ich habe mehr zu sagen. Ganz bestimmt. Oh, natürlich

weiß ich nicht, wer es war, aber ich weiß, daß *sie* es nicht getan haben kann. Ich nehme an, Sie denken, daß ich es sofort der Polizei hätte sagen müssen, anstatt jetzt Sie zu belästigen, aber ich dachte nicht ...«

»Sie belästigen mich keineswegs«, versicherte ihm Crook. »Denken Sie daran, daß kleine Angelegenheiten wie diese mein täglich Brot sind. Außerdem möchte ich gern der erste sein, der von einer Neuigkeit erfährt. Also, ich erwarte Sie.«

Der Mann in der Telefonzelle hängte den Hörer vorsichtig ein und versuchte sogar, durch einiges umständliches Herumfingern das leise Klingeln des Apparates beim Betätigen der Gabel zu verhindern. Er wartete einen Augenblick in der Zelle, drehte sich dann plötzlich um und öffnete die Tür. Er machte zwei Schritte, blieb stehen und sah sich erneut ängstlich um. Die Nacht schien dunkler als je zuvor. Der Mond war noch immer verborgen. Er war verärgert darüber. Wofür war der Mond da, wenn nicht dazu, in der Nacht Licht zu spenden? Wenn man ihm gegenüber die Gezeiten erwähnt hätte, so hätte er sich vermutlich wie ein beleidigtes Kind abgewandt. Aber so blieb er stehen, wo er war, zitternd vor Unentschlossenheit, und dachte daran, daß es noch nicht zu spät war, einen Rückzieher zu machen. Crook kannte nur seine Stimme — und wer war schon Mr. Smith unter den Tausenden von Smiths allein in London? Wie auch immer man es betrachtete, es war für ihn gefährlich, an die Öffentlichkeit zu treten. Der falsche Mr. Smith zögerte. Vielleicht sollte man die Dinge lieber laufen lassen. Jeder sagte, die britische Justiz sei unübertroffen, und wenn ein Mädchen keinen Mord begangen hatte, konnte man sie auch nicht dafür hängen. Dennoch zitterte er. Er konnte die Schrecken der letzten Woche nicht vergessen, den Tag, an dem sie sie abgeholt hatten, den Ausdruck in Alistairs Augen, das Gefühl, als sei der Tod persönlich an der Tür erschienen.

»Ich werde gehen müssen«, sagte er sich verzweifelt. »Ich bin bereits zu weit gegangen, um jetzt noch umkehren zu können. Ich habe mich zwar als Smith ausgegeben, aber er ist kein Narr. Er könnte erraten, wer ich bin, und wenn ich dann nicht komme, wird er annehmen, ich sei irgendwie in den Fall verwickelt.«

Er drehte sich um und hatte den Eindruck, daß sich im Schatten der Brücke etwas gleichzeitig bewegte. Für einen Moment war er starr vor Schrecken, dann eilte er zu einer Stelle, wo eine Straßenlaterne etwas Licht spendete. Es war einfach lächerlich, diese Telefonzelle in eine so dunkle Ecke zu stellen. Er hörte einen sonderbaren Laut, den er nicht sofort als das Schlagen seines eigenen Herzens erkannte. Schließlich nahm er all seinen Mut zusammen und machte einen entschlossenen Schritt vorwärts — und noch einen. Aber dabei bestätigte sich sein früherer Verdacht. Etwas in der Dunkelheit hatte sich mit ihm bewegt, die Schatten zuckten, und als er schließlich wieder stehenblieb, starr vor Angst, legte sich die Hand, die er seit der Nacht, als Lewis Bishop starb, gefürchtet hatte, fest auf seine Schulter.

»Also, wenn das nicht Mr. Bletsoe ist«, tönte eine joviale Stimme. »Merkwürdiger Ort, um in einer solchen Nacht einen Spaziergang zu machen.«

Mr. Bletsoe mußte etwas warten, bis er seine Stimme wiederfand. Dann sagte er heiser: »Telefonieren — ich mußte telefonieren. Meins ist gestört, das in meinem Hotel, meine ich.«

»Die Dinger gehen ohne Vorwarnung kaputt, nicht wahr?« stimmte Mr. Goodier zu. »Trotzdem ist es seltsam, denn ich rief erst vorhin in Ihrem Hotel an, und es schien mir alles in Ordnung zu sein.«

»In meinem Zimmer habe ich keinen Apparat«, erklärte Bletsoe eilig. »Sie installieren in den kleinen Zimmern im obersten Stockwerk keine. Was wollten Sie denn von mir?«

»Nur sichergehen, daß Sie keine Dummheiten machen.«

Bletsoe glaubte, das Geräusch eines herannahenden Taxis ausmachen zu können und stürzte vorwärts. Sofort packte die Hand auf seiner Schulter wie ein Schraubstock zu.

»Nur keine Eile, für einen alten Freund werden Sie doch wohl noch eine Minute Zeit haben.«

»Da kommt ein Taxi«, rief Bletsoe wütend und versuchte, sich frei zu machen.

»Na, wenn schon.« Der andere hörte sich grausam, fast gefährlich an. »Sie wollen keins.«

»Aber ja. Es ist wichtig. Ich — ich habe eine Verabredung.«

»So? Eine, die Sie vielleicht gerade erst getroffen haben?«

»Ich — Sie haben kein Recht, mich so zu behandeln und aufzuhalten.«

»Merkwürdige Verabredung, die Sie nicht vom Hotel aus treffen konnten. Sie sind schon ein komischer Kauz.« Der Griff lockerte sich etwas, als das Taxi außer Sicht- und Hörweite war. Mr. Bletsoe atmete schwer, es klang fast wie ein Schluchzen.

»Ich wollte dieses Taxi haben«, sagte er.

»Nein, das wollten Sie nicht. Sie wollen überhaupt kein Taxi. Sie wollen nur einen Bus, der Sie dorthin zurückbringt, wo Sie wohnen. Nicht wahr? Hab' ich nicht recht?«

»Ich — ich wollte dieses Taxi.«

»Mit wem wollten Sie sich treffen?«

»Nur — nur ein Freund. Es geht Sie nichts an«, fügte Mr. Bletsoe etwas mutiger hinzu.

»Das möchte ich genau wissen. Dieser Freund war doch wohl nicht etwa die Polizei?«

»Nein. Natürlich nicht. Ich — ich habe für den Rest meines Lebens genug Polizei gesehen.«

»Und auch nicht vielleicht Mr. Crook?«

Bletsoe schluckte. »Das ist meine Sache.«

»Und meine. Können Sie nicht begreifen, Sie Narr, daß wir alle drinstecken. Was wollten Sie Mr. Crook mitteilen?«

»Daß — daß sie es nicht getan hat. Ich weiß, daß sie es nicht war.«

»Das weiß er auch. Aber können Sie es beweisen?«

»Ich — nun ja, in gewisser Weise.«

»Es gibt nur einen Weg, und der ist, das Verbrechen selbst zu gestehen. Wollten Sie das etwa tun?«

»Natürlich nicht.« Bletsoe schien beleidigt. »Wie sollte ich? Ich habe Bishop nicht erschossen. Ich habe keine Ahnung, wie man mit einer Waffe umgeht. Aber das hat Miss Vereker auch nicht — ihn erschossen, meine ich.«

»Merkwürdig, daß Sie gerade jetzt darauf kommen. Oder haben Sie dies auch der Polizei erzählt, und die hat Ihnen nicht geglaubt?«

»Nein. Ich habe nichts gesagt. Ich hatte nicht gedacht — ich meine ...«

»Ich weiß, was Sie meinen. Sie meinen, Sie haben sich die Geschichte gerade erst ausgedacht. Also, wie geht sie? Und vergessen Sie nicht: Crook ist wie ein menschliches Rhinozeros, er nimmt alles auseinander, was nicht niet- und nagelfest ist. Ihre Geschichte muß schon sehr gut sein, wenn sie bei ihm damit durchkommen wollen.«

»Das ist sie. Ich erzähle Ihnen, wie es war. Als das Licht ausging, stand Miss Vereker neben mir.«

»Und?«

»Und — ich habe im Dunkeln Angst. Hatte ich schon als Kind. Ich haßte die Stromausfälle, sie ängstigten mich mehr als die Bombenangriffe. Als ich ein Junge war ...«

»Lassen Sie Ihre Jugend aus dem Spiel, die liegt zu lange zurück, um jetzt noch von Bedeutung zu sein. Was geschah dann?«

»Als das Licht ausging, streckte ich meine Hand aus, nur um mich zu vergewissern, daß ich nicht allein war, und ergriff ihr Handgelenk. Ich hielt mich daran fest ... Worüber lachen Sie denn?«

Der große Mann hatte seinen Kopf zurückgelegt und ließ ein schallendes Gelächter ertönen mit seiner tiefen, glucksenden Stimme, die Mr. Bletsoe fast wahnsinnig machte.

»Sie armer Trottel«, rief Goodier, als sein Lachanfall vorbei war. »Ist es das, was Sie denen erzählen wollen? Nun, das können Sie vergessen. Denn es war nicht Miss Verekers Hand, die Sie hielten, sondern meine.«

»Aber ... das glaube ich nicht. Warum haben Sie das nicht eher erwähnt?«

»Dachten Sie, ich wollte der Polizei was zu lachen geben? Zwei erwachsene Männer, die im Dunkeln Händchen halten. Abgesehen davon hätte uns niemand geglaubt.«

»Warum nicht?«

»Zu offensichtlich! Wenn wir beide uns aneinander festhielten, konnte keiner von uns der Mörder sein.«

»Nun«, flüsterte Bletsoe, »das sind wir doch auch nicht. Wenigstens ich nicht.«

»Sie haben sowieso schon den Verdacht, daß wir unter einer Decke stecken«, fuhr Goodier unerbittlich fort. »Vergessen Sie nicht, daß wir die ersten im Raum waren.«

»Das vergesse ich bestimmt nicht.«

»Wirklich?« fragte Goodier. »Ich weiß nicht, warum Sie das so geheimnisvoll sagen. Es ist doch nichts Besonderes vorgefallen, an das man sich erinnern müßte, oder?«

»N-nein, natürlich nicht«, erwiderte Bletsoe, aber er wirkte wenig überzeugend.

»Dann müssen Sie doch einsehen, daß Sie wirklich keinen Anlaß haben, zu Crook zu gehen und mit ihm zu sprechen, nicht wahr? Und Crook ist ein gefährlicher Mann. Alles, was ihn interessiert, ist, das Mädchen freizubekommen. Gerechtigkeit ist ein Wort, das er nicht mal buchstabieren kann. Wenn Sie zu Crook gehen, wird er Sie auseinandernehmen, und wie sollte Ihnen das helfen? Außerdem, warum hat Miss Vereker nicht erwähnt, daß Sie ihre Hand festhielten?«

»Ich dachte, sie hätte es vielleicht vergessen — aber wenn es Ihre Hand war, die ich hielt ... Obwohl ich Ihnen nicht wirklich glaube ...«

»Nun, vielleicht geht es mir genauso«, räumte Goodier ein. »Aber Sie sehen, was für eine alberne Geschichte das ist. Sie könnten sie niemals beweisen, niemals. Nehmen Sie meinen

Rat an, Sie sind sonst ein toter Mann. Als Mörder überführt zu werden, ist kein Spaß, und Crook würde Sie bestimmt nicht verteidigen. Es ist am besten für Sie, wenn Sie das Rampenlicht meiden ... Sobald Sie einen Schritt machen, wird man sich auf Sie stürzen. Darauf warten die doch nur. Haben Sie schon mal eine Katze beobachtet, die einer Maus auflauert? Denken Sie ruhig noch etwas drüber nach, und Sie werden sehen, wie gut mein Ratschlag ist.«

»Ich verstehe Sie nicht.«

»Oh doch, Sie verstehen mich sehr gut.« Er lachte wieder. Es war ein brüllendes Gelächter, das über das Wasser hallte und die Möwen aufscheuchte, die sich wie ein weißer Saum auf dem Rand eines Lastkahns niedergelassen hatten, der sanft auf den Wellen schaukelte. Sie stiegen wie eine weiße Wolke auf, zögerten und ließen sich wieder nieder. »Hören Sie, Bishop hatte jemanden bestellt, um die Bücher überprüfen zu lassen, oder nicht?«

»Und?« Bletsoes Stimme wurde plötzlich scharf. »Warum nicht?«

»Kam Ihnen nicht sehr gelegen, oder?«

»Ich verstehe nicht, was Sie meinen.«

»Hören Sie endlich auf, mir zu erzählen, Sie verständen mich nicht, oder ich muß annehmen, Sie seien völlig bekloppt. Aber lassen Sie mich Ihr Gedächtnis auffrischen. Sie haben Miss Trentham doch wohl nicht vergessen?«

Die Stille, die dieser Frage folgte, war so finster wie die Nacht, die sie umgab. Aus ihr heraus drang ein bloßes Flüstern — Bletsoes Stimme. »Sagten Sie — Miss Trentham?«

»Ja, Ihre letzte Arbeitgeberin, nicht wahr? Sagt man nicht, die Geschichte wiederholt sich? Es gab Schwierigkeiten bei den Abrechnungen, oder etwa nicht?«

»Sie — hat niemals Anzeige erstattet«, antwortete Bletsoe mit zitternden Lippen.

»Aber unter den Umständen hielt sie es für angebracht, daß

Sie Ihre Koffer packten. Keine bösen Worte, aber — nun ja, sie fühlte sich sicherer, als Sie aus dem Haus waren.«

»Ich weiß nicht, woher Sie soviel Kenntnis von meinen Angelegenheiten haben ...«

»Es geht auch mich an, mein lieber Freund. Als diese Sache bekannt wurde, dachte ich, es sei für uns beide am besten, wenn wir an einem Strang ... Entschuldigung, ich hatte kein Wortspiel beabsichtigt. Und da Bishop die Buchprüfer kommen ließ — kam mir der Gedanke, es gäbe da vielleicht einen Punkt, den Sie lieber geheimhalten möchten.«

»Es gibt nichts, was ich nicht erklären könnte.«

»Das Problem ist, daß Kerle wie Bishop ihre eigenen Erklärungen vorziehen. Nebenbei, Sie haben gerade zugegeben, nichts zu wissen? Das stimmt doch?«

»Ich — natürlich.«

»Das dachte ich mir. Dennoch, Crook ist ein Überredungskünstler. Es wäre schade, wenn Sie Ihren Mund zu weit öffneten, stimmt's? Ich meine, Dinge, die einmal gesagt sind, hinterlassen, wenn sie nicht wahr sind, einen Eindruck, der sich nicht immer leicht verwischen läßt, und daher — nun, ich denke, wir verstehen uns«, schloß er sanft. »Sie haben doch diesem Burschen am Telefon nichts gesagt, oder?«

»Nein, er gab mir keine Gelegenheit dazu.«

»Kluges Kerlchen. Und, wissen Sie, die Polizei nimmt nicht einfach so eine junge Dame im Haus ihrer Tante fest — nicht ohne einen triftigen Grund.«

»Ich — denke auch. Also gut. Dann werde ich jetzt zurückgehen.«

»Gute Idee. Hallo! Ist das nicht ein Taxi? Sie sehen etwas erschöpft aus. Warum gönnen Sie sich nicht eine gemütliche Heimfahrt? Sie wollten doch sowieso ein Taxi nehmen. Taxi!«

Der Wagen kam näher und hielt am Bordstein. »Also rein mit Ihnen«, sagte Goodier heiter.

Bletsoe, der Taxen nicht gewohnt war, der sehr viel lieber

einen Bus nahm, bei dem das Fahrgeld festgelegt war und die ärgerliche Frage des Trinkgeldes entfiel, war dennoch so froh, seinen Begleiter endlich loszuwerden, daß er sich eifrig dem wartenden Wagen zuwandte.

»Wo soll er Sie hinfahren?« fragte Goodier.

»Oh, ins Hunterscombe Haus, Marlowe Street. Es ist eine Art Hotel. Ich bin nur ein paar Tage dort.«

»He, Sie«, fragte der Fahrer mißtrauisch, »sind Sie sicher, daß Ihr Freund in Ordnung ist?«

»Natürlich ist er in Ordnung«, antwortete Goodier. »Nicht wahr, altes Haus? Ist etwas erkältet, das ist alles.«

»Ich möchte nicht, daß irgend jemandem in meinem Wagen übel wird«, sagte der Fahrer. Er war ein mürrischer Geselle.

»Dem wird schon nicht übel. Er will nur nach Hause zu einem heißen Punsch, an den warmen Kamin, das ist alles, was er will. Also, bis bald, alter Freund. Ich ruf mal an.«

Er beobachtete das kleine rote Licht, bis der Wagen verschwunden war. Er wünschte, er wisse, was Bletsoe, diesen armseligen Wurm, bewegte. Er war ein Narr, er würde seine Haut riskieren, ohne zu wissen, was er tat. Plötzlich erinnerte er sich, daß Crook auf seinen Besucher wartete, und, falls der nicht ankam, fähig war, sich zum Hunterscombe Hotel aufzumachen und seine Beute selbst zu suchen. Terrier waren nichts im Vergleich zu Crook, wenn er an einem Fall arbeitete.

Goodier ging zurück zur Telefonzelle, fand Crooks Nummer und stellte die Verbindung her.

'Und nun?' fragte er sich. 'Was zum Teufel tun wir jetzt?'

Das Schwierige an einer Situation wie dieser war, daß man nie sicher sein konnte, was die anderen tun würden, und sie konnten einem ganz schön die Tour vermasseln, indem sie etwas Unerwartetes unternahmen, das die eigenen sorgfältigen Planungen völlig über den Haufen warf.

7. Kapitel

Mr. Crook legte den Hörer auf, wandte sich seinem Gefährten zu und rief lebhaft: »Das, gepriesen seien die Bullen, war das fehlende Glied. Nun müssen wir nur noch beten, daß er nicht von einem Taxi oder einem Betrunkenen überfahren wird.«

Aubrey Bruce, Anwalt der Krone, für den Beratungen mit Crook zu so später Stunde nichts Neues waren, sagte mit sachlicher Stimme: »Nett von ihm, dir ins Netz zu gehen, nicht wahr?«

»Hast du schon mal was vom Selbsterhaltungstrieb gehört?« fragte Mr. Crook. »Der kommt nicht, weil er Miss Vereker retten will. Das werden wir beide schon tun. *Er* kommt, weil er sichergehen will, daß wir ihn nicht an ihre Stelle setzen.«

»Was für ein Zyniker du bist, Crook«, stellte Bruce fest, der wie üblich während einer Unterhaltung Fische auf ein Blatt Löschpapier malte. »Wie ist er?«

»Er sagt, sein Name sei Smith.«

»Das ist hilfreich. Wer ist er wirklich?«

»Wenn er aufkreuzt, werden wir es beide wissen. Wenn ich einen Tip abgeben sollte, würde ich sagen, sein Name fängt mit einem B an.«

Bruce fing an, einen kleinen, bleichen Fisch zu zeichnen, mit einem Kopf zu groß für den Körper, und einem Schwanz zu klein, um als wirkungsvolles Steuerruder zu wirken. Crook beobachtete ihn mit einem gewissen Mißfallen.

»Eines Tages«, warnte er ihn, »wirst du selber ein Verbrechen begehen, nur um zu zeigen, wie man es macht, und dann wirst du es mir überlassen, den Beweis zu erbringen, daß du unschuldig bist, weil du gar nicht am Tatort warst. Und dann wirst du dich selbst verraten, indem du ein Abbild des Opfers als Stör oder Kabeljau oder sowas unter dem Kaminsims hinterläßt. Das hieße, Öl ins Feuer der Polizei gießen. Und ich würde meinen Ruf verlieren, der, wie die Damen in unschuldigeren Zeiten über ihre Ehre zu sagen pflegten, mir mehr wert ist als mein Leben.«

Bruce lachte. »Du wirst noch im Parlament landen, Crook«, prophezeite er.

»Nur als Leiche! Obwohl ich behaupten möchte, ich würde auch dann nicht besonders auffallen. Aber ernsthaft, Bruce, es ist eine schlechte Angewohnheit, die du schleunigst aufgeben solltest. Alles, was einen Mann unverwechselbar macht, ist schlecht.«

»Und was ist mit deiner braunen Melone? Die muß doch von Land's End bis zum Norden Schottlands bekannt sein.«

»Das ist etwas anderes«, erwiderte Crook erwartungsgemäß. »Ich brauche sie nur zu Haus zu lassen und irgend etwas bei Henry Heath zu kaufen, und schon hält man mich für einen Landedelmann. Niemand würde mich je erkennen.«

Bruce verspürte keine Lust, zu widersprechen, und sagte lediglich: »Hoffentlich hat dieser Kerl ein paar Informationen für uns. Bisher ist es kein sehr vielversprechender Fall, besonders, wenn man bedenkt, was wir über die Vergangenheit des Mädchens wissen. Natürlich wird das nicht vor Gericht zur Sprache kommen ...«

»Aber jede Frau, die sich den Hut verbeult hat, um einen Platz im Gerichtssaal zu erkämpfen, wird wissen, daß es etwas so Schockierendes gewesen sein muß, daß anständige Frauen wie sie selbst es nicht einmal ahnen können. Auf jeden Fall gibt es keinen Grund, ihre Geschichte anzuzweifeln. Die Schuldigen denken sich für gewöhnlich etwas viel Eleganteres aus.«

»Schade, daß soviele Leute die Waffe angefaßt haben«, sagte Bruce. »Keine Chance, irgendwelche bestimmten Fingerabdrücke zu erkennen ...«

»Was sowohl Vor- als auch Nachteile haben könnte. Auf jeden Fall sind es zuviele. Das ist überhaupt das Problem bei diesem Fall«, fügte er hinzu und zog eine neue Zigarre hervor.

»Zuviel von allem. Es ist wie bei manchen dieser Filme. Es gibt zuviele Leute, die ein Motiv hatten, diesen Kerl, Bishop, aus dem Weg zu schaffen. Im Film wird das natürlich gemacht, um die Sache zu erschweren — für das Publikum, meine ich. Ich ziehe Fälle vor, in denen nicht allzuviele Leute im Mittelpunkt stehen. Dann kannst du dir einen der in Frage Kommenden aussuchen und den Fall um ihn herum aufbauen. Aber wen soll ich hier auswählen? Es hätte praktisch jeder von ihnen sein können.«

»Wohl kaum der junge Vereker«, warf Bruce ein. »Selbst, wenn er fähig gewesen wäre, einen Mann im Dunkeln in dem Haus zu erschießen, das er noch immer als sein eigenes betrachtete, würde er es sicher nicht zulassen, daß seine Cousine für diesen Mord angeklagt wird.«

Crook seufzte. »Ihr feinen Pinkel habt keine Ahnung«, sagte er. »Glaub mir, Bruce, es gibt keinen Unterschied zwischen Leuten, die in Eton gewesen sind, und denen, die nur die Grundschule besucht haben, wenn es darum geht, gehängt zu werden. Sie sind alle scharf darauf, daß ein anderer für sie baumelt.«

Bruce hatte das Gefühl, wie schon so oft zuvor, mit dem Kopf gegen eine Mauer zu laufen. Aber aus Erfahrung wußte er, daß es zwecklos war, über diesen Punkt mit einem Mann zu streiten, der sich seiner selbst so sicher war wie Crook.

»Wohlgemerkt«, fuhr Crook fort, »ich stimme dir vollkommen zu. Ich glaube auch nicht, daß Vereker der Täter ist. Für einen Amateur ist es nicht gerade einfach, Streichhölzer anzuzünden und gleichzeitig zu schießen. Aber alle anderen kämen in Frage. Und sogar er hatte genug Motive für wenigstens sechs Morde, und er könnte es getan haben, Bruce, er könnte es getan haben. Man hätte denken sollen, diese Art Mensch sei im zweiten Weltkrieg ausgestorben, aber nein, wie ein Stehaufmännchen erhebt sie sich aus den Trümmern. Bestimmt hätte es ihm weniger ausgemacht, Bishop umzulegen, als einigen der anderen. Nach meiner Erfahrung halten solche

Kerle ihr Zuhause und die Tradition für wichtiger als einen einzelnen Menschen. Und man kann ihnen deswegen kaum einen Vorwurf machen.«

»Nein?« murmelte Bruce ironisch.

»Nun, eine dankbare Regierung hat ihn jahrelang dafür bezahlt, daß er herumlief und alles und jeden abgestochen hat — soweit es nicht ein Verbündeter war — und sowas wird zur Gewohnheit, das kannst du mir glauben. Als ich Ende 1918 aus Frankreich zurückkam und mir das erste Mal jemand in die Quere kam, sah ich mich sofort nach meinem Bajonett um. Dennoch, du sagst, ein Kerl, der in Eton war, tut sowas nicht, und du mußt es schließlich wissen. Damit wäre Verdächtiger Nummer eins aus dem Rennen. Nummer zwei ist das Mädchen, und sie kann es schon deshalb nicht getan haben, weil du und ich sie verteidigen. Und was mich betrifft, ich schließe mich sowieso nicht gern der Polizei an.«

»Damit ist sie raus. Wie steht es mit der Haushälterin?«

»Nun?« sagte Crook. »Warum nicht? Sie hätte damit rechnen müssen, ihre Stelle und vermutlich ihr Erbteil zu verlieren, wenn die Ehe geschlossen worden wäre. Und sie ist kein junges Mädchen mehr.«

»Und man hat ihre Fingerabdrücke auf der Waffe gefunden«, stimmte Bruce zu.

»Und wenigstens drei Zeugen schwören, gesehen zu haben, wie sie Vereker die Waffe wegnahm — Was ist los mit uns, Bruce? Natürlich hat sie es nicht getan. Sie war gar nicht im Raum.«

Bruce lächelte. »Ich hatte nicht erwartet, daß eine solche Kleinigkeit dich aufhalten könnte.«

»Ich habe sowas schon mal erlebt«, räumte Crook ein. »Man muß nicht unbedingt am Tatort sein. Dann ist da noch Mrs. Goodier selbst. Es ist verrückt, wieweit eine betrogene Frau gehen kann, und je älter sie sind, um so schwerer verkraften sie es. Wozu eine betrogene Neunzigjährige fähig wäre, wage ich mir gar nicht vorzustellen. Und sage nicht, sie habe nicht geglaubt, zwischen ihrem Heißgeliebten und dem Mädchen sei was gelaufen. Sie ist eine Frau ihrer Zeit, und sie weiß, daß sich Männlein und Weiblein nicht heimlich um halb zwölf, wenn alle schon schlafen, treffen, es sei denn, aus einem einzigen Grund, und eine ganze Bank von Bischöfen und der Präsident des Gerichtshofs könnten sie nicht vom Gegenteil überzeugen.«

»Wenn du recht hast«, fragte Bruce, »warum hat sie dann nicht das Mädchen erschossen?«

»Weil, hätte sie es getan, sonnenklar gewesen wäre, wer schuldig ist. Keiner der anderen hätte ein Motiv gehabt. Das Mädchen konnte kein Unheil mehr anrichten, und auf diese Weise konnte man vielleicht zwei Fliegen mit einer Klappe schlagen.«

»Du meinst, alles ist nach ihren Vorstellungen verlaufen? Da könnte was dran sein, Crook, aber es wird eine harte Nuß sein, das zu beweisen.«

»Wem sagst du das«, entgegnete Crook. »Das Problem ist, daß die Dame etwas unterbelichtet ist. Bis ihr klar geworden wäre, daß eine Pistole im Raum war, und daß man mit Pistolen Menschen töten kann, wäre der Morgen angebrochen — wenigstens habe ich diesen Eindruck von ihr. Dennoch ist Haß ein guter Lehrer, und ich denke, du hast recht. Nichts würde Mrs. G. mehr erfreuen, als das Mädchen für einen Mord baumeln zu sehen, den sie gar nicht begangen hat.«

»Die Moral von Frauen kann einen gesetzestreuen Mann schon schaudern lassen.« Bruce legte seinen Stift weg. Er schien zu meinen, was er sagte.

»Das mußt du mir nicht erzählen«, bettelte Crook.

»Falls Mrs. Goodier Bishop getötet hat, wäre ihr zuzutrauen, daß sie glaubt, das Recht zu haben, den Mund zu halten, da in ihren Augen ihre Nichte etwas viel Verwerflicheres als nur einen Mord begangen hat.«

»Und wenn dieser junge Bursche Vereker nicht geraten hätte, mich aufzusuchen, würde sie es bis zum Jüngsten Gericht und darüber hinaus für sich behalten«, stimmte Crook zu. »Und es würde nicht lange dauern, bis sie sich selbst eingeredet hätte, das Mädchen sei so schuldig, als ob es selbst geschossen hätte.«

»Bleiben noch die beiden Hauptverdächtigen, Bletsoe und Goodier. Ich hätte zu gern gewußt, was sie eigentlich in jener Nacht in der Bibliothek zu suchen hatten.«

»Nun, vielleicht ist es das, was Bletsoe uns erzählen will«, erwiderte Crook optimistisch.

»Eigentlich müßte er jeden Moment hier sein, es sei denn, er hatte Ärger mit dem Taxi.«

»Falls er überhaupt kommt.« Crook klang leicht verstimmt. »Ich möchte nicht in seinen Schuhen stecken, wenn er wirklich etwas zu erzählen hat. Ich an seiner Stelle würde mich schnellstens an einen geheimen Ort begeben und außerdem vier Polizisten mitnehmen, die sich rund um mein Bett postieren, zwei am Kopfende und zwei zu den Füßen — einer zum bewachen, einer zum beten und zwei um den Wolf abzuwehren.«

Kaum hatte er zu Ende gesprochen, läutete das Telefon. Crook streckte die Hand aus.

»Du hast viele nächtliche Anrufe«, murmelte Bruce sanft.

»Ich schätze, dies ist ein Kerl, der seine Meinung geändert hat.«

Er nahm den Hörer ab, hörte kurz zu und hängte wieder ein.

»Kommt Bletsoe nicht?« fragte Bruce, als klar wurde, daß Crook von sich aus nicht sprechen würde.

»Nein«, bestätigte Crook. »Jedenfalls nicht heute nacht.«

»Hat anscheinend den Mut verloren. Oder hat sich auf halbem Wege entschieden, daß es zu riskant ist.«

»Das ist merkwürdig«, sagte Crook nachdenklich und nicht etwa verärgert oder entmutigt, wie man hätte erwarten können. »Weißt du, ich bin ziemlich sicher, daß der Kerl, der gerade anrief, nicht der ist, mit dem ich vorhin gesprochen habe.«

Bruce mußte diese Neuigkeit zunächst einmal verdauen. »Du glaubst, man ist ihm gefolgt?«

»Möglicherweise.«

»Und der Verfolger hat ihn von seinem Plan abgebracht?«

Crook erhob sich. Er wirkte ziemlich beunruhigt. Er streckte seine Hand aus und griff nach dem zerknautschten Regenmantel, der auf einem Haken an der Wand hing. »Die Sache gefällt mir nicht, Bruce, sie gefällt mir überhaupt nicht. Warum hat Bletsoe beim zweiten Mal nicht selbst angerufen? Und wo ist diese Telefonzelle am Themseufer?«

»Meinst du, wir sollten sie suchen?« fragte Bruce ungeduldig.

»Nur, um sicher zu sein, daß niemand drin ist, der nicht reingehört«, erklärte Crook.

Die Bedeutung seiner Worte war vollkommen klar. Bruce stellte sich vor, wie sie zusammen die Tür der Telefonzelle öffneten und etwas herausfiel in ihre Arme. *Der Mann, der zuviel wußte,* dachte er und zog einen Mantel an, neben dem Crooks noch schäbiger aussah als ohnehin schon. Crook verlor keine unnützen Worte, und sein Ernst beeindruckte Bruce. Er wußte, daß der Anwalt Angst hatte. Sie fanden ein Taxi und fragten den Fahrer, ob er wisse, wo an der Kaimauer eine Telefonzelle sei, und der Fahrer antwortete, er wisse es zwar nicht, aber wenn es dort eine Zelle gebe, würden sie sie finden, und so fuhren sie so lange herum, bis Crook vorschlug, auszusteigen und sich zu Fuß auf die Suche zu machen. Sie untersuchten jede Zelle, die sie fanden, aber obwohl sie in einer einen hünenhaften, grobschlächtigen Dummkopf sahen, der wild gestikulierte und die Faust ballte, und in einer anderen Zelle eine junge Frau mit einem langen, blonden Pferdeschwanz und einem bildhübschen Samthut, die sich zurechtmachte — wie im Fernsehen, sagte Crook wütend — fanden sie doch kein Zeichen von Bletsoe. Auch lagen keine Leichen in der Gegend verstreut, obwohl Crook, in einem solchen Fall die Gewissenhaftigkeit in Person, alle Leute überprüfte, die auf den Bänken saßen, denn er behauptete, es sei ein alter Trick, eine Leiche einfach irgendwohin zu legen, besonders im Winter, und zu hoffen, daß der untersuchende Arzt volltrunken genug wäre, um zu bestätigen, der Tod sei durch Unterkühlung eingetreten. Aber auf den Bänken befand sich niemand, der auch nur entfernt Bletsoe ähnelte — oder dem Wolf, denn was den anbelangte, wußten sie ja noch nicht einmal, wie er aussehen könnte.

»Da wäre noch der Fluß«, sagte Crook, nachdem alle anderen Möglichkeiten erschöpft waren.

»Du hast doch nicht etwa vor, ihn heute nacht mit Schleppnetzen abzusuchen?« protestierte Bruce höflich.

»Wir wollen doch die Polizei nicht arbeitslos machen«, erwiderte Crook düster. »Sie bekommen ein Pfund pro Leiche, weißt du, und wenn wir sie rausholen, bekommen sie ohnehin die Hälfte, und man muß ihnen, *Noblesse oblige*, wohl oder übel die andere Hälfte auch überlassen. Für mich heißt das, die Polizei in Versuchung führen«, fügte er in warmem Ton hinzu. »Sie sehen einen elenden Alten, der am Geländer lehnt. Alles, was er will, ist ein kräftiger Schubser. Und schon gibt's genug Geld für Wachtmeister Smith, Brown und Robinson.«

»Sie könnten ihn lebend herausholen«, wandte Bruce ein.

»Wenn sie das täten, wären sie verdammt dumm. Sie würden nur eine Medaille bekommen, und erzähl mir nur nicht, jemand würde dir ein Pfund für die Sorte Medaillen geben, die das Innenministerium verleiht. Also, laß uns für heute Schluß machen. Ich spüre den Kerl morgen früh auf. Der Prophet und der Berg, weißt du.«

Doch wie sich herausstellen sollte, war es am Morgen zu spät.

8. Kapitel

In einem kleinen Zimmer am Ende des Flurs im obersten Stockwerk des Hunterscombe Hauses, einem 2.-Klasse-Hotel in der Marlowe Street, West Central I, saß ein elender Mann geduckt auf einem Stuhl und arbeitete fieberhaft an der Schreibmaschine. Er war nicht sehr geschickt und machte jede Menge Fehler, aber er tippte unbeirrt weiter und tröstete sich bei seinen armseligen Versuchen mit dem Gedanken, daß, wenn er erst einmal fertig war, Fehler keine Rolle mehr spielen würden. Denn diese Nacht würde die letzte sein für den armen, unfähigen Henry Bletsoe. Der Tod war keine schöne Vorstellung, besonders die Art Tod, um die es hier ging, aber in diesem Stadium war er die einzig mögliche Lösung. Er dachte stets daran, als er den letzten Willen zu Papier brachte. Er empfand sogar ein gewisses trauriges Vergnügen bei der Formulierung.

»Dies«, tippte er mühsam, »ist mein, Henry Bletsoes, zuletzt wohnhaft in Four Acres, Martinshire und zur Zeit im Hunterscombe Haus, London, letzter Wille.« (Er wußte nicht viel über juristische Dinge, aber er nahm an, daß es so in Ordnung sei.) Es war eine deprimierende Geschichte, dieses Leben eines Mannes, der niemals irgendeins seiner Ziele erreicht hatte, die Geschichte einer trostlosen Jugend, mittelmäßiger Begabung, von Fehlern, die sich als zu kostspielig erwiesen hatten, um wettgemacht werden zu können, von verpaßten Gelegenheiten, von Furcht und einem vergeblichen Streben nach Sicherheit, die Katz und Maus mit ihm gespielt hatte, und die er letzten Endes doch nie erreicht hatte. Wenn die traurige Geschichte erzählt und die Erde auf seinen Sarg geschüttet war — würde man seinen Selbstmord als Folge geistiger Verwirrung betrachten, oder würde ihm sogar noch verwehrt werden, in geweihter Erde zu ruhen? Letzteres schien ihm am wahrscheinlichsten — würde es sein, als habe er niemals existiert, außer daß Anne Vereker frei und die anderen nicht mehr dem Mordverdacht ausgesetzt wären. Er arbeitete langsam und mit langen Unterbrechungen, weil er alle wesentlichen Fakten richtig einordnen mußte, und zweimal konnte er es nicht schreiben, dazu hatte er weder die Nerven noch die Zeit. Die Aufgabe war schwer genug mit einem Toten im Nacken, sozusagen. Er mußte sorgfältig sein, denn jedes Wort war wichtig. In seinem Leben hatte er viele Fehler gemacht. Dies hier sollte nicht ein weiterer auf der langen Liste werden. Es war sinnlos, daß Henry Bletsoe starb, wenn sein Tod nicht den gewünschten Zweck erreichte.

Er wandte sich wieder der Maschine zu. »Dies ist mein, Henry Bletsoes, letzter Wille. Ich hatte nie die Absicht, ihn aufzuschreiben, aber jetzt habe ich keine Wahl mehr. Ich dachte, ich könnte es durchstehen, aber das kann ich nicht. Ich habe nicht gewollt, daß es soweit kommt.« Er hielt inne und starrte auf das, was er geschrieben hatte. Er hatte gewollt, daß dieses letzte Echo eines verlorenen Lebens einen romantischen Klang erhielt, so daß die Leute sagen würden, da müsse es etwas gegeben haben, wenn nur jemand wirklich danach gesucht hätte. Schillernd wie ein Zweipennystück, das war seine Absicht gewesen, obwohl sein Leben fast immer schlicht wie ein Penny gewesen war, verdammt schlicht. »Bevor ich fortfahre, habe ich ein Geständnis zu machen.« (Es war wirklich unerheblich, wie nüchtern es klang.) »Ich tötete Lewis Bishop. Ja, ich tötete ihn, und in jedem zivilisierten Land würde man in mir einen öffentlichen Wohltäter sehen. Er war hundertmal schlimmer als ein Mörder, doch das Gesetz konnte ihm nichts anhaben. In jener Nacht gab es in dem Zimmer nicht einen einzigen Menschen, dessen Leben er nicht bei der ersten sich bietenden Gelegenheit ohne zu zögern zerstört hätte, so sicher, als hätte er Gift in ihren Wein gegeben. Solche Leute haben kein Recht, zu leben. Dennoch hatte ich zunächst nicht vor, ihn zu töten. Ich dachte nicht, daß ich den Mut dazu aufbringen würde.« Er wollte das noch näher ausführen, aber ein Blick auf seine Uhr zeigte ihm, daß die Zeit knapp zu werden begann. Jemand könnte hereinkommen, irgend etwas könnte seine Pläne zunichte machen, und nun, nachdem er sich auf die Sache eingelassen hatte, mußte er sie auch zu Ende führen. Morgen würde es zu spät sein. »Aber die Gelegenheit kam plötzlich, als das Licht ausging, und mir wurde klar, daß er mich zerquetschen würde, so wie man ein kleines Insekt zertritt, das einem zu nahe kommt. Ich sollte lieber mit dem Anfang beginnen, das heißt, mit den Diamanten. Man muß verstehen, daß ich Geld brauchte, ich brauchte es dringend. Es ist gemein, daß ein Mann für einen einzigen Fehler bis zum Ende seines Lebens zahlen muß.« (Er zögerte. Besser keine näheren Angaben. Vage bleiben, unbestimmt. Es würde schon so genug Fragen geben.) »Das also war meine Lage. Ich brauchte Geld. Mrs. Goodier hätte es mir vielleicht geliehen, aber nicht Bishop. Wo andere ein Herz haben, hatte er nur einen Eisklumpen. Denn was geschah, als ich diese Frage anschnitt? Er setzte mich an die Luft. Nach allem, was ich während des Krieges getan hatte, sagte er mir, ich könne gehen, sobald ich die Kündigung fertig hätte. Man sollte meinen, reiche Leute könnten es sich leisten, etwas nett zu sein. Was hatten sie schließlich schon getan für ihr Geld? Aber auf der Welt gibt es nicht genug Geld, um einem, der am Ende ist, zu helfen. Genauso war es bei Miss Trentham. Sie war anständig, gewiß, aber einen Penny mehr beim Einkauf, und es hieß gleich: 'Ich verstehe diese Abrechnung nicht, Mr. Bletsoe. Es scheint mir, als ob ...' Mrs. Goodier war nicht so genau. Sie konnte ich ein wenig hinters Licht führen. Aber als Bishop auftauchte, wußte ich, daß es Ärger geben würde. Anfangs kümmerte es mich nicht. Ich glaubte, er sei nur ein Gast. Aber er blieb und steckte in alles seine Nase. Und wenn ich nun die Bücher etwas manipulierte? Was bedeuteten schon ein paar Pfund mehr oder weniger für Theodore Goodiers Witwe! Und sie selbst kam nie auf den Gedanken, mich besser zu bezahlen. Dann kam Vereker nach Haus. Ich hoffte, das würde das Ende für Bishop bedeuten. Aber es war zu spät. Er hatte sich bereits eingenistet. Sie war ihm hörig.

Bishop verlor keine Zeit. Er kündigte mir, und bevor ich ging, sollten noch die Bücher geprüft werden. Ich war verzweifelt. Man ließ mir keine Zeit, die Dinge in Ordnung zu bringen. Und die ganze Zeit über wurde ich wegen meiner Schulden unter Druck gesetzt. Ich konnte keine Nacht mehr schlafen, weil ich Stimmen hörte. Man sagt, Geld spiele keine Rolle, aber das ist nicht wahr. Es spielt nur dann keine Rolle, wenn man genug davon hat. Wie dem auch sei — ich brauchte Geld, und niemand im Haus war bereit, es mir zu geben. Man sagt, ein Mann, der etwas wert ist, hat Freunde, die ihm in schlechten Zeiten helfen. Der Mann, der das behauptete, hat niemals schlechte Zeiten durchgemacht. In schlechten Zeiten gehen die Freunde ins Ausland oder heiraten — alles, nur um einem nicht helfen zu müssen. Hier stand ich also, brauchte Geld, mußte es irgendwie beschaffen, war bedroht von Arbeitslosigkeit, und dort im Safe lagen die Diamanten. Ich wußte, daß sie eine Stange Geld wert waren, und ich dachte, es lohne sich, die Gelegenheit beim Schopf zu packen. Ich könnte am nächsten Morgen erklären, ich hätte eine schriftliche oder telefonische Einladung zu einem Vorstellungsgespräch in der Stadt bekommen. Selbst Bishop könnte mir das nicht abschlagen, und ich könnte die Diamanten mitnehmen. Auf jeden Fall schien es mir einen Versuch wert.

Doch vermutlich hätte ich wissen müssen, daß es fehlschlagen würde. Daß in dieser Nacht das halbe Haus auf den Beinen sein würde. Zuerst schien alles gutzugehen. Im Licht der Taschenlampe gelang es mir, den Safe zu öffnen und die Diamanten herauszunehmen. Doch dann ging ohne Vorwarnung die Tür auf — ich hatte nicht einmal Schritte gehört — und Goodier kam herein. Ich weiß nicht mehr, was ich dachte — vielleicht wollte ich ihm einen Anteil anbieten — so tun, als habe ich die Diamanten wegschließen wollen — irgend etwas. Aber er gab mir keine Gelegenheit dazu. Er ist ein zu gerissener

Bursche für mich. 'Sie alter Narr', sagte er zu mir, 'Legen Sie sie schnell zurück. Wollen Sie zehn Jahre riskieren?' Ich versuchte, ihm zu erzählen, Mrs. Goodier habe mich geschickt, den Schmuck zu holen, aber es war sinnlos. Wir stritten immer noch, als Miss Vereker hereinkam. Ich bemerkte zunächst nicht, was mit den Diamanten geschehen war, aber Goodier riß sie mir einfach aus der Hand und gab Miss Vereker zu verstehen, daß wir auf Bishop warteten. Natürlich sah sie sofort den Safe, und ich war überzeugt, sie glaubte uns kein Wort. Ich fragte sie, ob sie wisse, wo Bishop sei, und sie sagte nein, aber wenn wir auf ihn warteten, werde sie das auch tun. Ich wußte da natürlich noch nicht, daß sie ein Rendezvous mit ihm hatte. Sie sagte kein Wort, stand nur am Bücherregal. Ich wollte die Bücher zurücklegen, die den Safe verdeckten — ich hatte bereits den Schlüssel zurückgehängt, da der Safe sich automatisch schloß — aber sie sagte nein. Wer auch immer die Bücher entfernt habe, werde sie vielleicht auch wieder zurückstellen wollen. Goodier sagte, es sei vielleicht eingebrochen worden, und Bishop verfolge den Täter, und sie nickte, aber ich denke nicht, daß sie ihm glaubte. Auf jeden Fall schien es ihr egal zu sein. Danach war es für mich irgendwie keine Überraschung mehr, daß auch noch der Rest der Familie auftauchte. Ich glaube, wir hatten mehr Krach gemacht, als wir gedacht hatten. In den folgenden fünf Minuten überschlugen sich die Ereignisse. Ich bekam einen furchbaren Schrecken, als Major Vereker vorschlug, wir sollten unsere Taschen leeren. Ich war völlig ratlos, aber Bishop rettete die Situation vorerst. Aber auch nur vorerst. Sobald er erklärt hatte, daß er die ganze Zeit hinter dem Vorhang gestanden hatte, hieß es für mich: Er oder ich. Ich konnte mir nur nicht vorstellen, auf welche Weise ich gewinnen sollte. Dann ging das Licht aus, und ich dachte daran, ihn zu erwürgen, aber er war fast doppelt so groß wie ich, so daß diese Möglichkeit ausschied. Dann entzündete Major Vereker das Streichholz und hielt es sich über den Kopf, und im Lichtschein sah ich den Revolver, den er auf dem kleinen Tisch neben den Vorhängen abgelegt hatte. Alle rannten wild durcheinander, und ich erkannte die für mich einmalige Gelegenheit. Niemand würde in der Dunkelheit irgend etwas beschwören können. Was Fingerabdrücke anging, so hatten bereits mehrere Personen die Waffe in Händen gehabt, und wenn ich das Ding nach dem Schuß auf den Boden warf, wäre es sehr wahrscheinlich, daß jemand es aufheben und meine Abdrücke verwischen würde. Jedenfalls schien es mir das Risiko wert zu sein.

Ich ließ absichtlich meine Taschenlampe fallen, so daß ich einen Vorwand hatte, mich zu bewegen. Und da alle durcheinander redeten und sich gegenseitig anstießen, war es nicht schwer, die Waffe zu ergreifen und zu schießen — vom Fenster kam ein schwacher Lichtschein herein, so daß ich das Ziel schwerlich verfehlen konnte — und dann die Waffe auf den Boden zu werfen. Ich packte Mrs. Goodier am Knöchel, so daß sie bestätigen konnte, daß ich mich neben ihr befand. Dadurch, glaubte ich, würde man mich nicht verdächtigen.«

Gab es noch etwas, irgendein Detail, das er ausgelassen hatte? Wenn schon, dann konnte er auch gleich die ganze Geschichte erzählen, denn niemand würde mehr weitere Fragen stellen können, wenn sein Geständnis erst einmal gefunden war. Die Zeit lief davon, er mußte zum Ende gelangen. Er fühlte sich etwas erleichtert. Bald war alles vorbei. »Man sagt, die britische Justiz irrt nie, diesmal aber hat sie es getan, obwohl ich überzeugt bin, daß Arthur Crook die Sache richtigstellen wird. Doch das kann er nur, wenn er den wahren Täter findet, und ich kann diese Spannung nicht länger ertragen. Und wie könnte ich zulassen, daß sie gehängt wird? Ich habe nichts, für das es zu leben lohnt. Ich bin wie ein Mann, der sein Leben lang seinem Hut nachjagt und ihn doch nie einfängt.

Ich sehe ein, daß Goodier recht hatte. Niemand hätte meine Geschichte geglaubt, und mein letzter Tag wäre nur hinausgeschoben worden. Es ist besser so, das sehe ich nun ein.«

Das entsprach nicht ganz dem erhabenen Abschluß, den er geplant hatte, aber Änderungen konnte er jetzt nicht mehr vornehmen, dazu war es schon zu spät. Er nahm sich nicht einmal die Zeit, das Geschriebene noch einmal zu lesen. Es könnte eine Störung geben, und das könnte er nicht verkraften. Er hatte bereits seit einigen Minuten unruhige Bewegungen im Zimmer nebenan wahrgenommen, und einmal glaubte er, jemand habe an die Wand geklopft. Er nahm an, jemand im Nachbarzimmer versuche zu schlafen und fühle sich durch das Maschinengeräusch um elf Uhr nachts gestört.

»Ist schon gut«, hörte er sich murmeln. »Ich bin ja schon fertig.«

Als er einen Stift aus seiner Tasche zog, war er erschrocken, wie seine Hand zitterte. Er warf einen flüchtigen Blick auf den letzten Satz des Bogens, den er soeben aus der Maschine gezogen hatte, und unterschrieb — 'Henry Bletsoe'. Ein sorgfältiger Strich durch das T, eine zierliche kleine Linie unter die zweite Hälfte des Namens — jeder Mensch hatte seine Eigenheiten. Er nahm ein Stück Löschpapier und legte es vorsichtig auf die leuchtend blaue Unterschrift. Er legte die Blätter zusammen — keine Zeit mehr, Tippfehler zu korrigieren, und der Sinn mußte selbst einem Dummkopf klar sein — faltete sie, steckte sie in einen billigen Umschlag, der auf dem Tisch lag, und klebte ihn zu. 'An den Untersuchungsrichter' schrieb er darauf, obwohl höchstwahrscheinlich die Polizei ihn öffnen würde. Er war sich nicht sicher. Auf dem Tisch lag ein Block mit Adreßaufklebern, die das Siegeszeichen trugen, und die im Krieg zur Unterstützung wohltätiger Einrichtungen verkauft worden waren. Diese Art von Almosenwirtschaft war wie geschaffen für Leute wie Mr. Bletsoe. Er trennte einen Aufkleber ab und spannte ihn in die Maschine. Aber als er zu tippen begann — nur drei Worte — geschah etwas, das ihn vor Schreck erstarren ließ, so daß er für einen Moment nicht einmal mehr zitterte.

Jemand klopfte an die Tür. Wer auch immer es war, klopfte

ein zweites Mal. »Wer — wer ist da?« rief er mit zitternder, verzerrter Stimme.

»Ich wollte nur fragen«, hörte er jemanden sagen, »schreiben Sie noch sehr lange? Es ist bereits nach elf, wissen Sie.«

»N-nein, kein Wort mehr.« Er atmete erleichtert auf und rief: »Tut mir leid, daß Sie gestört wurden.«

»Ist schon in Ordnung«, sagte die Stimme. »Ich weiß, manchmal kann die Arbeit nicht warten, aber, nun ja, nach elf Uhr ist es etwas happig.«

Er konnte Schritte im Gang hören, und die Tür nebenan wurde geschlossen.

»Nein, Henry Bletsoe«, sagte der Mann und starrte auf das Geständnis, das er soeben unterschrieben hatte. »Jetzt muß es schnell gehen, bevor dich der Mut verläßt.«

Er klebte die Adresse auf den Umschlag und verzichtete darauf, die Schreibmaschine abzudecken. Das könnte nur Lärm machen und den Kerl wieder aus seinem Zimmer locken. Sein Blick wanderte, gebannt vor Schreck, in eine Ecke des Raums. Jemand hatte hier einen Haken an der Decke anbringen lassen. Vielleicht hatte die Vorsehung die Stunde so vorbereitet, in der der unglückselige kleine Henry Bletsoe dort hängen würde. Er sah sich ein letztes Mal um. Man hätte meinen können, der Haken trage das Gewicht eines Menschen nicht, doch der Schein trog. Er öffnete das Fenster, drehte die Heizung ab und ging langsam, ganz langsam zur Ecke des Raums, einen Stuhl vor sich hertragend.

Vielleicht eine Minute später hörte Miss Mittens, deren Zimmer genau unter dem von Bletsoe lag, einen plötzlichen, scharfen Knall — als wenn ein Stuhl umgefallen sei, wie sie später erklärte. Mr. Hunter und andere allerdings hätten ihre Aussage überzeugender gefunden, wenn sie den Stuhl erwähnt hätte, bevor sie wußte, daß es sich um gar nichts anderes gehandelt haben konnte. Miss Mittens war eine dieser enttäuschten Frauen, von herzlosen Mitmenschen 'alte Jungfern' genannt, in denen die Hoffnung, und sei sie noch so schwach, niemals ganz zerstört wird. Als Mädchen hatte sie geglaubt, das Leben werde wunderbar, lustig, abenteuerlich und romantisch. Sie hatte Träume von jugendlicher Liebe gehegt, hatte sich, als diese sich nicht erfüllten, als charmante, nicht mehr ganz so junge Gefährtin eines intelligenten Mannes — zum Beispiel eines Parlamentsabgeordneten — gesehen, und als sich selbst diese Hoffnung als vergeblich herausstellte, dachte sie, sie könne wenigstens ein lebensuntüchtiges Geschöpf, das Güte und Vertrauen brauchte, bemuttern. Sie hatte sich sofort Mr. Bletsoe auserkoren. Er war offensichtlich solch ein armes, kleines Wesen, das jemanden brauchte, an den es sich anlehnen konnte.

Als sie das Geräusch über sich hörte, sprang sie auf, in der Annahme, er sei vielleicht ohnmächtig geworden. Sie zögerte einen Moment, als ihr bewußt wurde, wie spät es war, und daß sie mit einem selbstgeschneiderten Hausmantel nur recht leicht bekleidet war. Sicher würde es nicht gegen die Regeln des Anstands verstoßen, wenn sie nach oben ging und vorsichtshalber an die Tür klopfte, um sicher zu gehen, daß er wohlauf war. Daß er Junggeselle war, konnte man auf den ersten Blick erkennen. Er hatte offensichtlich nie eine Frau gehabt, die sich um ihn kümmerte. Eilig begann sie, sich ein seriöseres Kleid anzuziehen. Sie hörte Schritte auf der Treppe und zögerte erneut. Sie ahnte nicht, welchen Unterschied diese wenigen Sekunden machen würden. Wichtiger erschien ihr der Gedanke, was die Leute sagten, wenn eine alte Jungfer ungeladen, nach elf Uhr nachts, zum Zimmer eines fremden Mannes ging. Seit sie in Pensionen lebte, war sie über die Geisteshaltung ihrer Mitmenschen empört, und auch, wenn man nicht davor zurückschrecken sollte, seine Pflicht zu tun, bestand doch keine Veranlassung, das Märtyrertum anzustreben, welches sich meistens sowieso als eher unbekömmliche Lebensweise herausstellte.

Und so vergingen wenigstens fünf Minuten von dem Moment an, an dem sie das Umfallen des Stuhls hörte — als das sich das Geräusch schließlich herausstellte – bis sie heimlich, teils furchtsam, teils gebannt, die Treppe hinaufstieg. Die Beleuchtung war spärlich, so daß es unwahrscheinlich war, daß sie überhaupt von jemandem erkannt werden würde, selbst wenn man ihre zum obersten Stockwerk gleitende Gestalt (ihr gefiel dieses Bild) bemerkte. Ihr Atem ging schnell, und sie hielt inne, um sicherzugehen, daß sie ihre Stimme unter Kontrolle hatte, bevor sie leise seinen Namen rief. Selbst jetzt dachte sie daran, daß im Nebenzimmer Mr. Rush wohnte, ein Beamter und daher ein Mann von großer Unternehmungslust. Es gehörte zu Miss Mittens Erfahrungen, daß Leute mit Unternehmungslust meist genügend Möglichkeiten fanden, diese auszuleben, auch ohne daß man ihnen den Anlaß dazu auf einem silbernen Tablett servierte. Außerdem war er von Natur aus ein B.W. B.W. war die in ihrer Familie übliche Bezeichnung für Besserwisser gewesen. Falls Mr. Rush jemals eine Frau gehabt hatte, dachte Miss Mittens und rief etwas lauter »Mr. Bletsoe, Mr. Bletsoe, sind Sie sicher, daß alles in Ordnung ist?«, hatte sie ihn sicher längst verlassen, sei es in himmlische Gefilde oder, weil sie einem sympathischeren Gefährten begegnet war.

Als Mr. Bletsoe nicht antwortete, wagte sie es, an die Tür zu klopfen, zunächst sehr sanft, dann etwas lauter, wobei sie weiter seinen Namen rief. Noch immer kam keine Antwort.

»Gütiger Himmel«, dachte Miss Mittens, »vielleicht sollte ich Mr. Hunter rufen.«

Aber sie besaß die alten Jungfern eigentümliche Schüchternheit gegenüber Männern, gepaart mit der ebenso typischen Abneigung gegen den Gedanken, irgend jemandem Ärger zu bereiten – dies gilt natürlich für verarmte Jungfern. Sie wußte, wenn man weder Geld noch Ehering besaß, hatte man praktisch kein Recht, zu leben. Nachdem sie keine Bewegung im Raum und keine Schritte außerhalb vernommen hatte, drehte sie den Türknauf und öffnete die Tür einen Spalt weit, und da kein Blitz herabzuckte und keine himmlische

Stimme sie verfluchte, wagte sie es, ihren Kopf zur Tür hineinzustecken. Das Licht war an, denn natürlich wäre sie sonst fortgegangen in der Annahme, daß Mr. Bletsoe bereits im Bett war und schlief und vielleicht während eines Alptraums einen Tisch umgeworfen hatte.

Sie wollte eine Entschuldigung vorbringen, als ihr Kopf um die Tür herumschaute, aber dazu kam es nicht mehr. Statt dessen vergaß sie alle Bedenken, den schwierigen Mr. Rush oder den schüchternen Mr. Bletsoe zu stören, und das ganze Hotel wurde aufgerüttelt, zum Teil verärgert, zum Teil angenehm erregt, durch eine Reihe durchdringender Schreie aus dem obersten Stockwerk. Schritte stampften die Treppe hinauf, begleitet von Stimmen, die wissen wollten, was um alles in der Welt — zur Hölle — in Gottes Namen — los sei, ob es Mord sei, oder was.

Mr. Hunter, der Eigentümer von Hunterscombe Haus, war wütend über diese Entwicklung. Nichts brachte einem Hotel einen schlechteren Ruf ein als ein Selbstmord, besonders wenn er mit einem Mordprozeß in Zusammenhang stand, der noch nicht stattgefunden hatte. Selbstmorde bedeuteten Polizei im Haus, und viele Leute mit nicht ganz einwandfreiem Lebenswandel halten nicht viel von der Polizei. Und daß die Polizei zu später Stunde in sein Hotel kam, Fragen stellte und Notizen machte, die Ambulanz kommen ließ und Worte wie 'Erhängen' und 'Leichenhalle' benutzte, wurmte Mr. Hunter. Wenn nur Miss Mittens nicht so übereifrig gewesen wäre, hätte niemand vor dem nächsten Tag etwas bemerkt. Dann wäre die Hälfte der Bewohner bei der Arbeit gewesen, und vielleicht hätte er alle Spuren dieses müden kleinen Hypochonders verwischen können, bevor sie zurückkamen. Menschen hatten kein Recht, in anderer Leute Häuser zu kommen mit dem Vorsatz, sich dort das Leben zu nehmen. Wenn sie ihr Leben leid waren, warum gingen sie nicht in den Fluß? Dann hätte wenigstens jemand einen Nutzen (wie Crook bereits Aubrey Bruce gegenüber bemerkt hatte), wenn auch nur die Polizei mit einem Betrag von einem Pfund pro Leiche. So aber hatte niemand einen Vorteil. Das Hotel hingegen hatte eindeutig etwas von seinem Ruf eingebüßt, und selbst in seinen besten Zeiten hatte es diesbezüglich nicht allzuviel zu verlieren gehabt.

Er ging natürlich mit allen anderen nach oben und sah Miss Mittens, die hysterische Anfälle hatte, und einige Frauen, die um sie herumstanden, vergeblich ihre Hände tätschelten, sie anflehten, sich aufzurichten — »Nun kommen Sie, meine Liebe!«, während zwei Männer es geschafft hatten, die gräßliche kleine Last vom Haken zu schneiden, und versuchten, ihm irgendein Lebenszeichen zu entlocken, doch ohne jeden Erfolg.

»Das überrascht mich nicht«, sagte ein finster blickender Herr zu einem anderen. »Ich weiß wirklich nicht, wozu sie diese Haken hier angebracht haben. Die Dinger sind doch geradezu eine Versuchung für Geisteskranke!«

Mr. Hunter unterdrückte vorerst seinen Ärger, schickte einen der Herumstehenden fort, um einen Arzt zu holen, und wandte sich an Miss Mittens. Er machte ihr deutlich, wie anrüchig er es finde, daß sie sich zu dieser Stunde im Zimmer eines männlichen Gastes aufhielt. Sie war immer noch mit Erklärungen beschäftigt, als die Polizei erschien und die Befragung fortsetzte.

Miss Mittens sagte aus, sie sei mit Mr. Bletsoe nicht eigentlich bekannt gewesen, zumal er sich ja erst wenige Tage im Hotel aufgehalten habe. Ihr sei aber aufgefallen, daß ihn etwas außerordentlich bedrückt habe. Nein, er habe nie mit ihr gesprochen, sie habe sich in seinen Kummer nicht einmischen wollen, woher er auch immer rührte, aber irgendwie habe sie sich Gedanken über ihn gemacht (Sie wissen, wie das ist, und der Beamte entgegnete geduldig und aufrichtig ja, er wisse das), und als sie den Krach gehört habe, habe sie einen Unfall vermutet, und schließlich könne es nicht schaden, mal nachzusehen, um sicherzugehen.

»Es war richtig von Ihnen, hinaufzugehen, sonst hätte niemand vor morgen etwas bemerkt.«

»Ich fürchte, es hat ihm nicht viel geholfen«, sagte Miss Mittens mit einem tiefen Seufzer.

»Nun, das ist nicht Ihre Schuld. Haben Sie ihn vorher am Abend gesehen?«

»Tatsächlich sah ich ihn hereinkommen. Ich war zufällig auf der Treppe. Die Eingangstür ist bis elf Uhr geöffnet, um Personal zu sparen, und er ging an mir vorbei. Ich sagte 'Guten Abend', aber ich glaube, er hörte mich nicht. Ich vermute, er dachte bereits an das, was er vorhatte.« Sie sah aus, als würde sie erneut einen Nervenzusammenbruch bekommen.

Da es offensichtlich war, daß sie wirklich nichts wußte, wandte sich der Polizeibeamte Mr. Rush zu. Mr. Rush maß sich eine gewisse Bedeutung zu, weil er die letzte Person war, die mit Mr. Bletsoe gesprochen hatte.

»Ich habe kurz nach elf an seine Tür geklopft, um ihn zu fragen, ob er noch länger zu tippen gedenke. Er war den ganzen Abend ziemlich ruhelos gewesen. Ich hörte, wie die Tür ein- oder zweimal geöffnet und wieder geschlossen wurde, und stampfende Geräusche, so als ob er seinen Koffer packte. Ich fragte mich, ob er sich in irgendwelchen Schwierigkeiten befand und bei Nacht und Nebel verschwinden wollte. Und dann ging diese Tipperei los. Das muß so um zehn Uhr gewesen sein. Ich wußte, daß er eine Schreibmaschine besaß, weil ich sie einmal, als die Tür offenstand, auf seinem Tisch gesehen hatte. Aber in der Regel benutzte er sie kaum. Ich würde sagen, er schrieb Bewerbungen.« Er kicherte kurz in sich hinein.

»Ja, Sir«, entgegnete der Polizist teilnahmslos. »Was geschah, als Sie an seine Tür klopften?«

»Er sagte, er sei fertig — klang ein bißchen verängstigt, dachte ich noch. Nach etwa einer Minute hörte ich diesen Stuhl umfallen und dachte, ob er vielleicht ein bißchen — nun — ein wenig besoffen sei, aber natürlich kann ein Betrunkener nicht ununterbrochen fast eine Stunde lang Schreibmaschine schreiben. Ich klopfte nur kurz an die Wand, als ich das Geräusch hörte, um ihn darauf hinzuweisen, daß manche Leute früh aufstehen müssen, um zur Arbeit zu gehen, und ihren Schlaf dringend brauchen, aber ich wollte nicht unfreundlich sein, wenn es sich vermeiden ließ. Und das nächste, was geschah, war, daß diese Dame das ganze Haus zusammenschrie.«

»Das kann man ihr nicht verdenken«, erwiderte der Polizist gleichmütig. »Kein schöner Anblick!«

»Ich hätte natürlich auch selbst rübergehen können, als ich ihn so ächzen und stöhnen hörte«, sagte Mr. Rush leicht verlegen, »aber ich halte nichts davon, meine Nase in die Angelegenheiten anderer Leute zu stecken ...«

»Ganz recht«, bemerkte der Beamte. Von Mr. Rush war nichts mehr zu erfahren.

Der Arzt, den Hunter hatte kommen lassen, war nicht der Polizeiarzt, denn der war wegen einer Grippe außer Gefecht. Sein Vertreter war kurz angebunden, mittleren Alters und sah keinen Sinn darin, für einen, der seiner Hilfe nicht mehr bedurfte, seine Zeit zu opfern. Er wollte noch etwas schlafen, bevor ihn der nächste Anruf, vermutlich um vier Uhr morgens, aus dem Bett holte. Er sprach kurz mit der Polizei, sagte, die Todesursache sei Erdrosselung, und was zum Teufel man denn erwarten könne mit Haken überall in der Decke, die irgendwelche Schwachköpfe geradezu einluden, sich daran aufzuknüpfen, und damit verschwand er. Er mußte sowieso vor Gericht erscheinen, und das würde ihn weitere Zeit kosten. Miss Mittens hielt ihn auf, indem sie ihn mit zitternder Stimme fragte, ob sie etwas hätte tun können, wenn sie schneller gewesen wäre, und er sagte nein, nichts, es sei nicht ihr Fehler, und wenn Bletsoe so ein Kerl gewesen sei, würde niemand durch seinen Tod etwas verlieren. Er bot ihr ein Schlafmittel an, aber sie sagte, sie werde ein Aspirin nehmen. Das habe bei ihr die beste Wirkung. Sie denke, das liege daran, daß sie sehr maßvoll im Umgang mit Medikamenten sei.

»Das sind die meisten Leute«, unterbrach sie der Arzt, der Dummköpfe haßte, und verschwand. Etwas später hörte man ein Fahrzeug, dann Schritte auf der Treppe, die kurze Zeit später langsamer, vorsichtiger, schwerfälliger als zuvor wieder abwärts gingen, weil sie jetzt von einer Last gebremst wurden, denn selbst ein kleiner Mann ergibt eine erstaunlich schwere Leiche.

9. Kapitel

Nachdem er sich von Bletsoe getrennt hatte, ging Goodier nicht unmittelbar nach Hause. Er mochte sein Hotel nicht, das immerhin das beste war, das er sich leisten konnte. Alle Männer dort schienen Geizhälse zu sein, die eher sterben würden, als ihre Habe zu teilen. Was die Frauen anbetraf, so war es lange Zeit her, daß sie sich zumindest noch hatten einreden können, sie seien in den besten Jahren. Aus vielerlei Gründen war er zu Tode besorgt, und er versuchte nicht, die Wahrheit vor sich selbst zu verheimlichen. Er hatte nicht einmal genügend Kraft, sich selbst zu belügen. Seit dem Mord ängstigte er sich, weil Bletsoe so ein Schwächling war, ein Bursche, aus dem man die Wahrheit herausholen konnte, indem man ihn unter Druck setzte oder ihn mit einer Waffe bedrohte. Auch das Gespräch an diesem Abend hatte nicht dazu beigetragen, daß er sich sicherer fühlte. Gewiß, er hatte Bletsoe davon abgehalten, Crook aufzusuchen, aber auf einen solchen Kerl war kein Verlaß. Bis morgen könnte sein geringer Widerstand wieder erwacht sein, und schon würde er sich auf die Socken machen, um seinen Hals in die Schlinge zu legen, und, wenn möglich, auch noch den eines anderen zu gefährden.

Goodiers Gefühle traten die bekannte Reise an von Furcht zu Bestürzung, und von Bestürzung zu Wut. Er ging in den

Grey Swan und bestellte sich einen doppelten Whisky, verließ das Lokal und kehrte im Lovely Bully ein, wo er einen zweiten Doppelten zu sich nahm. Mehr als einen wollte man ihm nicht ausschenken, weil das Zeug knapp bemessen sei, und er entgegnete, das sei das Leben auch, und überquerte die Straße zum Bag of Nails, wo es ihm gelang, noch einige Drinks zu bekommen, ehe der Barmann, ein Kriegsveteran mit einer Stimme wie ein wilder Stier, zu rufen begann: »Es wird Zeit, meine Herren, Sperrstunde!« Nun fühlte er sich eher in der Lage, sein Schicksal zu meistern. Er entzog sich einer reizenden Dame, die ihn aufzuhalten versuchte, zahlte ein oder zwei weitere Bestellungen, und erlag, immer noch abgeneigt, sein einsames, wenig einladendes Zimmer aufzusuchen, den Künsten einer Blondine in der Shaftesbury Avenue. Um zwei Uhr kam er nach Hause. Es war fast neun, als er die Morgenzeitung öffnete und die Geschichte Bletsoes in großen Lettern auf der ersten Seite fand.

Zunächst konnte er es nicht glauben. Er rieb sich die trüben Augen mit zitternder Hand und las die Spalte noch einmal, und sie ergab genauso viel oder sowenig Sinn wie zuvor. Er wußte nicht, was er erwartet hatte, aber jedenfalls nicht, daß er diese Geschichte lesen würde, bevor er nicht wenigstens eine Tasse Tee zu sich genommen hatte. Die Presse war nicht sehr mitteilsam, wahrscheinlich, weil sie selbst nichts wußte. In den Vordergrund stellte sie Miss Mittens und Mr. Rush und erwähnte, daß der Tote einen Brief für den Untersuchungsrichter hinterlassen habe. Der Ton war sehr zurückhaltend, was angesichts der Todesumstände verständlich war, denn niemand würde mit Sicherheit wissen, wie Bletsoe starb, bis die Todesursache offiziell bekanntgegeben war, auch wenn der Mann auf der Straße sicherlich zu Recht annahm, seine Vermutung sei so gut wie jede andere. Goodier war verärgert. Er wußte nicht viel über die Vorgehensweise der englischen Polizei, und er fragte sich, ob es von irgendeiner Bedeutung war, daß die Presse keinerlei Hinweis auf den Inhalt des Briefes gab. Vielleicht war das vor der gerichtlichen Untersuchung nicht möglich.

Wenn mein Name in dem Brief erwähnt wird, wird die Polizei hier auftauchen, überlegte Goodier. Er erhob sich mühsam von seinem Bett und erblickte sich (mit verständlichem Schauder) in dem großen Wandspiegel auf der anderen Seite des Raums. Im Schlafanzug sah er nicht gerade vorteilhaft aus, mit zerzausten Haaren, seinem dicken Bauch und dem gedrehten Schnurrbart, der nach der ausgelassenen Nacht einen eindeutig schäbigen Eindruck machte. Er schwankte zum Waschbecken und drehte den Kaltwasserhahn auf.

Je mehr er über den Fall nachdachte, desto weniger gefiel er ihm. Er fühlte sich wie jemand, der im Dunkeln auf einem schmalen Brett balanciert. Jeden Moment konnte er herunterfallen und einen schrecklichen Tod finden. Crook hatte die Angelegenheit auf scheußliche Weise erschwert. Er war nicht wie die Polizei, stetig, verläßlich. Die Polizei ging streng nach Alphabet vor, von A nach B, von B nach C. Crook dagegen sprang von A nach Z und zurück zu N oder M, ohne das Gefühl zu haben, damit unfair zu handeln.

Als Goodier fertig angezogen war, hatte er entschieden, daß es seine Pflicht sei, die Polizei aufzusuchen. Er brach nach einem hastigen Frühstück auf, um der Gerechtigkeit zu dienen, denn falls sie den Taxifahrer, der Bletsoe letzte Nacht nach Hause gefahren hatte, fanden, würde der Kerl sich bestimmt daran erinnern, daß Bletsoe mit einem Freund zusammen war, und Goodier hatte keine Lust, sich in den Zeitungen wiederzufinden als 'Der Mann, an den die Polizei dringende Fragen hat'. Nachdem er sich rasiert hatte, nahm er Hut und Mantel und ging hinaus. Er war etwas empört, daß man bei der Polizei keine besondere Begeisterung über sein Erscheinen zeigte. Er mußte mehrmals erklären, wer er war und was er wollte. Er versicherte ihnen, er sei der letzte gewesen, der Bletsoe lebend gesehen habe, abgesehen von dem Taxifahrer, und wenn er irgendwie helfen könne, nun, er stehe zur Verfügung.

Der erste Polizist, den er traf, bat ihn zu warten und kam dann mit einem rothaarigen Sergeanten zurück, der aussah, als sei Reineke Fuchs persönlich sein Vater gewesen. Goodier erklärte, daß er fremd sei in England, den größten Teil seines Lebens unter den Sternen Patagoniens geschlafen habe, usw. usw., aber er glaube, den Toten recht gut gekannt zu haben, und da dieser nie von Verwandten gesprochen habe, sei er vielleicht jemand, den die Polizei sehen wolle. Der Sergeant wurde etwas freundlicher, stellte ein paar Fragen, die Goodier bereitwillig beantwortete, indem er aussagte, Bletsoe sei am vergangenen Abend sehr verstört gewesen, obwohl er, Goodier, keinen Grund gehabt habe, anzunehmen, daß er vorhatte, sich Gewalt anzutun. Er sei sehr aufgebracht gewesen darüber, daß man Anne Vereker wegen eines Mordes festgenommen habe, den sie, so habe er geschworen, nicht begangen habe. Er habe sich sogar eine Lügengeschichte ausgedacht, die er ihrem Verteidiger habe auftischen wollen.

»Aber dort kam er wohl nicht an?« fragte der Rotschopf.

»Ich mußte ihn einfach warnen, daß er nur die Aufmerksamkeit auf sich selbst lenke«, wandte Goodier ein. »Er gehörte zu denen, die nicht auf sich selbst aufpassen können. Schließlich sah er ein, daß ich recht hatte, ein Taxi kam, und er fuhr davon.«

Auf Nachfrage gab er an, dies sei etwa um halb zehn gewesen.

»Und danach haben Sie nichts wieder von ihm gehört?«

»Nun, dazu war wenig Zeit.« Er hielt inne, weil ihm ein neuer Gedanke kam. »Sie meinen, er könnte vielleicht versucht haben, mich anzurufen? Aber er hatte kein Telefon in seinem Zimmer, das hat er mir gesagt, und ich war ohnehin nicht zu Hause.«

Er erläuterte seine Aussage und erklärte, er habe ein oder zwei Drinks genommen und dann eine Freundin getroffen.

Er war peinlich berührt, als der Polizist nach dem Namen der Freundin fragte.

»Ich muß schon sagen, langsam verstehe ich, warum die Leute nicht gerade wild darauf sind, der Polizei zu helfen«, rief er. »Was hat all dies damit zu tun, daß Bletsoe Selbstmord verübt hat?«

»Nur Routinefragen«, erklärte der Sergeant.

»Nun, ich kenne ihren Namen nicht — oder ihre Adresse«, mußte Goodier zugeben. »Ich kam so gegen zwei Uhr nach Hause. Der Nachtportier wird das bestätigen können.« Er unterschrieb seine Aussage mit der ihm eigenen schnörkeligen Schrift. Dann wurde ihm mitgeteilt, daß die gerichtliche Untersuchung bezüglich der Todesursache auf zwei Uhr anberaumt worden sei, und daß seine Anwesenheit hierzu vonnöten wäre. Er versuchte herauszufinden, ob die Polizei den in der Presse erwähnten Brief gelesen hatte, um dann vielleicht (falls die Antwort ermutigend wäre) die Frage anzuschließen, ob er darin erwähnt werde. Da ihm aber nichts Ermutigendes widerfuhr, schwieg er und ging hinaus. Er sah aus, als erwarte er, daß die Polizei ihn jeden Moment aufhalten und festnehmen werde. Es war beruhigend, zu wissen, daß heute abend alles ausgestanden sein würde.

* * *

Crook las ebenfalls die neuesten Nachrichten — Zeuge im Bishop-Mordfall erhängt aufgefunden — rieb seine große Nase, hob den Telefonhörer ab und nahm Verbindung mit Aubrey Bruce auf.

»Das ist genau deine Kragenweite«, sagte er. »Die Sache stinkt, verstehst du?«

Bruce, der sich, so dachte Crook, steif wie ein Frack anhörte, antwortete ja, er verstehe.

»Das paßt verdammt nochmal zu gut, nach dem Telefonanruf und allem«, erklärte Crook.

»Wie ich sehe, hinterließ er einen Brief an den Untersuchungsrichter«, murmelte Bruce.

»Ich kann diese Totenbettbeichten nicht leiden, wenn es denn eine ist, und was wichtiger ist, die Polizei mag sie auch nicht. Will sagen, es gibt keine Beweise, und wenn jemand sich auf diese Weise absetzen will, kann er genausogut die Schuld auf sich nehmen — und wenn er nicht der Täter ist, bleibt die Gerechtigkeit auf der Strecke.«

»Seit wann machst du dir Sorgen um die Gerechtigkeit?« fragte Bruce.

»Ich habe eine recht genaue Ahnung, wer Bishop tötete, und ich bin sicher, es war nicht Henry Bletsoe.« Crook wirkte beleidigt wie ein Mann, dem man einen Platz im Oberhaus versprochen hat, und dessen sämtliche Hoffnungen plötzlich durch eine hinterhältige Intrige zunichte gemacht werden.

»Immerhin erhängt sich niemand zum Spaß«, wandte Bruce ein.

»Ich glaube auch nicht, daß Bletsoe viel Spaß hatte«, sagte Crook grimmig. »Er wurde erpreßt — soviel wissen wir — und er war verzweifelt. Nachdem er seine Zahlungen nicht hatte aufbringen können, solange er eine Beschäftigung hatte, wie sollte er es als Arbeitsloser schaffen? Ich wage zu behaupten, es sah nicht gut aus für ihn. Außerdem war da noch der Kerl, mit dem er am Kai sprach, der, der ihm soviel Angst vor Arthur Crook machte, daß er es nicht mehr wagte, die Verabredung mit mir letzte Nacht einzuhalten. Möglicherweise ist er der Erpresser. Weißt du, wahre Gerechtigkeit wird es in unserem Lande erst geben, wenn man für Erpressung die Todesstrafe einführt. Es ist die heimtückischste Art von Mord, die es gibt.«

»Aber bis jetzt wissen wir doch überhaupt noch nicht, ob er den Mord an Bishop gestanden hat«, wandte Bruce geduldig ein.

»Es ergibt wohl kaum einen Sinn, daß er sich aufknüpft, wenn er es nicht getan hat«, erwiderte Crook, der nun etwas verächtlich klang. »Jedenfalls gehe ich jede Wette ein, daß er den Mord an Bishop gestanden hat. Vermutlich war er in seinem Herzen ein verfluchter Romantiker, das sind diese kleinen Versager meistens. Das ist meine Chance, denkt er. Ich werde die Schuld auf mich nehmen. Und irgendwelche sentimentalen Narren würden vermutlich behaupten, er habe durch seinen Tod seinem Leben einen Sinn gegeben. Tatsächlich«, fügte er nachdenklich hinzu, »ist die Polizei ziemlich gerissen. Sie werden sein Geständnis — vorausgesetzt, er hat eins hinterlassen — vielleicht doch nicht für bare Münze nehmen.«

Und tatsächlich brachte die gerichtliche Untersuchung für alle einige Überraschungen.

* * *

Es begann recht harmlos. Goodier identifizierte die Leiche, nachdem der Hotelinhaber nicht mehr hatte sagen können, als daß der Tote sich als Henry Bletsoe bei ihm eingetragen habe. Goodier hingegen beseitigte jeglichen Zweifel, der in dieser Frage vielleicht noch bestanden hatte, und wiederholte die Geschichte seiner Begegnung mit dem unglückseligen kleinen Mann am Vorabend. Der Taxifahrer war aufgespürt worden und bestätigte Goodiers Aussage. Es sei kurz nach halb zehn gewesen, als er den Fahrgast aufnahm, und etwa Viertel vor zehn, als er ihn vor der Tür des Hunterscombe Hotels absetzte. Die ganze Zeit über sei ihm der Herr seltsam vorgekommen.

»Was genau meinen Sie mit ‘seltsam’?« wollte der Untersuchungsrichter wissen.

»Nun, irgendwie komisch. Ehrlich gesagt«, fügte er mit wichtiger Miene hinzu, »ich dachte, er hätte einen oder zwei über den Durst getrunken. War etwas benommen. Ich war nah dran, ihm zu sagen, mein Benzin sei fast alle — wissen Sie, ich kann’s mir nicht leisten, daß jemandem in meinem Wagen übel wird — aber sein Atem roch okay, und ich dachte, es läge vielleicht nur am Nebel und der Kälte ...«

»Und diesen Eindruck bekamen Sie in den wenigen Sekunden, die er mit Ihnen sprach?«

»Das sag' ich doch, oder etwa nicht?« sagte der Taxifahrer ungehalten. »Es war nicht nur er, es war sein Freund. Er war verdammt besorgt, und ich wollte auch nicht, daß er in meinem Wagen stirbt. Daß das klar ist, ich sage nicht, daß da was faul war, aber ich hatte das Gefühl, daß er nicht ganz auf der Höhe war.«

Der Richter erklärte, der Zeuge wolle damit zum Ausdruck bringen, daß der Verstorbene sich in einem verzweifelten Zustand befunden habe.

»Was erwartet der denn?« murmelte ein Geschworener einem anderen wütend zu. »Wenn Sie vorhätten, den Löffel abzugeben, würden Sie dann kreuzfidel sein, frage ich Sie.«

Nachdem der Taxifahrer entlassen worden war, wurde Miss Mittens aufgerufen. Sie stand, wie Bletsoe in der vergangenen Nacht, unter einer nervösen Anspannung, aber sie erzählte ihre Geschichte recht deutlich. Sie glaube, Bletsoe sei gegen zehn Uhr eingetroffen, vielleicht etwas früher. Ihr sei nicht aufgefallen, daß er besonders durcheinander gewesen sei, aber sie habe sich ja auch nicht mit ihm unterhalten. Das Schreibmaschinengeräusch habe sie ziemlich lange gehört, aber es habe sie nicht gestört. Sie habe angenommen, er sei Schriftsteller und müsse dann arbeiten, wenn er seine Eingebungen habe. Erst als sie einen Knall hörte, sei sie mißtrauisch geworden. Ja, das Tippen habe kurz vorher aufgehört, usw., usw. Aber — nein, sie denke, es seien höchstens fünf Minuten vergangen, und der Arzt habe ihr versichert, daß es ohnehin zu spät gewesen sei. Sie dürfe gar nicht daran denken, daß ...

Der Richter, ein molliger, pausbäckiger kleiner Mann, sagte: »Sehr gut, Miss Mittens. Wir fühlen mit Ihnen und bewundern Ihre Herzensgüte, die Sie so schnell einem Mitmenschen zu Hilfe eilen ließ. Ich frage mich nun, ob Sie uns vielleicht sagen können, wann etwa Sie den Knall hörten.«

»Ich würde sagen, es war etwa Viertel nach elf. Es wurde

Lyrik im Radio gelesen, und sie hatten gerade mit dem wunderschönen Gedicht begonnen, *Bäume* ...«

Der Richter stellte befriedigt fest, damit könne man nun den Zeitpunkt, als der Stuhl umfiel, sehr exakt bestimmen, und dankte ihr für die klare Aussage. Dann nahm Mr. Rush ihren Platz ein.

Er gab an, Mr. Bletsoe etwa um zehn Uhr die Treppe hinaufkommen gehört zu haben. Er selbst gehe für gewöhnlich kurz vor zehn zu Bett. Ihm sei aufgefallen, daß der Verstorbene sehr ruhelos gewesen sei und mehrfach die Tür auf- und zugemacht habe. Einmal habe er auch ein Stöhnen gehört und überlegt, ob er nicht fragen solle, ob er etwas für ihn tun könne. Aber da die Geräusche schnell vorübergegangen seien, habe er die Idee wieder verworfen. Kurz danach hätten die Schreibmaschinengeräusche eingesetzt und ziemlich genau eine Stunde angedauert. Er habe es so lange wie möglich ertragen, aber da er sich an die Bestimmung im Mietvertrag erinnert habe, die die Benutzung von Radios, Musikinstrumenten, Näh- und Schreibmaschinen nach elf Uhr abends verbot, habe er sich schließlich erlaubt, an die Tür zu klopfen.

»Und das war, sagen Sie, etwa um elf Uhr?«

»Es war etwa zehn nach. Ich erinnere mich genau, Mr. Bletsoe gesagt zu haben, daß es bereits nach elf sei — und ich muß sagen, er hatte den Anstand, schuldbewußt zu klingen. Er sagte, er sei gerade fertig, und ich hörte dann auch nichts mehr, bis der Stuhl umfiel. Wieder dachte ich daran, rüberzugehen, aber ich begnügte mich damit, leise an die Wand zu klopfen. Nichts geschah — und dann hörte ich Miss Mittens' Klopfen und Rufen, und bevor ich Zeit hatte, etwas zu unternehmen, begann sie zu schreien und das ganze Haus in Aufruhr zu versetzen.«

Der Richter erklärte, er glaube, daß die Geschworenen die Sachlage vollständig verstünden, und der Arzt, der die Leiche untersucht hatte, betrat den Gerichtssaal. Natürlich hätte er der Verhandlung eigentlich von Anfang an beiwohnen müssen, aber er war kein Polizeiarzt und hatte es hartnäckig vorgezogen, bei einem lebensbedrohlichen Fall zu bleiben, bis er glaubte, entbehrlich zu sein. Er war ein dunkler Typ Ende dreißig, kurz angebunden, und sein Name war Symons. Ungeduldig erklärte er, die Aufforderung, den Leichnam zu untersuchen, habe er um etwa zwanzig nach elf erhalten, und er zögerte nicht, festzustellen, daß der Mann an Strangulierung gestorben sei. Der Tod sei zwischen einer und anderthalb Stunden vorher eingetreten, also zwischen zehn vor und zwanzig nach zehn. Nachdem er dies gesagt hatte, blickte er auf die Jury und schickte sich an, den Zeugenstand zu verlassen, sich offenbar der verheerenden Wirkung, die seine Aussage hatte, nicht bewußt.

Die Reaktion des Richters auf diese Neuigkeit mußte auch die schärfsten Kritiker zufriedenstellen. Er war, wie man sagt, sprachlos. Er stieß seltsame Laute aus, er starrte den Zeugen an, er starrte die Geschworenen an (die geduldig zurückstarrten), er betrachtete die Menge, die sich zu der Anhörung eingefunden hatte, und bemerkte, halb im Unterbewußtsein, einen großen, ziemlich gewöhnlich aussehenden Mann in einem hellbraunen Anzug, der weder geschockt noch bestürzt aussah, sondern über diese Entwicklung offensichtlich entzückt war. Und in der Tat rückten für Mr. Crook nun die fehlenden Mosaiksteinchen an ihren Platz, mit der gleichen Zwangsläufigkeit wie (so hätte er es ausgedrückt) Wasser aus einem zerlöcherten Eimer fließt.

Der Richer, Mr. Jenkins, den die ersten Anfälle völliger Ungläubigkeit zeitweilig sprachlos gemacht hatten, zeigte sich lobenswerterweise wieder etwas erholt.

Er rief Dr. Symons zurück, der sich bereits angeschickt hatte, den Zeugenstand zu verlassen. »Einen Augenblick, wenn Sie erlauben. Ich darf annehmen, daß Sie sich über die vorgebrachten Tatsachen absolut sicher sind?«

Dr. Symons lief puterrot an und erwiderte wütend: »Wenn ich den Unterschied zwischen einem Kerl, der mehr als eine

Stunde tot ist, und einem, der gerade erst abgekratzt ist, nicht kennen würde, hätte ich nicht mal ein Anrecht auf die schäbige Praxis, die ich unterhalte.« Es war offensichtlich, daß er sehr verärgert war. Crook mochte ihn auf Anhieb. Das ist der zulangende Typ, den sie in der Armee brauchen, dachte er.

Doch auch der Richter zeigte Mut.

»Sie haben natürlich nicht die Wirkung des offenen Fensters und der abgestellten Heizung, in Verbindung mit der niedrigen Temperatur, übersehen?«

»Niedrige Temperatur, so ein Quatsch«, unterbrach ihn Dr. Symons verächtlich. »Der Raum war so warm wie man es sich nur wünschen konnte. Und wenn Sie glauben, ein offenes Fenster könne die Körperwärme eines Toten innerhalb von fünf Minuten nach seinem Tode so sehr senken, wie es der Fall war, als ich den Kerl sah ...«

Bevor jemand es verhindern konnte, war Mr. Rush wieder emporgeschnellt. »Der Arzt hat recht«, sagte er. »Die Heizung war an. Ich hörte, wie er sie anstellte. Es ist Luft in den Rohren, und das verursacht einen merkwürdig pfeifenden Ton, der unverkennbar ist.«

Während dieser Rede versuchten die anständigen Leute im Publikum, ihn zum Schweigen zu bringen, aber der Geist der Herausforderung, den Dr. Symons angefacht hatte, war erwacht, und Mr. Rush hielt tapfer die Stellung.

»Wohlgemerkt, ich sehe Ihre Schwierigkeiten«, sagte der Arzt verständnisvoll. »Sie haben einen Haufen Zeugen, die aussagen, sie hätten mit dem Kerl gesprochen und ihn schreiben gehört, nachdem er schon eine Stunde tot gewesen sein muß. Nun, das ist nicht mein Problem. Meine Aufgabe ist es lediglich, Ihnen die medizinischen Fakten zu vermitteln, und das habe ich getan.«

Selbst die trägen Köpfe der Geschworenen begannen nun, etwas aufnahmefähiger zu werden. Man bot ihnen anscheinend die Wahl zwischen zwei gleichermaßen entsetzlichen Möglichkeiten. Entweder hatten sich alle vorangegangenen

Zeugen geirrt, ein Zufall, an den selbst die größten Dummköpfe unter ihnen nicht glauben mochten, oder aber Taten und Worte stammten von einem Toten. Es dauerte eine Weile, bis die klügsten unter ihnen erkannten, daß es noch eine dritte Möglichkeit gab, allerdings ebenso erschreckend wie die beiden anderen. Denn, da feststand, daß a) Mr. Bletsoe kurz vor zehn zurückgekehrt war, b) daß er ungefähr um zehn gestorben war, und c) daß die Schreibmaschine in seinem Zimmer zwischen zehn und elf Uhr ununterbrochen in Betrieb gewesen war, um ein Dokument herzustellen, das sich jetzt im Besitz des Untersuchungsrichters befand, so folgte daraus, vorausgesetzt, das erwähnte Dokument war mit einer Maschine, die von einem Lebenden bedient wurde, verfaßt worden, daß, wer immer dafür verantwortlich war, es geschrieben hatte, während der unglückliche Verstorbene höchstens drei Meter von ihm entfernt an seinem Haken hing. Diese Version fanden alle so unmenschlich, daß sie sich anfangs weigerten, sie zu akzeptieren.

Nicht so Mr. Crook. Solche Dinge lagen ihm. Wie er schon Aubrey Bruce gegenüber erklärt hatte, glaubte er nicht, daß das Leben so ordentlich war, wie es dieser Fall zunächst erscheinen ließ. Es war, so meinte er, allzu bequem, daß Henry Bletsoe gerade zu diesem Zeitpunkt starb und ein unterschriebenes Geständnis seiner Schuld im Bishop-Fall hinterließ. Denn das, wie der Richter bestätigt hatte, war der Kern des langen Schreibens, das ihm vorlag. Und selbst die Geschworenen konnten zwei und zwei genau genug zusammenrechnen, um zu erkennen, daß, (1) wenn Bletsoe nicht der Schreiber dieses Dokumentes war, er vom wahren Verfasser ermordet worden sein mußte, (2) daß der Schreiber sehr genaue Kenntnisse von Bletsoes Schritten in jener Nacht hatte, und daß daher (3) mit größter Wahrscheinlichkeit der Schreiber des Briefes, der Mörder und derjenige, den Bletsoe am Kai getroffen hatte, ein und dieselbe Person waren. Einige gingen sogar noch weiter und folgerten, daß der Mann, der

Bletsoe ermordet hatte, auch der Mörder von Lewis Bishop sei.

Natürlich war es dem Untersuchungsrichter nicht erlaubt, solche Schlüsse zu ziehen, und tatsächlich bewahrte er eine erstaunliche Gleichgültigkeit hinsichtlich Mr. Bishop und der Art und Weise, wie sein Schicksal ihn ereilt hatte. Alles, wozu ich hier bin, schien Mr. Jenkins' Haltung auszudrücken, ist, zu entscheiden, wie Mr. Bletsoe zu Tode kam, und zu diesem Zweck rief er erneut Mr. Goodier auf und bat ihn, nochmals über den Inhalt des Gesprächs nachzudenken, das zwischen ihm und dem Verblichenen stattgefunden habe.

Mr. Goodier folgte der Aufforderung, sagte aber, das Gericht werde sicher verstehen, daß es unter den gegebenen Umständen für ihn schwierig sei, jedes Wort genau wiederzugeben. Er fügte hinzu, daß ihm bewußt sei, daß Bletsoe erpreßt worden sei, an dieser Stelle allerdings wurde er barsch unterbrochen. Denn wenn Bletsoe dieses falsche Geständnis nicht geschrieben habe, dann habe er auch keinen Selbstmord begangen, und man suche daher nicht länger nach einem Grund, warum er sich das Leben genommen haben könne. Goodier vertiefte die Geschichte etwas und sagte aus, Bletsoe habe von ständiger Verfolgung gesprochen, aber keinen Grund dafür angedeutet. Er, Goodier, habe angenommen, es gebe einen Zusammenhang zwischen der Verfolgung und der Erpressung.

»Machte er den Eindruck, als ob er einen Besucher erwartete?« fragte der Richter.

Mr. Goodier hätte das natürlich gern bejaht, sagte aber ehrlicherweise nein. Jedenfalls, so fügte er hinzu, habe Bletsoe Mr. Crook treffen wollen, weil er Angst gehabt habe.

Aber das führte nicht weiter. Die Mitglieder der Jury hatten inzwischen erkannt, daß die Unterschrift unter dem Geständnis eine Fälschung war, und waren dankbar dafür, daß es nicht ihnen auferlegt war, den Fälscher zu entdecken. Das war Aufgabe der Polizei, und nach kurzer Beratung plädierten sie auf Mord durch einen Unbekannten und überließen es den Behörden, ihm einen Namen zu geben.

Die Journalisten hatten ihren großen Tag, beeinträchtigt nur durch die Tatsache, daß Dr. Symons ein vielbeschäftigter Mann war und wenig Lust zeigte, Interviews zu geben. Er entfernte sich, sobald es ihm gestattet war, eilig aus dem Saal und zeigte nicht einmal die Neugier des normalen Mannes hinsichtlich des Ausgangs dieser ungewöhnlichen Untersuchung.

Crook, der als Verteidiger im Bishop-Fall eine Sonderbehandlung beanspruchte, erhielt Gelegenheit zur Einsicht in das Geständnis. Bei der Polizei war man über den ganzen Vorgang sehr aufgebracht. Sowas passierte also, folgerten sie, wenn auf ihrer Seite jemand mit Grippe im Bett lag. Es war unverzeihlich, daß Symons nicht sofort die Todeszeit genannt hatte, die ihm ja augenblicklich bekannt gewesen sein mußte. Dr. Peters hätte sie niemals so sitzen lassen. Symons selbst war sich keiner Schuld bewußt. Er sagte, er habe von dem ganzen Theater und Geschwätz, das ihn vor Gericht erwartet habe, keine Ahnung gehabt. Er blieb dabei, daß er niemals den Eindruck erweckt habe, daß der Mann gerade erst seinen letzten Atemzug gemacht hätte, als er am Tatort erschienen sei. Er fügte noch hinzu, er sei nicht die Obrigkeit, und wenn man in Betracht ziehe, welch beträchtliche Summe das fügsame Unterhaus dem Innenminister für seine Aufgaben zur Verfügung stelle, solle man eigentlich eine leistungsfähige Polizei erwarten. Nachdem er sich auf diese Weise von seinem Ärger befreit hatte, zog er sich zurück, um Mrs. Brown von ihren Zwillingen zu befreien. Sein Gesichtsausdruck verkündete, er wünsche, jeder Polizeibeamte der Hauptstadt möge innerhalb der nächsten Stunde Zwillinge ohne ärztliche Hilfe bekommen. Für Crook war es offensichtlich, daß sie den Arzt am liebsten verprügelt hätten, falls sie den Mut dazu aufgebracht hätten. Aber sein Ruf war hervorragend und sein Motto das von Zachäus: Wenn ich jemandem etwas schulde, so werde ich es vierfach zurückzahlen. Crook betrachtete den Brief nur so flüchtig, daß er kaum die Hälfte gelesen haben konnte (und die Hälfte war seiner Meinung nach schon zuviel), und dann bat er um Einsicht in Goodiers Aussage. Diese Bitte wurde ihm ebenfalls erfüllt, aber er schenkte diesem zweiten Dokument kaum mehr Aufmerksamkeit als dem ersten. Nachdem er beide Papiere zurückgegeben hatte, quetschte er seinen schrecklichen Hut tief bis über die Augen und machte sich auf den Weg zum Hunterscombe Haus. Er nahm den Bus, denn er war der Meinung, nur Narren nähmen Taxen, durch die man ihre Spur leicht verfolgen könne, während selbst der scharfsinnigste Schaffner oder die aufmerksamste Schaffnerin kaum in der Lage sei, einen beliebigen Fahrgast wiederzuerkennen, der nur während der wenigen Sekunden auffiel, in denen er seine Fahrkarte löste. Im Hotel erklärte ihm ein schlampiges Zimmermädchen mit essigsaurem Gesicht, daß Mr. Hunter für niemanden zu sprechen sei. Crook erwiderte, das könne er sich nicht vorstellen, es sei denn, er wolle ins Kittchen wandern, weil er die Rechtsfindung behindere, und kurz darauf standen sich die beiden Männer gegenüber.

»Ich«, verkündete Crook sofort, »vertrete die Verteidigung.«

»Die Verteidigung?« fragte Mr. Hunter, der sowohl zu unwissend als auch zu unschuldig war, um Crooks Ruf zu kennen.

»Im Mordfall«, erklärte Crook geschwind, und ohne dem verdutzten Mr. Hunter noch Gelegenheit für weitere unbequeme Fragen zu geben, fuhr er fort: »Ich will Sie nicht lange aufhalten. Ich wollte nur kurz Mr. Bletsoes Zimmer sehen. Ich nehme doch an, es ist darin nichts verändert worden?«

Hunter bejahte das. Trübsinnig erklärte er, es mindere den Wert eines Zimmers, wenn jemand darin sterbe. Crook erwiderte derb, zur Zeit könne er vermutlich das Zimmer zu Spitzenpreisen vermieten, falls er die Leiche in einer Truhe im Raum aufbewahren lasse. Sie gingen gemeinsam nach oben. Der Raum war schäbig und klein. Ein kleiner Gasofen war gerade weit genug von dem billigen, schwarzen Gitterbett aufgestellt, um sicherzustellen, daß man ihn nicht abstellen konnte, ohne das Bett zu verlassen. Die Vorhänge waren armselig und erfolglos gewaschen. Am Fenster stand ein Tisch mit einer Schreibmaschine – ohne Zweifel war der Brief auf ihr geschrieben worden. Der Haken war immer noch in der Decke, aber heute war er nackt und unschuldig.

Crook stand am Fenster, genau an der Stelle, wo der dem Untergang Geweihte gestanden haben mußte, als er das rührende Geständnis, das sich jetzt in den Händen der Polizei befand, unterzeichnet hatte. Das pinkfarbene Löschpapier, das er benutzt hatte, war seither nicht angerührt worden. Die Unterschrift 'Henry Bletsoe' war in Spiegelschrift deutlich lesbar. Crook streckte seine große, sommersprossige Pranke aus und nahm einen Federhalter von der gerillten Glasablage, tauchte ihn in das Tintenfaß, das ausnahmsweise frisch gefüllt war (obwohl Crook die Erfahrung gemacht hatte, daß kein Hotel dieser Klasse Tintenfässer je frisch auffüllte, vor allem wohl, weil der Eigentümer und seine Helfer praktisch Analphabeten waren), und schrieb eine Unterschrift auf die Rückseite eines Umschlags, den er aus seiner Tasche gezogen hatte. *Henry Bletsoe, Henry Bletsoe, Henry Bletsoe.* Die großen schwarzen Buchstaben starrten ihn an.

»Haben Sie das gesehen?« fragte er den verwirrten Mr. Hunter.

»Ja«, räumte Mr. Hunter ein.

»Gut, dann vergessen Sie es nicht. Das war's.« Er legte den Federhalter wieder zurück, nahm den Bogen Löschpapier an sich, faltete ihn und steckte ihn in das kleine, schäbige schwarze Reisetäschchen, das er stets bei sich trug. Wegen dieser Tasche war er einige Male stürmisch von völlig Fremden als Klempner begrüßt worden, aber noch öfter als einer der glücklichen Gauner, die auf dem Schwarzmarkt Alkohol ergattert hatten.

»Ich sehe Sie später«, sagte Crook mit einer Miene, als tue

er jemandem einen Gefallen, und verschwand. Sein nächster Besuch galt der Wohnung von Aubrey Bruce.

»Du hättest mit mir kommen sollen«, sagte er ernst. »Ist wirklich mehr dein Bier als meins. Lokalkolorit und all das. Wände und Türen in der Farbe dünner Bratensauce und fast ebenso schmierig. In den oberen Stockwerken Perlvorhänge, die nur spärlich verbergen, was die Amerikaner einen *Restroom* oder Leute mit guter Erziehung *das Örtchen* nennen, und Fetzen gelber Vorhänge an den Fenstern. Und jede Tür wie ein flacher Stein, unter dem ein geheimnisvolles Geschöpf lauert ...«

»Du klingst wie einer der alttestamentarischen Propheten«, sagte Bruce bewundernd.

Crook beendete seinen Ausflug in die Poesie und fuhr in lebhafterem Ton fort. »Es ist schon komisch, wie jeder Verbrecher an irgendeiner Kleinigkeit scheitert. Der Kerl, der Bletsoe tötete, bedachte vieles, selbst das Fenster zu öffnen und den Gasofen auszumachen, um die Leichenstarre schneller eintreten zu lassen. Er machte auch nicht den alten Fehler, das Licht auszuschalten, als er den Raum verließ. Hast du schon mal von einem Mann gehört, der sich im Dunkeln erhängte? Es war nicht sein Fehler, daß die Leiche so schnell entdeckt wurde, er hätte sich auch kaum davor schützen können. Aber er übersah eine Kleinigkeit, nämlich das Geständnis des toten Mannes mit dessen eigenem Federhalter zu unterschreiben. Du erinnerst dich, Bletsoe gehörte zu den Leuten, die keinen Füllfederhalter benutzen können, solche Dinge funktionierten bei ihm nicht. Armbanduhren, Feuerzeuge — sobald sie in seinen Besitz kamen, versagten sie. Der zuverlässigste Füllfederhalter, der für Geld zu haben ist, brauchte ihn nur zu sehen, und schon kleckste er seine Tasche voll, die Feder spaltete sich, und die Kappe zerbrach. Darum fand ich das Tintenfaß in seinem Zimmer voll frischer Tinte. Nicht, weil das Hotel es aufgefüllt hatte. Hotels wie das Hunterscombe Haus achten nicht auf solche Feinheiten. Aber

Bletsoe hielt es für seinen eigenen Gebrauch gefüllt, und es war gute, schwarze, schnell trocknende Tinte. Sieh dir das an.« Er holte den Bogen Löschpapier heraus.

»Hier habe ich seinen Namen geschrieben. Und dort«, er zeigte auf das leuchtende Blau in Spiegelschrift, »hat der Kerl die Unterschrift unter dem Geständnis abgelöscht.«

»Und du weißt, von wem die Unterschrift stammt?«

»Ich habe mir die Aussage angesehen, die Goodier unterzeichnet hat. Sie trägt seinen Namen in blauer Tinte, genau wie diese hier.« Er tippte erneut auf das Löschpapier. »Merkwürdig, nicht wahr, Bruce, wie Kleinigkeiten einen Mann an den Galgen bringen.«

10. Kapitel

Viele Leute waren der Überzeugung, wenn auch natürlich nicht die Polizei oder Arthur Crook, daß die Überführung von Bletsoes wahrem Mörder auch das Ende des Bishop-Falls bedeutete. Für den Mann auf der Straße lag es auf der Hand, daß Goodier ein zweites Verbrechen verübt hatte, um das erste zu vertuschen.

»Das ist zwar richtig«, stimmte Crook zu, »nur war das erste Verbrechen nicht der Mord an Lewis Bishop. Davon bin ich überzeugt.«

»Und du bist sicher, daß er Bletsoe ermordet hat?«

»Du nicht?« fragte Crook. »Wer sonst hätte den Brief schreiben können? Wer sonst wußte, wo Bletsoe sich aufhielt und wen er an jenem Abend getroffen hatte? Außerdem — man hat Fingerabdrücke gefunden ... Ich denke, Goodier war so vorsichtig, wie er nur konnte, aber als er die Gasheizung abdrehte, vergaß er, daß eine metallische Oberfläche die Abdrücke beibehält. Nein, zum Teufel, er ist schuldig. Aber er hat eiserne Nerven. Er muß kurz nach Bletsoe hereingekommen sein —

sagen wir, zur Sperrstunde, also etwa um zehn Uhr. Er hatte da schon einige Gläschen getrunken, und ich bin sicher, er war auch beim Treffen an der Themse schon nicht mehr ganz nüchtern. Er muß gedacht haben, er könne nicht riskieren, daß Bletsoe mir gegenüber auspackt — und vielleicht auch bei der Polizei — und er glaubte, die Sache gut genug eingefädelt zu haben, um jedermann zum Narren zu halten.«

»Ziemlich schreckliche Geschichte«, sagte Bruce. »Stell dir vor, daß dieser Dicke an der Schreibmaschine saß, während Bletsoe am Haken hing — er hat ihn erwürgt, nehme ich an?«

»Sie werden es uns schon sagen, wenn sie sich über alles im klaren sind — aber ja, ich denke, daß es so war. Wohlgemerkt, ich weiß natürlich nicht, ob er die Absicht hatte, ihn zu töten, als er ankam. Dieser Rush hat Krach gehört und Türen, die auf- und zugingen. Das zweite Türengeräusch muß von Goodier gekommen sein, der eintrat.«

»Rush hat nicht erwähnt, daß er Stimmen gehört habe«, gab Bruce zu bedenken.

»Das würde bedeuten, daß alles im voraus geplant war. Dieses Stöhnen — kein schöner Gedanke, Bruce. Er muß ihn dort aufgeknüpft und sich dann hingesetzt und das Geständnis in die Tasten gehämmert haben. Er dachte sicher, damit sei die Sache erledigt. Er hat immer gesagt, er wisse wenig über die englische Justiz, erinnerst du dich? Dann drehte er die Heizung ab, öffnete das Fenster, stieß den Stuhl um und machte sich aus dem Staub. Wenn die alte Gans im Zimmer darunter nicht so lange über die Regeln des Anstands meditiert hätte, wäre sie wahrscheinlich mit Goodier zusammengestoßen, der Hals über Kopf die Treppe hinunterrannte. Natürlich wollte er nicht, daß man die Leiche vor dem nächsten Tag fand, denn dann wäre selbst ein Mann wie Symons mit Gott dem Allmächtigen als Stütze nicht fähig gewesen, zu schwören, ob der Tod vor oder nach elf Uhr eingetreten war. Es hätte eigentlich klappen müssen, aber, wie ich immer sage, ohne Glück kannst du dich auf nichts verlassen. Nun, Goodier wird in die

Todeszelle wandern, und niemand wird versuchen, das zu verhindern.«

Bruce nickte ernst. »Bletsoe muß etwas sehr Gefährliches gewußt haben«, sagte er.

»Schlechtes Gewissen«, entgegnete Crook. »Natürlich wußte Bletsoe etwas, aber dieses etwas war nicht, daß Goodier Bishop umbrachte. Nein, ich bin sicher, Goodier hatte Angst, daß Bletsoe mit allem, was er wußte, zur Polizei gehen würde, die ihn, Goodier, vielleicht als Mörder herausgepickt hätte und damit sogar durchgekommen wäre.«

»Und was glaubst du, war es, das Bletsoe wußte?«

»Ich vermute, Bletsoe wußte, warum sich Goodier in jener Nacht in der Bibliothek aufhielt, und er befürchtete, er würde es mir anvertrauen.«

»Und warum mußte er das fürchten?«

»Weil Goodier dort war, um sich die Diamanten unter den Nagel zu reißen, und das tat er auch. Und Bletsoe wußte es.«

»Schwerwiegend«, räumte Bruce ein, »aber nicht gerade eine Sache, für die man jemanden aufhängt.«

»Du mußt die Dinge wie ein Dichter betrachten, ruhig und als zusammenhängendes Ganzes. Du mußt immer an das Ende der Geschichte denken. Angenommen, die Polizei wüßte, daß Goodier in der Bibliothek war, um die Diamanten zu stehlen, und daß Bishop sich die ganze Zeit hinter dem Vorhang verborgen hielt, um ihn zu beobachten. Dann kommt die ganze Familie hinzu, und jemand schlägt vor, die Taschen zu leeren, und Bishop sagt 'Nein, ich werde euch sagen, wer sie hat'«, und dann geht das Licht aus, und wenn sie dann feststellen, daß Bishop erschossen wurde, auf wen, denkst du, würde der durchschnittliche Polizist wohl als Mörder tippen?«

»Ein klarer Fall«, stimmte Bruce zu. »Sicher auf den, der am meisten zu verlieren hat.«

»Außerdem haben wir noch mehr Beweise. Wo wurden die

Diamanten gefunden? Richtig, in Bishops Tasche. Aber — wer fand sie? Goodier! Und warum?«

»Du kombinierst schnell«, sagte Bruce anerkennend. »Du willst damit sagen, er schob sie in Bishops Tasche, als er nach dem Taschentuch suchte?«

»Kommt dir das nicht logisch vor?«

»Wußte er da schon, daß es Imitationen waren?«

»Das bezweifle ich. Es waren erstklassige Fälschungen, Goodier war in großer Eile, und er hatte sie kaum in den Fingern, als er auch schon unterbrochen wurde. Die spannende Frage ist — wer legte die Imitationen in den Safe, und warum?«

»Bishop war, außer Goodier, der einzige, der soviel von Juwelen verstand, daß er den Unterschied erkennen konnte«, murmelte Bruce.

»Und Bishop — wie der junge Vereker mir erzählte — sagte irgend etwas von falschem Schmuck. Weißt du, ich war nie so recht glücklich über diese Diamanten in Bishops Tasche. Wenn er sich die ganze Zeit hinter dem Vorhang aufhielt, wußte er doch, was sich da zusammenbraute. Und wenn er die Diamanten bei sich hatte, würde er dann — konnte er dann — so absolut dumm sein, und sich zeigen und anbieten, seine Taschen zu leeren, wo er doch wußte, was drin war? Er war hinter dem Vorhang, er hätte die Steine irgendwie verstecken können, unter einem Kissen, sie aus dem Fenster werfen — was du willst. Auf keinen Fall aber hätte er sich in die Höhle des Löwen begeben mit einer Diamantenkette zwischen den Zähnen — sozusagen.«

Bruce zeichnete die flüchtige Skizze eines Hais, der ein Diamanthalsband trug. »Dann gehst du also davon aus, daß er die echten Diamanten gegen die Imitationen ausgetauscht und die falschen in den Safe gelegt hatte. Und wo sind jetzt die echten?«

»Das müssen wir herausfinden. Die Polizei, die, wie du ja weißt, das Haus vom Keller bis zum Boden durchkämmt hat, konnte sie jedenfalls nicht finden. Und doch hatte Mrs. Goodier sie an eben jenem Abend getragen. Sie gab sie Bishop, der sie wegschließen sollte. Das war seine Gelegenheit. Das ist der Zeitpunkt, wo er den Austausch vorgenommen haben muß. Für den Augenblick müssen wir uns damit abfinden, daß wir bezüglich des Verstecks der Steine im Dunkeln tappen.«

»Er könnte sie als Brille oder Zahnprothese getarnt verpackt haben, in der Absicht, sie am nächsten Morgen zur Post zu bringen«, schlug Bruce vor.

»Falls du recht hast«, widersprach Crook, der das Ganze offensichtlich recht gründlich durchdacht hatte, »wo sind sie dann jetzt? 'Bleiche Hände, die ich geliebt am Ufer des Shalimar, wo seid ihr jetzt? Wo seid ihr jetzt?' Ich habe Bill beauftragt, seine Augen nach den Diamanten offenzuhalten, aber er schwört, daß sie noch nicht aufgetaucht sind, und Bill entgeht nicht viel. Die einzige Möglichkeit besteht darin, daß Bishop sie versteckt hat, noch ehe er selbst aus dem Weg geräumt wurde, und wer immer sie jetzt hat, wird sich verdammt still verhalten, wenn er nicht die Polizei am Hals haben will. Andererseits könnte Bishop sie auch an einer Stelle versteckt haben, wo bislang noch nicht gesucht wurde.«

»Und welche Rolle spielt Bletsoe dabei? Wußte er, daß Goodier die Diamanten hatte?«

»Ich denke, ja. Ich konnte mich nie mit Goodiers Geschichte anfreunden, er habe Bishop sprechen wollen. Erstens hatte er mehr als genug von ihm gesehen, und zweitens wartest du, wenn du jemanden sprechen willst, der unter demselben Dach mit dir wohnt, doch nicht einen Zeitpunkt ab, wo er und alle anderen normalerweise schon zu Bett gegangen sind, um dann wie ein Kater runterzuschleichen. Nein, ich denke, Goodier war in Schwierigkeiten, konnte nicht an das Geld seines Bruders herankommen, konnte aber auch nicht warten, und da fielen ihm die Diamanten ein. Er war in dieser Branche tätig, er wußte, wie man die Steine absetzt, wie man sie tarnt — die berühmten Goodier-Diamanten kann man einfach nicht verkaufen, wie sie sind, auch wenn einem der Gedanke gegen den Strich geht, daß solch ein Schatz in seine Einzelteile zerlegt wird. Nun, da steht er also, hat den Safe geöffnet, die Diamanten entnommen, und dann, wie der Höllenfürst in Miniaturausgabe, erscheint unser Mr. Bletsoe. Vorhang!«

»Warum schlägt er nicht sofort Alarm?«

»Unser Mr. Goodier ist zu gerissen dafür. 'Wenn Sie ein Wort sagen', droht er, 'werde ich schwören, ich sei gerade hereingekommen und hätte Sie hier überrascht, als Sie den Safe ausraubten!' Und vergiß nicht, keiner von beiden weiß, daß sich Bishop hinter dem Vorhang versteckt hat. Und jeder würde Goodiers Geschichte glauben. Zunächst einmal würde er sie sehr viel überzeugender erzählen als Bletsoe, und außerdem wäre es viel wahrscheinlicher, daß Bletsoe wußte, wo der Safe war und wo sich der Schlüssel befand. Wohlgemerkt, Goodier wußte es auch, da bin ich sicher. Er hatte schließlich Augen im Kopf. Aber niemand könnte ihm nachweisen, daß er es wußte, und allen war bekannt, daß Bletsoe es wußte.«

»Aber welchen Nutzen könnten die Diamanten für Bletsoe haben?«

»Da stimme ich dir zu. Ich zweifle daran, daß er gewußt hätte, wie er sie loswerden soll, und er war solch ein Stümper, daß man ihn wahrscheinlich mit den Steinen in der Tasche gefaßt hätte. Goodier war viel zu clever. Als er sah, woher der Wind wehte, schob er die Diamanten in Bishops Tasche und ließ alle ihre eigenen Schlüsse ziehen. Es ist doch bezeichnend, findest du nicht auch, daß nach den uns vorliegenden — zugegebenerweise etwas einseitigen — Hinweisen Goodier die Steine hatte, und daß auch er es war, der sie aus Bishops Tasche hervorzauberte, nachdem dieser bereits tot war und keine Schwierigkeiten mehr machen konnte?«

»Du hast mich überzeugt«, stimmte Bruce zu, »aber das gelingt dir ja meistens.«

»Und wenn ich recht habe, hatte nur Goodier, und niemand sonst, ein Motiv, Bletsoe aus dem Weg zu schaffen. Goodier hatte Angst, Bletsoe würde reden, und obwohl der ein armer, kleiner, hilfloser Wurm war, der von sich aus nichts getan hätte, wäre die Sache doch, sobald er mich getroffen hätte, brenzlig geworden. Da haben wir also den armen Goodier, in noch größeren Schwierigkeiten als je zuvor, eifrig bemüht, die Dinge so zu ordnen, daß er sich sicher fühlen kann. Weißt du, Bruce«, wechselte er in der für ihn typischen Weise das Thema, »ich glaube, ich gehöre zu den Leuten, die dem Fortschritt Steine in den Weg legen. All dies Gerede von Sicherheit, ob soziale oder sonstige! Warum fragt man nicht die Leute, die es wissen? Wir könnten es ihnen sagen. Was hat Goodier in seine jetzigen Schwierigkeiten gebracht? Der Wunsch nach Sicherheit. Wenn er Bletsoe in Ruhe gelassen hätte, wäre es vielleicht eine Weile ungemütlich für ihn gewesen, aber es wäre nichts passiert, weil nämlich Bletsoe kein einziges Wort beweisen konnte, egal, welche Geschichte er sich ausdachte. Aber nein, damit ist Goodier nicht zufrieden. Sicherheit liegt in der Luft. Diese Burschen in der Zentrale der Gaswerke (das war Mr. Crooks rüde Bezeichnung für das Unterhaus) sprechen über nichts anderes mehr, und irgendein armer Teufel wie Goodier, der nach all seinem Camping unter den Sternen usw. nicht genug Grips hat, sich bei Unwetter zu verkriechen, wird erwischt.«

»Aber das beantwortet immer noch nicht die Frage, wo die echten Diamanten sind.«

»Entweder hatte Bishop einen Komplizen im Garten, was unwahrscheinlich ist, oder sie waren zur Zeit seines Todes noch im Haus. Ich neige zur zweiten Version. Er ist nicht der Kerl, der sie aus den Augen gelassen hätte, nicht, ehe er das Geld dafür in der Hand hatte. Außerdem wollte er wohl auch das Risiko nicht eingehen. Und es ist schon ein bißchen gefährlich, das Zeug mit der Post zu schicken, wo es leicht zurückverfolgt werden kann. Bishop kannte sich im Erpressergeschäft gut genug aus, würde ich sagen. Nein, er hat diese Diamanten irgendwo im Haus versteckt, und da müßten wir auch die Antwort auf unsere Frage finden.« Er schlug mit der Hand auf die Papiere, die vor ihm auf dem Tisch lagen. Sie enthielten Abschriften der Aussagen der verschiedenen Mitglieder des Haushalts. »Wenn das so weitergeht, werde ich bald Rente beantragen müssen. Ich verliere tatsächlich meine Fähigkeiten!«

»Niemand außer dir hat das bisher bemerkt«, ermutigte ihn Bruce.

»Fassen wir nochmal zusammen«, sagte Crook. »Bishop und das alte Mädchen wollten innerhalb von achtundvierzig Stunden heiraten. Er hatte ihr bereits gesagt, ihr Schmuck müsse repariert werden. Wenn der falsche Schmuck zurückgekommen wäre, hätte sie garantiert keinen Unterschied bemerkt, und falls sie später jemand darauf hingewiesen hätte, dann hätte eben Bishop Fragen gestellt wie: Wann trug sie ihn zuletzt, wer war dabei usw., usw. Sie würde nichts merken. Sie hat heiße Luft im Schädel und ein Gedächtnis wie ein Sieb. Sie ist die einzige Frau, der ich je begegnet bin, die Bigamie begehen könnte und schwören, daß sie den ersten Mann völlig vergessen hatte, und ich würde es ihr abnehmen.«

»Du glaubst also, Bishop wollte beide Ketten mit in seine Flitterwochen nach London nehmen?«

»So ist es. Und das bedeutet, daß sie beide im Haus waren in der Nacht, als er getötet wurde. Inzwischen hat die Polizei jeden Winkel durchkämmt und nichts gefunden, was bedeutet, daß er sie entweder so verdammt geschickt versteckt hat, daß selbst die Polizei sie nicht finden kann, oder daß jemand anders sie vor der Polizei entdeckt hat. Das gibt uns nicht viel Spielraum, aber es sollte reichen, weil es einfach reichen muß. Was ich in diesem Wust von Hinweisen finden will, ist etwas Außergewöhnliches, etwas, das noch keiner erklärt hat. Und wenn es da ist, Bruce, werde ich es finden, oder ich gehe zum Arbeitsamt und nehme eine Stelle als Nachtwächter an.«

»Du scheinst ziemlich sicher zu sein, daß du die Beweise erbringen kannst«, entgegnete Bruce skeptisch.

»Ich glaube dem Kerl, der behauptet hat, nichts dürfe verloren gehen, weil alles nur Teil eines großen Plans sei und seinen Platz darin habe, auch wenn es anfangs deplaziert wirke. Also müssen wir dieses Einzelteil finden und dahin legen, wo es paßt. So einfach ist das, mein lieber Watson.«

Er nickte und zündete sich eine neue Zigarre an.

Bruce, der ihn aufrichtig um diesen einfachen und vertrauenden Glauben beneidete, sagte nichts, sondern griff seinerseits in sein Etui und entnahm ihm eine türkische Zigarette, während Crook sich auf die Aussagen stürzte wie ein Verhungernder auf eine ordentliche Mahlzeit. Eine Zeitlang war kein Laut im Raum zu hören außer Crooks knurrendem Atem, was bedeutete, daß er es ernst meinte, und es würde der Wahrheit wenig nutzen, wenn sie versuchte, sich zu verbergen, denn er war entschlossen, sie aus ihrem Versteck zu zerren und öffentlich zur Schau zu stellen. Und seine Geduld wurde belohnt, denn nach einer Weile sah er auf, um in verdutztem Ton zu fragen: »Wie konnte ich das nur übersehen? Ich verdammter Esel.«

»Das Versteck der echten Diamanten hat auch die Polizei noch nicht gefunden«, tröstete ihn Bruce.

»Wenn ich mich auf das Niveau der Polizei begebe, bin ich verloren«, war Crooks grimmige Antwort. »Sie stehen auf dem Boden des Gesetzes, ich stehe nur auf meinen großen Plattfüßen. Sieh dir das an! Nachdem sie die Bibliothek verlassen hatten, gingen sie in den Frühstückssalon — Empfangsraum — oder wie ihr feinen Pinkel das nennt, und Goodier wollte nach oben gehen, um sich eine Zigarette zu holen. Jemand schlug vor, er solle sich eine aus der Dose nehmen, und ein anderer wandte ein, das sei sinnlos, da gebe es nie Zigaretten, und falls doch, seien sie muffig. Aber paß auf! Als Goodier die Dose öffnete, war sie voller Zigaretten, und nicht einfach Zigaretten, sondern Bishops Spezialsorte, die er nie anbot, wenn er es vermeiden konnte. Nun, was sagt dir das?«

»Daß er und kein anderer sich geruht hatte, die Dose aufzufüllen«, erwiderte Bruce, der nun den feinen Pinkel mimte.

»Richtig! Und warum?«

»Weil er etwas verstecken wollte«, entgegnete Bruce im gleichen Tonfall.

»Schon möglich«, sagte Crook, »schon möglich. Nur — die Diamanten sind nicht mehr dort, Bruce. Und falls es nicht die Diamanten waren, die Bishop versteckte, was war es dann?«

»Und wer, glaubst du, hat sie jetzt?«

»Das müssen wir herausfinden. Die meisten dieser Typen waren so wohlerzogen, daß sie für die Zigaretten eines Toten nicht viel übrig gehabt haben dürften. Vereker gehörte dazu, und wohl auch das Mädchen. Bletsoe lehnte ab, wie wir wissen, aber Goodier griff zu. Wir kennen solche Kerle. Der ist sich für einen Diebstahl nicht zu schade. Die Art Mensch, die zusieht, wie ein Kind ein Dreipennystück fallen läßt, und es einsteckt, sobald der Knirps brüllend nach Hause rennt. Es wäre ihm egal, wieviele von Bishops Zigaretten er klaute. Und da ist noch was. Er war der letzte, der befragt wurde. Also war er im Raum mindestens fünf Minuten allein, vielleicht sogar länger. Die, die ihre Aussage gemacht hatten, wurden auf ihre Zimmer geschickt, um eine Absprache zu verhindern. Goodier muß wissen, daß sein Spiel aus ist. Er ist gekommen, um sich Geld zu verschaffen, und hat keinen Penny bekommen. Er wollte die Diamanten stehlen, und Bletsoe hat ihn überrascht. In Wirklichkeit war es natürlich nicht Bletsoe, sondern Bishop, der ihn überraschte. Goodier war wie dieser Mann bei Shakespeare, der alles mitnahm, was er kriegen konnte. So 'ne Art menschliche Elster ...«

»Autolycus«, ergänzte Bruce.

»Ich war sicher, du würdest es wissen. Nun, würde er sagen, ich habe nicht viel erreicht, und es schadet niemandem, wenn ich mein Etui aus dieser Dose fülle. Ich bin sicher, er gehört zu den Leuten, die sich immer bei anderen bedienen — und dieses eine Mal war es ein lohnender Griff.«

»Weil, als er die Dose geleert hatte, er etwas entdeckte, das er nicht erwartet hatte.«

»Ich denke schon, Bruce, ich denke schon. Ich habe diese Dose selbst untersucht. Sie war reichlich groß und nicht einmal halb voll. Ich vermutete, Goodier habe die andere Hälfte genommen — ich habe Beweise, daß sie in der Nacht, in der Bishop erschossen wurde, voll war — aber ich bin damals nicht auf die Idee gekommen, daß Goodier nicht die Zigaretten, sondern das, was sie verdeckten, genommen haben könnte. Er hatte die Gelegenheit, und zu der Zeit suchte man noch nicht nach den echten Diamanten, oder falls doch, dann in den Taschen der einzelnen Leute, und Goodier war bestimmt kein solcher Einfaltspinsel, sie in die Tasche zu stecken.«

»Vermutlich hat er sie wie eine Dame um den Hals getragen«, spottete Bruce, doch Crook entgegnete ernsthaft: »Das würde mich nicht im geringsten überraschen.«

»Und nun?« fragte Bruce.

»Das ist genau der Punkt. Goodier scheint nicht mehr so besorgt wie bisher. Er könnte es geschafft haben, etwas Geld aufzutreiben. Natürlich sind die Diamanten noch nicht aufgetaucht. Selbst ein Hehler überlegt es sich zweimal, bevor er sich mit Ware abgibt, die in einen Mordfall verwickelt ist. Aber das muß nicht bedeuten, daß sie nicht ruhig im Safe irgendeines Hehlers liegen. In der Regel sind diese Leute vorsichtig, das müssen sie auch sein. Und sie denken langfristig. Sie können es sich leisten, etwas zu warten. Kein Mord ist länger als neun Tage eine Sensation, nicht mal der Fall der Bräute im Bad, und ich kenne kein Verbrechen, das mehr Aufsehen erregt hat. Bald wirst du in eine Bar gehen und den Namen Lewis Bishop nennen können, ohne daß irgend jemand die Nase aus seinem Bierglas hebt, und wenn es soweit ist, wird X beginnen, die Diamanten abzustoßen. Nein, ich glaube nicht, daß Goodier sie noch hat. Es gibt nicht mehr als fünf oder sechs Leute in London, die eine so große Sache handhaben könnten. Man muß also nur am Ball bleiben, denn früher oder später wird einer dieser Kerle die Diamanten in den Verkehr bringen, aber das interessiert mich persönlich nicht«, schloß Crook großspurig. »Mord ist mein Fach, nicht leichter Diebstahl. Aber auch Polizisten sind nicht völlig dumm. Sie könnten vielleicht erraten, wo sich die Diamanten befinden, und wenn die Zeit reif ist, schlagen sie zu.«

Bruce nickte. »Ich verstehe.« Er war daran gewöhnt, Crook reden zu lassen. »Und — denkst du, Goodier hat Bishop getötet?«

»Ich persönlich glaube das nicht. Ich habe eine eigene Theorie.«

»Legst du deine Karten auf den Tisch?«

Crook erzählte ihm, was er dachte.

Bruce blickte erstaunt. »Hast du irgendwelche Beweise, die deine Theorie belegen?«

»Ein paar.« Crook fuhr mit seiner Version des Falls fort.

Bruce runzelte die Stirn. »Das wird nicht für eine Verurteilung reichen.«

»Darauf kannst du wetten. Wir haben noch viel Arbeit vor uns. Ich muß listig wie eine Schlange und friedlich wie eine Taube sein, um meine junge Dame dazu zu bringen, mir etwas zu helfen, aber leicht wird es nicht werden. Ich habe so das Gefühl, es wäre ihr lieber, wenn ich mich aus dem Fall heraushielte.«

Bruce schwieg.

»Nun gut«, sagte Crook, »ich kann's verkraften. 'So schrecklich gewöhnlich, mein Lieber'. Aber denk daran, der gewöhnliche Mann kleidet die Gentlemen, und der gewöhnliche Crook rettet die Dame.« Aber wenn auch Crook in seiner großzügigen Art bereit war, Goodier zu übergehen, so war doch, wie es schien, die Polizei weniger rücksichtsvoll. Das Urteil hatte Goodier völlig entmutigt. Seit sich das Gericht zurückgezogen hatte, hatte er in seinem Zimmer gesessen und auf den unabwendbaren Polizeibesuch gewartet. Immer wieder schalt er sich selbst einen Narren, weil er so ängstlich war. Sie würden vielleicht kommen, würden neue Fragen stellen, aber daß sie behaupten könnten, er sei irgendwie für Bletsoes Tod verantwortlich — nein, das war undenkbar. Sie hatten keine Beweise.

Er blieb nicht lange im ungewissen. Er saß am Fenster und tat so, als lese er die Abendzeitung, als ein Auto vor der Tür des kleinen schäbigen Hotels hielt und zwei Männer ausstiegen. Eigentlich gab es nichts an ihnen, das sein Herz wie eine Kesselpauke schlagen lassen sollte, sagte er sich, aber als sie außer Sicht waren, saß er steif, angespannt da, und seine Ohren erwarteten die unvermeidlichen Schritte im Flur. Trotzdem war er überrascht, als sich die Tür öffnete und die beiden Männer eintraten. Er hatte angenommen, daß man sie anmelden würde, und dieses unerwartet plötzliche Auftauchen brachte ihn aus dem Gleichgewicht. Die Männer wirkten keineswegs bedrohlich oder angsteinflößend. Sie fragten ihn, ob er James Goodier sei, und da es unmöglich war, das zu leugnen, sagte er ja, das sei sein Name. Sie klärten ihn darüber auf, daß er die Fragen, die sie ihm stellen würden, nicht zu beantworten brauche, ehe er mit einem Anwalt gesprochen habe. Aber wenn er eine freiwillige Aussage machen wolle, könne sie später in Verbindung mit Bletsoes Tod verwendet werden.

»Ich dachte mir, daß Sie deswegen kommen«, sagte er grob. »Aber ich habe Ihnen bereits alles gesagt, was ich darüber weiß.«

»Aber eines haben Sie uns nicht gesagt«, unterbrach ihn der ältere der beiden Besucher, »und zwar, warum wir Ihre Fingerabdrücke in Bletsoes Zimmer fanden.«

Daraufhin belehrten sie ihn abermals über seine Rechte — reiner Psychoterror, dachte er, und noch dazu scheinheilig, denn sie wußten doch bereits, daß sie ihn in die Ecke getrieben hatten — und er sagte, er werde ihnen alles erklären, und wenn er nicht so ein Dilettant gewesen wäre, hätte er sofort die Wahrheit gesagt. Er sei tatsächlich in jener Nacht in Bletsoes Zimmer gewesen, aber mit dessen Tod habe das nichts zu tun. Der sei bereits vor seiner Ankunft eingetreten.

Selbst die hartgesottenen Polizisten brauchten etwas Zeit, um das zu verdauen.

»Wollen Sie damit sagen, er war bereits tot, als Sie ankamen?«

»Ja, es war ein furchtbarer Schock, aber in gewisser Weise war ich andererseits auch nicht überrascht, denn eigentlich war ich gekommen, weil ich mir Sorgen um den armen Teufel machte. Nachdem er mit dem Taxi abgefahren war, ging er mir nicht mehr aus dem Sinn. Er war so verwirrt, so aufgeregt gewesen. Und er betonte ständig, daß er diese Frau, Miss Vereker, retten müsse. 'Ich weiß, daß sie es nicht getan hat', sagte er immer wieder. 'Ich sage Ihnen, ich weiß, daß sie es nicht getan hat.' Nun, es gab nur eine Möglichkeit, zu beweisen, daß sie es nicht war. Der wahre Täter mußte gefunden werden.«

»Aber Sie hatten doch ausgesagt, er habe mit Mr. Crook sprechen wollen, um ihm all dies zu erzählen, und Sie hätten ihm das ausgeredet. Warum?«

»Es war vielleicht weltfremd«, Goodier zuckte mit seinen mächtigen Schultern, »aber ich hatte das Gefühl, daß er kaum wußte, was er sagte. Crook genießt den Ruf, daß ihm nicht viel entgeht. Er hätte jede beliebige Geschichte aus dem Burschen herausgeholt, bevor der überhaupt gemerkt hätte, daß er befragt wurde. Und in seinem Zustand — nun, es erschien mir einfach nicht fair. Er schien mir nicht recht zurechnungsfähig und wäre vielleicht verleitet worden, alles mögliche zuzugeben. Außerdem hatte ich lediglich sein Wort, daß er Crook aufsuchen wolle. Ich sah ihn von der Kaimauer kommen, mitten in der Nacht, und er wirkte völlig verwirrt und erzählte diese verrückte Geschichte. Mir schien die Kaimauer ein verdammt komischer Ort, um zu telefonieren. Denn was war einzuwenden gegen das Telefon in seinem Hotel?«

»Wollen Sie damit andeuten, Sir, daß er da bereits an Selbstmord dachte?«

»Im Lichte dessen, was später geschah, bin ich sicher. Und vergessen Sie nicht, daß der Taxifahrer ihn anfangs gar nicht befördern wollte, weil er so eigenartig war. Ich ging also in eine Kneipe und trank ein Gläschen. Ich wollte schon nach Hause gehen, aber auf halbem Weg kehrte ich um. Ich mußte einfach nach ihm sehen.«

»Da wäre noch etwas, Sir. Wie kam es, daß Sie sich an jenem Abend am Kai aufhielten?«

»Purer Zufall. Sie wissen ja, wie das ist. Als ich am Unterhaus vorbeiging, sah ich jemanden die Straße überqueren, der mir bekannt vorkam. Ich sagte mir: 'Wer zum Teufel ist das? Den kenn' ich doch', und da ich neugierig bin und nichts anderes vorhatte, ging ich über die Straße und folgte ihm zum Kai. Als er zurückkam, entweder vom Telefonieren oder vom Hinausstarren auf den Fluß, erkannte ich, daß es Bletsoe war, und sprach ihn an. Er war sichtlich erschrocken und kam dann mit dieser Geschichte heraus über Crook und das Mädchen, und daß er sie retten müsse, und irgendeinen Unsinn, den er sich ausgedacht hatte, und den Crook sofort durchschaut hätte. Das habe ich ihm auch gesagt.«

»Und darauf gingen Sie sofort in sein Hotel, um sich zu vergewissern, daß er in Ordnung war?«

»Genau.«

»Wie spät war das?«

»Nun«, Goodier überlegte, »die Lokale schließen alle um zehn. Und ich ging sofort los, sagen wir also Viertel nach zehn. Ich habe nicht besonders darauf geachtet. Ich konnte ja auch nicht ahnen, daß es von Bedeutung sein würde. Bletsoe hatte mir erzählt, er habe ein Zimmer im obersten Stock, und die Eingangstür zum Hotel war nicht verschlossen. Ich ging also geradewegs hinein und die Treppe hinauf.«

»Sie haben nicht daran gedacht, zu klingeln oder sowas?«

»Ich wartete kurz in der Halle, aber da war niemand.

Anscheinend gab es dort keinen Nachtportier. Ich ging also nach oben.«

»Kannten Sie seine Zimmernummer?«

»Es gab nur drei im obersten Stockwerk. Zufällig sah ich einen ziemlich großen, hageren Mann — Rush, wie sich herausstellte — der aus dem Bad flitzte und in einem der Zimmer verschwand, als ich die Treppe heraufkam. Also blieben nur zwei Zimmer, in denen sich Bletsoe aufhalten konnte. Aus dem ersten Zimmer drang kein Licht durch den Türspalt, und das hieß, wenn es Bletsoes Zimmer war, war er noch nicht zurück. Also versuchte ich es an der dritten Tür. Zumindest brannte im Zimmer Licht. Ich klopfte, aber nichts passierte, und so drehte ich einfach den Türknauf. Wie ich bereits erwähnte, war das Licht an, und ich konnte ihn vollständig vor mir sehen. Mein Gott, es war erschütternd, selbst für einen, der im Laufe seines Lebens viel durchgemacht hat ...«

»Sehr wohl«, sagte der Beamte trocken. »In welchem Zustand fanden Sie ihn?«

»Er hing an einem Haken in der Ecke des Zimmers. Armer kleiner Kerl. Konnte es nicht mehr aushalten, nehme ich an.«

»Und er war tot?«

»Bei Gott, ja.«

Der Polizist runzelte die Stirn. »Ich muß gestehen, Mr. Goodier, ich verstehe nicht, warum Sie nicht sofort jemanden riefen.«

»Das war meine ursprüngliche Absicht, aber dann sah ich ein, daß es für mich peinlich sein könnte, erklären zu müssen, warum ich mich dort aufhielt. Ich hätte Bletsoes Gerede und all das erwähnen müssen. Ich war inzwischen zu dem Schluß gekommen, daß sein schlechtes Gewissen zu viel für ihn gewesen sein mußte, und sah mich nach einem Abschiedsbrief um.«

»Er hatte nicht viel Zeit gehabt«, stellte der Beamte gelassen fest.

»Das ist wahr, aber er hätte sich ja kurz fassen können. 'Ich habe diesen Weg gewählt, weil ich Lewis Bishop getötet habe und es nicht ertragen kann, daß Unschuldige für mein Verbrechen leiden'. Etwas in dieser Art ...«

»Ein romantischer Herr«, dachte der zweite der Polizisten, der bisher noch nicht gesprochen hatte. Der andere fragte: »Und Sie fanden nichts?«

»Absolut nichts.«

»Und während der ganzen Zeit dachten Sie nicht daran, den Toten herunterzunehmen oder einen Arzt zu rufen?«

»Es war bereits zu spät, als daß es noch etwas genutzt hätte. Ich habe schon früher Tote gesehen.«

»Aber nach Aussage des Arztes muß er um etwa die Zeit gestorben sein, als Sie da waren. Möglich, daß er doch noch nicht tot war ...«

»Er muß sofort nach Haus gegangen sein und sich erhängt haben. Konnte es wohl einfach nicht mehr aushalten, der arme kleine Teufel.«

Der Beamte sah ihn streng und ungläubig an. »Wollen Sie mir etwa erzählen, Sir, daß Sie sich an die Schreibmaschine setzten und den Brief schrieben, während er dort hing?«

Goodier zuckte die Schultern. »Das erschüttert Sie, was? Aber schließlich habt Ihr Kerle nicht die rauhen Erfahrungen, die einer wie ich machen muß. Und da ich ganz sicher war, warum er so gehandelt hatte, hielt ich es für eine verdammte Schande, daß niemand einen Nutzen aus seinem Ende ziehen sollte.«

»Ganz schön gewagt, finden Sie nicht, einen Toten als Mörder zu brandmarken, ohne auch nur die Spur eines Beweises dafür zu haben? Ich glaube nicht, daß den Geschworenen Ihre Geschichte sonderlich gefallen wird, Mr. Goodier. Außerdem, auch Beweise zu konstruieren, ist schon eine Straftat.«

»Es gab keine andere Erklärung für das, was er getan hatte«, erklärte Goodier verzweifelt. »Und wem sollte es jetzt, nachdem er tot war, noch möglich sein, das Mädchen zu entlasten?«

»Aber Sie sagten doch, die Geschichte, die er Ihnen erzählte, sei ohnehin nicht stichhaltig gewesen.«

»Ja, aber wenn er die Wahrheit gesagt hätte, ohne sich selbst zu schonen, das hätte sie aus dem Schlamassel befreit.«

»Wollen Sie damit sagen, Sie kennen die Wahrheit?«

Goodier wehrte sich wie ein von der Meute in die Enge getriebener Hase, aber die Staatsgewalt war übermächtig.

»Immerhin«, konterte er, »hat Bletsoe versucht, die Diamanten zu stehlen ...«

»Sie wurden nicht bei ihm gefunden«, wies ihn der Polizist zurecht.

»Das nicht, aber ich sah ihn damit, bevor die anderen eintrafen.«

»Wirklich, Sir?« fragte der Polizist.

Goodier verlor den Kopf und mit ihm die Geduld. »Wollen Sie damit andeuten, daß Sie mir nicht glauben?«

»Ich sage lediglich, Sir, daß ich überrascht bin. Ich bin wirklich sehr überrascht, daß ein Mann wie Sie sich keine bessere Geschichte ausdenken konnte. Und warum drehten Sie die Heizung ab? Wir wissen mit Bestimmtheit, daß Sie es taten, denn wir fanden Ihre Fingerabdrücke.«

»Ich — das tue ich ganz automatisch. Ich drehe immer die Heizung aus, wenn sie nicht mehr benötigt wird.«

»Und nachdem Sie den Brief mit seinem Namen unterzeichnet hatten, ließen Sie ihn dort hängen, ohne Alarm zu geben?«

»Zu dieser Zeit war es schon zu spät, noch irgend etwas zu tun.«

»Keiner sah Sie kommen, sagten Sie?«

»Niemand. Und wenn, würde man mich bei dem schlechten Licht sicher für einen der Bewohner gehalten haben.«

»Sie haben an alles gedacht, nicht wahr, Sir?«

»Wahrscheinlich war es verrückt von mir, zu glauben, ich könne es schaffen, aber — nun, Bletsoe war nicht der einzige, der wegen dieses Mädchens keine Ruhe mehr fand, und es schien mir immerhin eine Möglichkeit ...«

Es war natürlich sinnlos. Er hätte es von Anfang an wissen sollen. Aber er blieb dennoch bei seiner Geschichte.

»Die Sache erinnert mich etwas an den Thorne-Fall«, stellte Crook fest, als er die Neuigkeiten gehört hatte, und bezog sich dabei auf einen berüchtigten Mordfall der zwanziger Jahre. »Er schwor, seine Freundin nicht getötet zu haben — wie war doch gleich ihr Name? Elsie Cameron — er habe sie nur aufgehängt in seiner Bude gefunden, den Kopf verloren und sie zerstückelt. Die Öffentlichkeit, gesegnet sei ihre verwirrte Seele, fand, was er nach eigener Aussage getan hatte, schlimmer, als was ihm die Polizei vorwarf. Norman Thorne wurde gehängt, und die Allgemeinheit verurteilte ihn, weil er eine Leiche zerlegt hatte. Das schockierte die Massen wirklich. Jeder könne einen Mord begehen, sagten sie, aber ein Mädchen, das man geliebt hat, zu zerstückeln — also nein! Obwohl«, fügte Crook hinzu, dessen Sinn für Romantik etwa genauso entwickelt war wie sein Geschmack in Kleidungsfragen, »viele Ehemänner liebend gern das gleiche tun würden, wenn sie nicht genügend Verstand hätten, einzusehen, daß keine Frau es wert ist. Sicher ist, Bletsoe gehörte zu denen, die ein Geständnis hinterlassen hätten. Er war recht ordentlich in solchen Dingen.«

»Keine sehr schöne Geschichte«, sagte Bruce. »Man stelle sich vor, er schlich sich rein, erwürgte den armen Kerl, bevor der Zeit hatte, um Hilfe zu rufen — niemand hörte einen Wortwechsel, wie du sicher weißt — und knüpfte ihn auf. Er muß schon eiserne Nerven haben.«

Aber Crook erklärte nur ungerührt: »Die wird er brauchen. Aber egal, das ist nicht unser Bier. Uns geht es nichts an, wer Bletsoe tötete. Ich kann mich nur wiederholen, ich glaube nicht, daß Bletsoe Bishop umgebracht hat, ebensowenig wie das Verekermädchen.«

»Aber Goodier könnte der Täter gewesen sein, jedenfalls werden das viele glauben.«

»Vielleicht reicht ihnen das, aber es ist ohne Bedeutung für die Londoner Polizei, die nicht an Bishop interessiert ist, sondern nur an Bletsoe, und es wird die örtliche Polizei nicht zufriedenstellen, die Anne Vereker wegen des Mordes an Bishop festgenommen hat. Oh, ich weiß, wie bequem es wäre, wenn derselbe Kerl beide Verbrechen begangen hätte, aber so einfach ist es nicht. Ich denke«, fügte er hinzu, »ich sollte Four Acres einen kleinen Besuch abstatten, um festzustellen, ob sich etwas Neues ergeben hat.«

11. Kapitel

Alistair hatte die Nachricht von Bletsoes Tod gelesen und Wert darauf gelegt, der Untersuchung beizuwohnen. Aber da Goodier aufgerufen worden war, um die Leiche zu identifizieren, und er nicht mehr auffallen wollte als notwendig, hatte er sich im Hintergrund gehalten und die Aussagen angehört. Als er von Bletsoes Tod hörte, hatte er zunächst neue Hoffnung geschöpft und gedacht: »Falls er sich wirklich erhängt hat, könnte er — ja, muß er — ein Geständnis hinterlassen haben. Sonst ergibt sein Tod keinen Sinn. Und das bedeutet, Anne ist frei.«

Er hatte sich treu an seine Abmachung mit Crook gehalten und folglich auch keinen Versuch gemacht, diesen Meister seines Fachs zur Eile anzutreiben, aber insgeheim war er äußerst besorgt, was Crooks Nachforschungen ergeben würden. Er verstand wenig von juristischen Verfahrensweisen, aber die Fragen, die die örtliche Polizei gestellt hatte, und die zielbewußte Art, in der sie relevante Fakten ans Licht gebracht und zu einer Beweiskette verknüpft hatten, beunruhigte ihn. Crooks Zuversicht blieb natürlich nicht ohne Wirkung auf ihn, aber als er nach London fuhr, geschah dies in der Hoffnung, zu erfahren, was das gefälschte Geständnis tatsächlich beinhaltete. Die sensationelle Aussage von Dr. Symons warf ihn zunächst aus dem Gleichgewicht. Anders als Crook erkannte er nicht sofort ihre ganze Bedeutung. Für ihn war nur eine weitere Hoffnung zerstört.

Crook sprach mit ihm, ehe er ging. »Kopf hoch. Die Polizei soll ruhig etwas schuften für ihr Geld. Der jungen Dame geht es gut. Dieser Geistliche, der den Artikel in der letzten Sonntagszeitung schrieb, hat den Nagel auf den Kopf getroffen. Was diese Generation braucht, ist Vertrauen. Sie setzen Vertrauen in mich und sorgen dafür, daß die junge Dame es ebenfalls tut. Auf diese Weise können Sie beide ruhig schlafen.« Und schon hastete er davon, genauso fröhlich und offenbar unbesorgt wie zuvor.

Seit Bishops Tod hatte Alistair Four Acres gemieden. Tessa Goodier, so hatten sowohl Alicia als auch Dutchy ihm geschrieben, hatte eine Art Nervenzusammenbruch erlitten, der ihr früheres unbekümmertes Wesen stark verändert hatte. Jetzt war sie mürrisch, reizbar und mißtrauisch. »Manchmal«, schrieb Alicia, »kann ich es nicht mehr ertragen. Sie scheint zu glauben, ich hätte bei allem, was ich tue, einen Hintergedanken. Ich würde ja nach London kommen, um eine Ausbildung zu beginnen, aber ich fühle, daß ich sie gerade jetzt nicht sich selbst überlassen kann, nachdem sie kein anderes Familienmitglied im Hause hat, und obwohl Dutchy sich großartig verhält, wäre es nicht fair, ihr die ganze Arbeit aufzubürden.«

Dasselbe erzählte sie, als sie Alistair ein oder zwei Tage nach der Verhandlung traf. Tessa habe wissen wollen, was geschehen sei, und warum Alistair niemals zu Besuch komme. Dieser Aufforderung kam Alistair jetzt nach und wurde von Alicia am Bahnhof mit Tante Tessas großem, altmodischem Wagen abgeholt.

»Du wirst dir einen eigenen anschaffen müssen«, warnte sie ihn, während sie vom Fahrer- auf den Beifahrersitz rutschte. »Dieses Ungeheuer frißt Treibstoff.«

»Kaum möglich, jetzt an einen Wagen heranzukommen. Sie werden nur auf Berechtigungsschein verkauft, außer den gebrauchten, wie die meisten anderen Dinge auch. Außerdem brauche ich zur Zeit sowieso kein Auto.«

»Was tust du so in London?« wollte Alicia wissen.

»Die Zeit totschlagen. Ich kann keine Zukunftspläne machen, bis diese Geschichte geklärt ist.«

»Ich hatte fest damit gerechnet, daß Bletsoes Tod dem ein Ende setzen würde«, rief Alicia aus. »Denn wenn Goodier ihn tötete — und ich vermute, er hat es getan — folgt daraus dann nicht, daß er auch Bishop erschoß? Könnte man es nicht jedenfalls so hindrehen?«

»Ich stimme dir zu, daß es sehr bequem wäre«, sagte Alistair trocken. »Aber ich fürchte, diese Art von Argumentation wird die Polizei kaum beeindrucken.«

»Es scheint mir ein Jammer, die Chance, zwei Fliegen mit einer Klappe zu schlagen, nicht zu nutzen«, seufzte Alicia.

Alistair empfand die wohlbekannte männliche Verärgerung ob dieser typisch weiblichen Unlogik.

»Es mag dir als Jammer erscheinen, aber die Aufgabe der Polizei besteht im wesentlichen darin, die Gerechtigkeit zu bewahren, und falls Goodier gebrandmarkt als Mörder von Lewis Bishop sterben sollte, obwohl er in Wirklichkeit unschuldig ist, wäre der Gerechtigkeit nicht Genüge getan.«

»Aber Anne wäre frei.«

Diese Art Unterhaltung versetzte Alistair in Wut. Es war typisch für Frauen, dachte er, und besonders für Alicia, ihre Zeit mit Gedanken an die Vergangenheit zu verschwenden, wo doch Gegenwart und Zukunft jetzt viel wichtiger waren.

»Anne wird auch so freikommen. Crook wird schon dafür sorgen.« Dann fragte er nach seiner Tante.

Alicia schaute betrübt. »Ich bin sehr besorgt über ihren Zustand, Alistair. Ich habe dir ja schon geschrieben, daß sie vollständig verändert ist. Sie ist so — verbittert — wegen Anne, meine ich.«

»Aber sie glaubt doch wohl nicht, daß Anne schuldig ist?«

»Ich weiß nicht, ob sie es glaubt oder nicht, aber sie will es glauben. Jedenfalls verpaßt sie keine Gelegenheit, von Anne als Mörderin zu sprechen, und so sieht sie sie auch, zumindest in einem übertragenen Sinn ...«

Alistair machte eine ungeduldige Bewegung. »In einem Gerichtsverfahren gibt es keinen Mörder im übertragenen Sinn. Ich denke, was du sagen willst, ist, daß sie glaubt, Anne habe ihre Chance, glücklich zu werden, zunichte gemacht, obwohl es eine recht fragwürdige Chance war, und was Anne getan hat, außer die Wahrheit über seine bisherigen Verhältnisse — legale oder nicht legale — zu sagen, weiß ich wirklich nicht. Aber Tatsache ist, daß Tante Tessa Anne haßt — wenn sie sie denn haßt — weil sie die Wahrheit kannte. Das ist ein recht häufiger Grund für Feindschaften.«

»Du würdest für Anne durch dick und dünn gehen, nicht wahr?« sagte Alicia sanft.

»Ich glaube einfach nicht, daß sie es getan hat. Ich denke, keiner von uns glaubt das.«

Alicia antwortete nicht. »Oder glaubst du das vielleicht?« fuhr Alistair fort. »Nun, ich denke, ich habe kein Recht, das zu fragen.«

Alicia wandte sich ihm in plötzlicher Erregtheit zu. »Alistair, ich würde alles dafür geben, so felsenfest überzeugt zu sein wie du, daß sie unschuldig ist. Einer wie mir fällt es schwer, Anne gegenüber fair zu sein. Aufgrund ihrer Geburt hatte sie soviel und ich so wenig, und ich mußte so hart um alles kämpfen, erst um es zu bekommen, dann, um es zu behalten. Ich kann mich sehr gut in die Gefühle der Frauen hineinversetzen, die sparen und sparen, um sich einen falschen Pelz für zehn Pfund zu kaufen, und die dann eine sehen, die einen echten besitzt, der wenigstens hundert gekostet hat, und ihn so gedankenlos trägt, als sei es die selbstverständlichste Sache der Welt, daß er ihr gehört ...«

Doch es war sinnlos, all dies Alistair zu erzählen, der nicht über jene besondere Art des Mitgefühls verfügte, das einen Menschen für die Enttäuschungen und Kümmernisse anderer empfänglich macht. Im großen und ganzen hatte Alicia es bei ihrem Onkel und ihrer Tante recht gut gehabt, und auch jetzt war sie frei, den Tag zu verbringen, wie sie wollte, während Anne, die eine furchtbare Enttäuschung erlebt und daraufhin eine Entscheidung getroffen hatte, die einem vielleicht mißfallen mochte, die aber schwerlich etwas anderes als Mitleid erwecken konnte, ihre Verhandlung im Gefängnis erwartete, bedroht von der Möglichkeit, daß die ganze schreckliche Vergangenheit ans Licht kam. Geld zu haben, hatte Anne offensichtlich nicht geholfen. Alicia mit ihrer Leidenschaft für materielle Sicherheit und ihrem völligen Vertieftsein in sich selbst verärgerte ihn.

»Ich versuche, ihr gegenüber fair zu sein«, fuhr Alicia fort. »Es ist viel schwerer für Frauen, einander gegenüber fair zu sein, als Männer ahnen. Noch immer gehört soviel Macht in der Welt den Männern, daß Frauen versuchen müssen, jeden kleinen Anteil, den sie sich erkämpfen, festzuhalten, und sie wollen nicht teilen, weil sie fühlen, daß nicht genug für alle da ist. Natürlich würde auch ich allzugern glauben, wie du es tust, daß Anne Bishop nicht erschossen hat, aber mir scheint, niemand hatte eine bessere Gelegenheit dazu.«

»Was das betrifft, so hatten wir alle die gleiche Möglichkeit. Soweit ich weiß, hat niemand gesehen, daß ich den Revolver ablegte, außer vielleicht Bishop selbst. Man hätte tatsächlich hinter dem Vorhang versteckt sein müssen, um es genau zu beobachten. Und als ich das Streichholz anzündete und hochhielt, hatten alle die gleiche Gelegenheit.«

»Ich weiß.« Alicia runzelte die Stirn. »Aber sag, was du willst, Alistair, sie hatte eindeutig ein Motiv.«

»Nicht mehr als wir anderen auch. Bletsoe wurde von jemandem erpreßt und hatte Schwierigkeiten mit seinen Büchern. Goodier war in der Klemme, brauchte Geld und hätte es, wenn Bishop nicht gewesen wäre, vermutlich von Tante Tessa auch bekommen. Er hatte also keinen Grund, ihn zu mögen. Und, ganz sachlich betrachtet, auch Dutchy hatte viel zu verlieren, wenn die Heirat zustande gekommen wäre — Stellung,

Erbschaft und ein sicheres Zuhause — und sie ist nicht mehr die Jüngste. Tante Tessa hatte gerade erfahren, daß sie von einem Mann getäuscht worden war, der das Hemd, das er trug, nicht wert war, und mir drohte der Verlust all dessen, wofür ich im Krieg zu kämpfen geglaubt hatte. Ich vermute, die Polizei hat Anne lediglich ausgewählt, weil sie zufällig den Revolver in der Hand hielt, als das Licht anging.«

»Die Person, in deren Haut ich nicht stecken möchte, ist dein Mr. Crook«, sagte Alicia offen, als Alistair den Wagen durch das große Tor lenkte. »Er hat eine Menge Arbeit vor sich, wenn du mich fragst.«

Dutchy erwartete sie in der Halle. »Da war ein Telefonanruf«, sagte sie. »Ein gewisser Crook — welch unglücklicher Name für einen Anwalt. Er kommt vorbei.«

»Etwas Neues?« fragte Alistair hastig.

»Das hat er nicht gesagt. Alistair, glaubst du, daß James Goodier Mr. Bishop erschossen hat?«

»Ich weiß es nicht«, entgegnete Alistair geduldig. Dann öffnete sich eine Tür im oberen Stockwerk, und eine Stimme rief: »Alistair, bist du da? Warum stehst du da in der Halle herum? Ich möchte, daß du heraufkommst.«

Er ging sofort hinauf, Alicia an seiner Seite. Er war erschrocken beim Anblick seiner Tante, trotz der Vorwarnungen, die er erhalten hatte. Ihre rundlichen, eher weichen Züge waren schärfer und gleichzeitig gröber geworden. Ihre Augen blickten mißtrauisch, ihr Mund war eine harte, dünne Linie.

»Wie lange bist du schon hier? Warum bist du nicht sofort heraufgekommen?« Sie bombardierte Alistair mit Fragen und schenkte Alicia keinerlei Beachtung.

»Ich bin gerade erst angekommen«, verteidigte er sich. »Wie geht es dir, Tante Tessa?«

»Was erwartest du? Ich hoffe, du willst mir nicht eine Menge dummer Fragen stellen. Ich bin es langsam leid, sie zu beantworten. Dutchy und Alicia behandeln mich wie eine Kranke. Ich mag eine Närrin gewesen sein — Theo pflegte zu sagen, nur Narren legten ihre Karten auf den Tisch — aber ich bin nicht verrückt. Ich vermute, du bringst keine Neuigkeiten?«

»Über Bletsoe oder James Goodier? Ich fürchte, nein. Die Polizei ist nicht davon überzeugt, daß Bletsoe Bishop erschossen hat, falls es das ist, was du wissen wolltest.«

Tessa nahm diese Feststellung mit offensichtlichem Wohlgefallen auf. »Sehr richtig. Wenn sie zu dem Schluß kämen, daß er schuldig sei, wäre das ein großes Unrecht. Bletsoe hätte niemals gewußt, wie man mit Schußwaffen umgeht.«

»Wenn es darum geht, so bin ich derjenige, der sich auskennt.«

»Du brauchst dich nicht mit Schußwaffen auszukennen, um einen Menschen aus nächster Nähe zu erschießen. Jeder hätte es tun können, der den entsprechenden Charakter hat. Anne verstand was von Waffen. Sie ist oft damit umgegangen. Sie erzählte mir, wenn sie auf diesen einsamen Straßen auf dem Kontinent unterwegs war, sei sie stets bewaffnet gewesen. Ziemlich unenglisch, würde ich meinen, aber sie hielt sich ja wohl auch in ziemlich schlechter Gesellschaft auf.«

»Tante Tessa, du weißt, daß du nicht wirklich glaubst, daß Anne es getan hat.«

»Natürlich hat sie es getan. Lewis wußte etwas Schandbares über ihre Vergangenheit.«

»Man riskiert doch keinen Mord ...«

»Doch, wenn man die Verantwortung dafür auf einen anderen abwälzen kann. Jeder, außer dir vielleicht, weiß, daß Anne schuldig ist. Ich kann nicht begreifen, warum keiner von euch das ehrlich zugeben kann. Sag meinetwegen, du willst sie retten, aber tu nicht so, als ob sie es nicht getan hätte. Was das Motiv angeht, nun, ich habe immer gewußt, daß sie in Lewis verliebt war, obwohl ich bis zu jener Nacht nicht geglaubt hatte, daß zwischen ihnen irgend etwas gewesen war, und als sie erkannte, daß er in mich verliebt war, verlor sie vorübergehend die Beherrschung. Ich nehme an, sie hatte geglaubt, sie könne eine Frau in mittleren Jahren ohne weiteres ausschalten, zumal sie auch vor Erpressung nicht zurückschreckte.«

»Erpressung!? Tante Tessa ...«

»Wie sonst willst du mir erklären, daß meine Diamanten in Lewis' Tasche gefunden wurden? Natürlich hatte sie sie verlangt, weil sie wußte, daß sie ihn in der Hand hatte. Oh, Anne führt nichts Gutes im Schilde.«

»Was um Himmels willen hätte sie mit so berühmten Diamanten wie den deinen anfangen sollen, wenn sie sie gehabt hätte? Die Polizei wäre hinter ihnen her gewesen, ins Ausland schmuggeln kannst du sowas heutzutage nicht. Sie wäre festgenommen worden, sobald sie versucht hätte, sie zu verkaufen.«

»Oh, ich bin überzeugt, sie begegnete im Ausland einigen sehr zwielichtigen Leuten. Sie haßte Lewis von dem Augenblick an, als sie erkannte, daß er nicht zu ihr zurückkehren würde. Hast du ihr Gesicht in jener Nacht gesehen? Ich sah es! Außerdem — da ist noch etwas.«

»Was?« fragte Alistair, der überlegte, ob diese schreckliche Veränderung bei einer Frau, die stets gütig gewesen war, von Dauer sein würde.

»Du denkst, du kanntest Anne gut, nicht wahr? Aber du irrst dich. Du dachtest, sie sei eine von uns, etwas kaltherzig vielleicht, aber doch eine aus der Familie, treu, ehrenhaft. Aber sie war nichts von alledem. Sie war absolut skrupellos. Ich sage dir, ich habe Briefe gefunden — oder besser gesagt, Teile von Briefen — die sie ihm schrieb. Die lassen alles ganz klar erscheinen.«

»Wo um alles in der Welt hast du sie gefunden? Die Polizei hat doch das ganze Haus durchkämmt.«

»Ich fand sie, wo die Polizei nicht nachgesehen hat, und wo auch Anne nicht erwartete, daß jemals jemand nach ihnen suchen würde. Andernfalls wäre sie vorsichtiger gewesen und hätte sie vernichtet. Sagt man nicht, daß Verbrecher immer eine Kleinigkeit übersehen? Sie hat viel Zeit auf dem großen

Speicher verbracht, aus dem Theo eine Art Werkstatt gemacht hat. Er hat dort Bücherregale einbauen lassen, einen Schreibtisch und Stühle ... Er sagte, daß niemand gern all die Stufen raufklettern würde, so daß er dort seine Abgeschiedenheit genießen konnte. Tatsächlich benutzte er es als eine Art Arbeitszimmer. Ich sollte seine Sekretärin werden«, fügte sie mit einer Mischung aus Stolz, Trauer und Wehmut in der Stimme hinzu. »Er kaufte eine Schreibmaschine, und ich sollte Tippen lernen. Aber ich konnte nie die richtigen Tasten finden. Später schlug er vor, daß Alicia — er dachte außerordentlich praktisch, wie du weißt. Und er war der Ansicht, alle Frauen sollten in der Lage sein, ihren Unterhalt selbst zu verdienen, statt sich auf eine Heirat zu verlassen. Und heutzutage kann sowieso lange nicht jeder Ehemann seine Frau unterhalten — jedenfalls war er der Ansicht, Alicia solle es versuchen. Aber obwohl sie besser mit der Maschine umgehen konnte als ich, war sie nicht sehr gut in Rechtschreibung, und überhaupt gefiel ihr die Idee nicht besonders, so daß sie es allmählich wieder aufgab. Theo war auch recht ungeduldig. Ich glaube, kluge Leute haben das so an sich. Ihnen fällt alles zu, so daß sie die Schwierigkeiten anderer nicht verstehen. Natürlich hätte Anne es versuchen sollen, sie war schnell und auch klug, aber sie war zu ruhelos. Sie konnte sich nie einer Sache wirklich widmen. Theo meinte, sie brauche einen Mann, der sie bändigt, aber er hatte keinen Einfluß auf sie. Weißt du, sie war nicht wie Alicia. Geld und Besitz bedeuteten ihr nichts. Sie wollte herumkommen, fremde Länder und Menschen kennenlernen. Sie haßte es, an einen Ort gebunden zu sein.«

»Das ist richtig«, stimmte Alistair ihr zu. Er dachte an Anne, die es haßte, ans Haus gefesselt, eingesperrt zu sein, die immer in Bewegung war, immer darauf aus, neue Menschen kennenzulernen, neue Erfahrungen zu sammeln, und die jetzt in einer Zelle saß, eingeschlossen, ohne das Recht und die Kraft, eigene Entscheidungen zu treffen, jeder Freiheit — und vielleicht auch schon ihrer Hoffnung — beraubt.

»Sie hat viele Stunden dort oben verbracht, seit sie zurückkam«, fuhr Tessa fort. »Ich habe sie mal gefragt, ob sie ein Buch schreibe, und sie sagte nur, sie schreibe lediglich Briefe. Sie müsse ihre Schreibmaschinenkenntnisse aufbessern, und es sei gut, die Maschine zu benutzen, damit sie nicht roste.«

»Es war eine gute Maschine«, sagte Alistair gedankenverloren. »Ich habe sie oft benutzt.«

»Tatsächlich glaubte ich, sie benutze das Schreiben als Vorwand, um uns aus dem Weg zu gehen. Sie fand uns so langweilig nach dem aufregenden Leben, das sie geführt hatte. Aber das war es nicht. Sie schlich sich wie ein Dieb nach oben, um Briefe an Lewis zu schreiben, Drohbriefe ...« Sie schauderte. »Alistair, ich will nicht länger hierbleiben, wenn das alles vorbei ist. Ich werde das Haus verkaufen. Ich würde immer das Gefühl haben, es — spuke hier.«

Alistair verzog unwillkürlich die Mundwinkel, und sein Gesicht erhielt einen verächtlichen Ausdruck bei dem Gedanken, daß ein Mann wie Bishop irgendeine bleibende Wirkung auf die Atmosphäre eines Hauses haben könnte, das so von Tradition durchdrungen war. Der arme Geist würde eine ziemlich schwere Zeit durchmachen, falls er versuchte, sich in Four Acres niederzulassen. Aber im Augenblick hatte Alistair andere Sorgen.

»Willst du damit sagen, du hast Briefe auf dem Dachboden gefunden?« fragte er geduldig.

»Ja, Entwürfe von denen, die sie nicht abgeschickt hat. Oh, sie ist eine boshafte Person, Alistair. Sie kennt kein Mitleid, kein Gefühl für Anstand. Ich habe die Papierschnipsel zusammengesetzt und aufgeklebt. Nun, ich mußte schließlich herausfinden, was das alles zu bedeuten hatte. Sie spricht davon, daß sie ihn im Mittleren Osten getroffen hat, und einmal — einmal schreibt sie, er sei ihr Liebhaber gewesen.«

»Wieviele dieser Briefe gibt es?« fragte Alistair.

»Es sind nur Fetzen. Ich fand sie im Papierkorb, und zufällig fiel mir Lewis' Name auf. Ich hatte ein Recht, zu erfahren, was drinstand.« Sie warf trotzig den Kopf zurück. Beide hatten Alicia völlig vergessen, die sie abwechselnd sowohl verwundert als auch nachdenklich anstarrte.

»Wenn du meinst, sie seien Beweismittel, solltest du sie der Polizei übergeben«, sagte Alistair.

»Ich möchte nicht, daß man sagt, ich hätte irgend etwas dazu beigetragen, daß meine eigene Nichte gehängt wird«, schrie Mrs. Goodier außer sich.

»Dann zeig sie Crook. Er kommt sowieso.«

Mrs. Goodier blickte finster. »Wozu?«

»Ich weiß es nicht genau. Er arbeitet für Anne, wie du weißt.«

»Ich glaube, du scherst dich nicht im geringsten darum, ob sie ihn getötet hat«, beschuldigte Tante Tessa ihren Neffen. Sie öffnete einen großen leinenen Handarbeitsbeutel, der an einer Stuhllehne hing, und zog einige Papierbögen heraus, auf die sie Stücke zerrissener Briefe etwas unregelmäßig aufgeklebt hatte, so daß einige Briefe unvollständig waren. Alistair nahm die Bögen und überflog sie. Sie kamen ihm lächerlich melodramatisch vor, aber schließlich war die ganze Situation ein einziges Melodram.

Möglicherweise hatte Tante Tessa recht, sagte er sich. Andererseits, was könnte die standhafte, resolute Anne an diesem polierten Schurken bewundert haben, der die arme, hohlköpfige Tante Tessa aus ihrem labilen Gleichgewicht gebracht hatte? Er betrachtete die Briefe immer noch, als Dutchy hereinkam und in grobem Ton verkündete, daß Mr. Crook in seiner qualmenden Blechbüchse eingetroffen sei.

»Ich habe ihm gesagt, daß ich nicht wisse, ob du Zeit hättest, und daß du selbst gerade erst angekommen seist«, sagte sie. »Man sieht gleich, daß er nichts taugt, bei dem Lärm, den er macht. Wie eine von diesen Raketen, die hier früher einschlugen. In seinen Wagen würde ich nicht einmal einsteigen, wenn ich es bezahlt bekäme. Ich hätte Angst, daß er jeden Moment explodiert.«

»Er würde dir nichts dafür zahlen«, sagte Alicia mit einem leisen Kichern, und Dutchy sah noch beleidigter aus als vorher.

»Für Mr. Crook habe ich immer Zeit«, sagte Alistair und ging mit den Briefen in der Hand davon. Alicia zögerte, dann folgte sie ihm. Dutchy blieb bei Tessa.

»Sie halten alle zu dem Mädchen«, beklagte sich Mrs. Goodier. »Ich nehme an, sie glauben, Recht oder Unrecht seien ebenso überflüssig wie eine alte Frau. Wahrscheinlich denken sie ...«

»Sie wissen sehr gut, daß Sie Anne genausowenig hängen sehen wollen wie alle anderen«, entgegnete Dutchy barsch. »Was waren das für Papiere, die Alistair in der Hand hatte?« Tessa erklärte es ihr. »Also, ich weiß nicht, was sie Ihrer Meinung nach nutzen sollen, es sei denn, sie wären handgeschrieben. Allerdings, nehme ich an, wird das auch Mr. Crook erkennen. Man müßte schon sehr gerissen sein, um ihn auf dieser Spur weitersuchen zu lassen«, fügte sie trocken hinzu.

* * *

Crook hingegen war wie ein alter Seefahrer, der wußte, daß alle Dinge, ob groß oder klein, von Bedeutung waren. Allerdings beschäftigte er sich zunächst nicht mit den Papieren. Zuerst, sagte er, wolle er die Zigarettendose im Empfangsraum sehen, und als man sie ihm zeigte, etwa halb voll mit Zigaretten, fragte er: »Wer raucht die Dinger, nun, da Bishop, wie schon bessere Menschen vor ihm, von uns gegangen ist? Eine sehr edle Zigarette, wenn Sie mich fragen«, fügte er hinzu. »Marke Salonlöwe, würde ich sagen.«

»Ich rauche sie nicht«, versicherte ihm Alistair. »Nicht diese Marke. Bishop bot sie auch nie jemandem an, und nachdem er tot war — nun ja, keiner raucht gern die Zigaretten eines Gastes, dessen Leben gewaltsam beendet wurde ...«

»Die Tradition hat auch ihre guten Seiten«, stimmte Crook

zu. »Denn wenn es sich bei Ihnen um eine Gruppe von Rowdys gehandelt hätte, wären sie holterdiepolter über die Dose hergefallen, sobald klar war, daß ihr Besitzer keine Verwendung mehr für sie hatte.«

Selbst Alistair, der glaubte, sich im Verlauf des Krieges von den beklagenswerten Standesvorurteilen befreit zu haben, erschrak noch manchmal über Crooks pöbelhafte Art. Er fand es bedauernswert, daß Verstand und Lebensart nur so selten zusammenfanden. Das hatte er auch Tante Tessa gegenüber erwähnt, die sofort entgegnet hatte: »Aber mein lieber Junge, das wäre nicht fair. So, als hätte jemand zwei Stücke Kuchen und ein anderer keins. Niemand kann alles haben.«

Crook, der genau Alistairs Gedanken las und von dem, was er dort fand, wenig gerührt war, fuhr fort: »Nun, vielleicht mag die junge Dame solche Zigaretten.«

»Ich würde unter diesen Umständen kaum die von Mr. Bishop rauchen«, entgegnete Alicia kühl.

»Nun, aber Mr. Crook hat recht. Irgend jemand muß sie geraucht haben«, wandte Alistair in seiner nachdenklichen Art ein. »In der Nacht, als Bishop starb, war die Dose praktisch voll. Bletsoe wurde eine angeboten, aber er lehnte ab. Du hast keine geraucht, ich nahm Annes, und sie rauchte gar nicht.«

»James Goodier. Ich erinnere mich, daß er eine nahm.«

»Er muß wie ein Schlot geraucht haben, um die ganzen Zigaretten verschwinden zu lassen«, bemerkte Crook.

»Er könnte sein eigenes Etui gefüllt haben«, gab Alicia zu bedenken, aber Alistair sagte nein, das glaube er nicht, denn Goodier habe ihm noch in jener Nacht eine Zigarette angeboten und gesagt, er fürchte, sie könnten mit Bishops nicht mithalten.

»Tatsächlich«, fügte er hinzu, »erinnere ich mich jetzt, daß die Dose am selben Abend offenstand, und da war sie nicht einmal mehr halb voll. Ich wunderte mich, wer eine solche Menge genommen haben könnte, sicherlich mehr, als in ein Zigarettenetui paßt.«

»Und wenn er sie sich in die Tasche stopfte, ganz abgesehen davon, daß sie zerknickt wären, bestand die Möglichkeit, daß die Polizei ihn bitten würde, seine Taschen zu leeren, und stellen Sie sich vor, was für ein idiotisches Bild Sie abgeben würden, wenn Sie daständen, die Taschen voll mit Glimmstengeln, die nicht Ihnen gehören. Also, in einem Land wie diesem ist das fast genug, um jemanden kurzerhand aufzuknüpfen. Wenn man Diamanten sucht«, fügte er nachdrücklich hinzu, »hilft nur eins: Klamotten runter, ob Männlein oder Weiblein. Und dann eine Röntgenaufnahme, um sicher zu gehen, daß keiner was verschluckt hat. Wenn Sie mich fragen, gibt es eine bessere Erklärung dafür, daß die Dose an jenem Tag fast überquoll, obwohl sie sonst immer leer war, als die, daß Bishop die Spendierhosen anhatte. Ich glaube, jemand legte die Zigaretten in die Dose, um etwas anderes zu verbergen.«

»Sie meinen — die Diamanten?« Alistair sah ihn fragend an.

»Schon möglich, Major, schon möglich.«

»Aber die Polizei ...«

Nun, ich vermute, jemand wurde hier für einige Minuten alleingelassen, und der einzige, dem es nichts ausmachte, die Zigaretten eines Toten zu rauchen, war Goodier. Wohlgemerkt, ich sage nicht, daß es genau so passierte, ich habe nur so eine Ahnung. Jedenfalls habe ich Bill auf die Spur der Diamanten gesetzt, und wo immer sie auch sein mögen, er wird sie aufspüren.«

»Wenn Sie recht haben«, sagte Alistair, »würde das Tante Tessa Lügen strafen, die glaubt, daß meine Cousine mit Bishop im Bunde war, um sie der Diamanten zu berauben.«

»Die alte Dame hat einen ganzen Vogelschwarm zwischen den Ohren!« rief Crook nicht ohne Bewunderung. »Wissen Sie, die Art und Weise, wie Frauen miteinander umgehen, wenn sie es aufeinander abgesehen haben, ist etwas, was die Wissenschaft niemals wird erklären können. Kratzen sich gegenseitig wegen jeder Kleinigkeit die Augen aus, aber wenn sie die Augen dann haben, wissen sie nicht, was sie damit anfangen sollen.«

Alistair blickte, sofern das überhaupt möglich war, noch nüchterner als zuvor. »Ich weiß nicht, ob sie wirklich nur einen Vogel hat«, sagte er. »Sie hat mir einige Schreibmaschinenseiten gegeben, die sie auf dem Dachboden fand. Sie glaubt, meine Cousine sei die Verfasserin. Ich habe noch nicht alles gelesen, aber es sieht wie der Entwurf zu einem Brief aus.«

»Alle alten Damen sind verschroben«, entgegnete Crook in seiner verallgemeinernden, groben Art. »Wer hat diese Seiten zerrrissen?«

»Nach dem, was meine Tante sagt, schrieb Miss Vereker sie und vernichtete sie dann.«

»Und ließ sie netterweise dort, damit sie jemand finden konnte?«

»So sieht sie es. Nun, sie waren zerrissen, und kaum jemand geht je auf den Dachboden.«

»Keine allzu kleinen Schnipsel«, stellte Crook fest. »Und leert nie jemand die Papierkörbe auf dem Speicher?«

»Es ist alles etwas in Unordnung«, murmelte Alicia. »Es ist erstaunlich, wie sehr ein — ein plötzlicher Tod dieser Art einen Haushalt durcheinander bringen kann.«

Crook las das zusammengestückelte Manuskript. »Die alte Dame ist nicht die einzige, die spinnt«, bemerkte er nach einem Augenblick. »Man könnte ebensogut eine Streichholzschachtel in einem Sprengstofflager herumliegen lassen, als dies hier zu lassen, wo jedermann es finden kann. Hören Sie sich das an: 'Ich brauche Geld. Du weißt warum, und du weißt auch, wo du es bekommen kannst ... Wir kennen uns zu gut, als daß du mir vormachen könntest, du habest Skrupel, einen Diebstahl zu begehen, um eine Schuld zu bezahlen. Das ist doch ohnehin deine Absicht. Ich werde Dienstag nacht, wenn alle schlafen, in der Bibliothek sein. Du kannst sie mir dann bringen. Es wird für dich leicht sein, sie in die

Hände zu bekommen. Du teilst sicher meinen Wunsch nach Diskretion. Ich glaube nicht, daß es dir recht wäre, wenn ich Tante Tessa alles beichte, was ich weiß.'«

»Klingt wie aus einem Kriminalfilm«, sagte Crook anerkennend zu Alistair, der ihm über die Schulter sah und die Zeilen überflog. »Dennoch, ich sehe keinen Sinn darin.«

»Nein«, stimmte Alicia zu. »Ich auch nicht.«

Crook blickte sie mit geschärftem Interesse an. »Es war das erste Mal, daß er überhaupt bemerkte, daß ich da war«, sagte sie später. »Ich verabscheue Männer, die Frauen behandeln, als seien sie etwas, das man zum halben Preis bekommt.« Das Mädchen war doch nicht so dumm, dachte Crook.

»Sie finden auch, daß es unecht klingt, nicht wahr?« fragte er.

»Ich sehe nicht ein, warum sie es geschrieben haben sollte, wenn sie nicht vorhatte, es abzuschicken.«

»Vielleicht tat sie es.«

»Und wozu dann der Entwurf? Solche Briefe braucht man doch nicht zu entwerfen. Und wo ist das Original? Ich bin sicher, Bishop hätte ihn aufbewahrt, wenn er einen von ihr signierten Erpresserbrief erhalten hätte. Und die Verabredung an jenem Abend hat sie mündlich getroffen. Ich habe es gehört und Alistair davon berichtet.«

»Ja, ich erinnere mich. Aber vielleicht wollte sie schreiben und ...«

»... ließ diese Schnipsel rumliegen, damit man sie findet? Wissen Sie, das paßt nicht zusammen. Wenn sie diesen Brief nicht geschrieben hätte, hätte sie ihre Karten leicht auf den Tisch legen können, und was auch immer Bishop von ihr wußte, *ihr* Ziel war es nicht, Geld zu heiraten, aber er wollte das. Und wenn sie ausgepackt hätte, wären alle seine Pläne für die Katz gewesen, das steht fest.«

»Sie meinen, der Brief ist eine Fälschung? Daß Tante Tessa ... aber nein, das ist unmöglich.«

»Ich sagte doch bereits, alle alten Damen sind verschroben.

Und eine Dame, die wie Mrs. Goodier ihren ersten Frühling hinter sich hat und von einem Kerl wie Bishop betrogen wird, brütet ziemlich merkwürdige Gedanken in ihrem Schädel aus. Ich sage Ihnen, wenn ich eine Fee wäre und Ihrer Tante die Erfüllung eines Wunsches anböte, würde sie sich eine Schlinge um den Hals Ihrer Cousine wünschen, und wenn sie etwas anderes behauptet, soll sie tot umfallen.«

»Ich denke, Sie haben recht«, stellte Alicia fest. »Weißt du, Alistair, sie hat eine Art Komplex bezüglich Anne, und ... was hatte sie auf dem Dachboden zu suchen? Sie geht nie dort hinauf.«

»Sie ging natürlich hinauf, um die Schnipsel zu holen«, sagte Crook nüchtern.

»Welche sie zuvor selbst dort hingelegt hatte?«

»Nun, Sie glauben doch nicht im Ernst, daß unsere junge Dame sie dort gelassen hat, oder? Ich meine, ich bin nicht pingelig, und ich nehme Fälle an, von denen andere sagen würden, sie stinken, aber ich arbeite nicht gern für völlige Idioten. Falls Ihre Cousine diesen Unsinn wirklich geschrieben und in den Papierkorb geworfen hat, verdient sie, zu hängen.«

»Das hat sie sicher nicht getan«, sagte Alicia mit leiser Stimme. »Ich will damit nicht sagen, daß sie Bishop nicht erschoß, das kann ich nicht beurteilen. Aber als ich auf den Boden ging, nachdem Anne bereits nicht mehr im Haus war, war der Papierkorb leer. Sie sehen sicher, was das bedeutet.«

»Daß jemand sie seitdem dort hingelegt hat«, sagte Alistair.

»Oder herunterkam und behauptete, sie dort gefunden zu haben. Halten Sie sich fest, denn so war es.«

»Ich habe mich gewundert, was sie dort machte, als ich sie von oben kommen sah. Ich dachte, es sei pure Neugier, denn sie wollte immer wissen, was Anne dort tat. Und das gleiche fragte sie mich, wenn ich hinaufging. Ich sagte ihr die Wahrheit. Der Tod Bishops hat auch für mich vieles verändert. Ich kannte Tante Tessas Pläne nicht, aber ich war sicher, daß ich darin keine Rolle spielen würde. Also mußte ich mich irgendwie auf ein neues Leben vorbereiten. Das ist der Grund, warum ich weiß, daß das Papier zuvor nicht da war. Ich hob den Deckel von der Maschine, und es lagen keine Seiten herum, kein Papier, nichts. Ich übte etwas, aber ich werde Maschineschreiben niemals mögen, zumal es ohne Steno sowieso nichts nutzt, und ich möchte nicht die besten Jahre meines Lebens auf einem Stuhl in irgendeinem muffigen Herrenclub oder einem scheußlichen, modernen Büro verbringen müssen ...« Ihre Stimme zitterte. Einen Augenblick lang erwartete der angewiderte Mr. Crook, sie werde in Tränen ausbrechen. Aber sie erholte sich wieder.

»Schon gut«, sagte Mr. Crook besänftigend, als offensichtlich war, daß es nicht zu einer Szene kommen würde. »Heutzutage können Frauen fast alles tun. Also, Sie sind sicher, daß die Papiere nicht da waren, als Sie hinaufgingen, nachdem man meine Klientin ins Gefängnis gebracht hatte?«

»Absolut sicher«, entgegnete Alicia entschieden und warf dabei einen Blick zu Alistair hinüber, um zu sehen, ob er irgendeine Gefühlsregung zeigte. Aber Alistair schaute so ausdruckslos wie ein Frühstücksbrett. Er hob das Papier, das Crook abgelegt hatte, auf, betrachtete es sorgfältig und sagte: »Wer immer dies getippt hat, war in ziemlicher Eile. Mehrere Buchstaben sind verrutscht oder fehlen ganz.«

»Braucht nicht an der Eile zu liegen. Selbst sehr langsame Schreiber haben oft ihren Kummer damit.«

»Und was schließen Sie daraus?« fragte Alistair grob.

Crook sah ihn etwas überrascht an. »Das ist doch wohl klar, oder nicht?«

»Ich — denke schon. Aber wo steckt der Sinn?«

»Die Dame wollte ihre Geschichte untermauern.« Der Anwalt seufzte. »Arme alte Lady«, sagte er.

»Jedenfalls gibt es keine Unterschrift. Es ist kein Beweis.«

»Nicht gegen meine Klientin, das stimmt.«

»Sie meinen — Sie denken ...?«

»Kleine Tröpfchen Gift, ein Hinweis im Vertrau'n, überlaßt sie Arthur Crook, auf ihn könnt ihr bau'n«, trällerte der unverwüstliche Mr. Crook. »Sie wissen ja, man sagt, Strohhalme weisen die Richtung, aus der der Wind weht. Sehen Sie, ich glaube, ich sollte etwas hierbleiben. Würde die alte Dame wohl gestatten, daß ich in einer ihrer Dachkammern schlafe?«

»Natürlich können wir für eine Unterkunft sorgen«, entgegnete Alistair etwas steif. »Ich werde das sofort veranlassen.«

Alicia, nun mit Crook allein gelassen, wirkte etwas nervös und schwieg. Crook hingegen hatte keine derartigen Hemmungen. »Merkwürdiger Fall«, sagte er.

»Was mich wütend macht, ist, daß Mr. Bishop es nicht wert war«, stieß sie hervor.

»Kein Mann ist es wert, Schätzchen. Daran sollten Sie denken, solange es noch nicht zu spät ist. Es wird immer Augenblicke geben, wo es verlockend erscheint, ein Hackebeil zu nehmen und draufloszuhacken — aber tun Sie es ja nicht. Es macht Dreck, und was noch wichtiger ist, es ist gefährlich.«

»Als Sie sagten, Sie würden hierbleiben«, fuhr Alicia fort, »war das, weil Sie erwarteten, noch etwas herauszufinden? Ich meine, verfolgen Sie irgendeine Spur?«

»Ich denke, wenn ich hier bin, passiert vielleicht etwas«, erklärte Crook, »und wenn ich nicht hier bin, passiert es nicht.«

»Was könnte denn passieren?«

»Wenn eine Frau betroffen ist, kann alles passieren. Und dieser Fall ist noch nicht gelöst, denken Sie das ja nicht.«

»Man sagt, Leute, die — etwas labil sind, werden sehr arglistig, nicht wahr?«

»Viele Menschen können arglistig sein, ohne labil zu sein, und viele sind sowieso niemals ausgeglichen, also was soll's? Erwähnen Sie nur nichts von alledem der alten Dame gegenüber.«

»Natürlich nicht.« Alicia schien beleidigt, aber Crook sagte nur herzlich: »Braves Mädchen« und wandte sich Alistair zu, der wieder zurückgekehrt war. »Ist alles vorbereitet? Sehr schön! Was gibt's bei Ihnen zum Dinner? Suppe und Fisch oder nur einen sauberen Kragen?«

12. Kapitel

Das Dinner wurde schwierig. Mr. Crooks Vorstellungen bezüglich der passenden Abendkleidung beleidigten Dutchy, die ohnehin sehr deutlich über seine Anwesenheit im Haus verstimmt war. Mrs. Goodier machte den Fehler, ihn zu fragen, ob er jemals einen Mann oder eine Frau verteidigt, einen Freispruch erreicht und dann festgestellt habe, daß sein Klient schuldig war.

Crook tippte sich zwar nicht gerade mit dem Finger an die Stirn, aber sein Gesichtsausdruck war so vulgär, daß es auf dasselbe hinauslief.

»Niemals«, sagte er mit Entschiedenheit. »Diskretion ist mein zweiter Vorname. Wenn ein Fall abgeschlossen ist, erinnere ich mich nicht einmal mehr an den Namen meines Klienten. Und so haben sie es auch am liebsten.«

»Aber haben Sie nie mitten in einem Fall feststellen müssen, daß Sie sich im Irrtum befanden?« beharrte Tessa.

»Natürlich nicht«, entgegnete Crook. »Es gehört zu meinem Beruf, die Fakten vorher zu prüfen.«

Dutchy unterbrach ihn mit einer kalten Gehässigkeit, die Alistair zur Weißglut brachte und ihn darüber nachdenken ließ, warum Frauen offenbar ohne jene Fähigkeit zur Beherrschung in der Öffentlichkeit geboren wurden, wie sie Männer von Natur aus besitzen. »Dann hatten Sie mehr Glück als viele Ihrer berühmten Kollegen, Mr. Crook. Denn die mußten manchmal eingestehen, daß ihre Mandanten, unglücklicherweise, schuldig waren, und den Fall niederlegen.«

»Verdammt verlogen von ihnen, falls es stimmt«, erwiderte Crook. Er blickte dabei so finster, daß seine breiten roten

Augenbrauen über seiner gewaltigen Nase eine Linie bildeten. »Unser Beruf besteht nicht darin, unser Gewissen zu befriedigen, sondern die Klienten freizubekommen. Außerdem hätten sie vorher herausfinden können, ob der Kerl schuldig war. Und erzählen Sie mir ja nicht, das sei unmöglich«, fügte er drohend zu Miss Dutchley gewandt hinzu, die ihm vom ersten Moment an unsympathisch gewesen war. »Jeder, der sein Geld wert ist, weiß genau, ob er für den Täter arbeitet oder nicht.«

»Aber Mr. Crook!« Tessa klang entsetzt. »Sie würden sich doch nicht für jemanden einsetzen, den Sie für schuldig hielten!«

»Ich weiß nicht, was Sie wollen!« erwiderte Crook. »Irgend jemand muß doch sein Bestes für sie tun. Wenn sie schon kein reines Gewissen haben, das ihnen Halt gibt«, fügte er erklärend hinzu.

»Aber — es ist Unrecht.« Mrs. Goodier wirkte erschüttert.

»Nur, wenn die Geschworenen Sie durchschauen, und das passiert selten. Außerdem — Recht ist, was man andere glauben machen kann, und wenn ich und meine Mitarbeiter die Geschworenen davon überzeugen können, daß A B nicht getötet hat, auch wenn wir alle wissen, daß er es tat, dann ist A unschuldig. Es ist wirklich sehr einfach.«

Tessa legte ihr Messer zur Seite. Alistair hatte ein plötzliches Vorgefühl von dem, was geschehen würde, und versuchte, etwas zu sagen, aber es war zu spät.

»Mr. Crook«, sagte Tessa mit erschreckender Klarheit, »wissen Sie, wie wir alle, daß meine Nichte, Anne, Mr. Bishop getötet hat?«

Am Tisch entwickelte sich ein allgemeines Durcheinander. Dutchy, Alicia und Alistair stießen Laute aus, die nie ganz die Form von Worten annahmen. Nur Crook blieb unbewegt.

»Ich weiß es nicht«, sagte er. »Schließlich war ich nicht dabei. Aber wenn ich es wüßte, würde das keinen Unterschied machen. Sehen Sie, wenn man eine Aufgabe hat wie ich, kriegt man die Tatsachen und versucht dann, sie irgendwie zusammenzusetzen. Etwa wie beim Kartenspielen oder Handarbeiten, obwohl ich gestehen muß, daß ich in beidem nicht besonders geschickt bin.«

»Und wenn Sie Beweise hätten?« schnaubte Tessa.

»Sie verstehen nicht viel vom Recht, nicht wahr, meine Dame?« entgegnete Crook, aber seine Stimme war recht freundlich. »Ich habe keine Beweise, die die andere Seite nicht auch hat. Wie ein Kegelspiel. Ich versuche, ihre Kegel umzuwerfen, und sie versuchen das gleiche mit meinen. Nehmen Sie zum Beispiel diese Zettel, die Sie im Papierkorb fanden. Sie sagen, und die Staatsanwaltschaft wird Ihnen zustimmen, das sei ein Beweis, daß Miss Vereker mit Bishop unter einer Decke steckte, und daher habe sie einen guten Grund gehabt, ihn zu ermorden, als es aussah, als wolle er auspacken. Ich sage: 'Es gibt keinen Beweis, daß sie diesen Brief überhaupt geschrieben hat. Jemand anders hat es getan, weil er dachte, es würde sie belasten.' Verstehen Sie, was ich meine? Wie bei einer Münze. Sie hat zwei Seiten, und die sind verschieden, vorausgesetzt, es handelt sich nicht um Falschgeld. Es ist reine Glücksache, ob Kopf oder Zahl oben liegen.«

»Ich verstehe nur zu gut«, brauste Mrs. Goodier auf. »Sie würden jeden anderen lieber verdächtigen als meine Nichte. Mich — oder Alicia — oder meinen Neffen hier — oder — Dutchy, kannst du Schreibmaschine schreiben?«

»Nein«, entgegnete Dutchy grob. »Das kann ich nicht.«

»Es ist sehr nützlich«, erklärte Mrs. Goodier. »Das sagte jedenfalls Theo immer.« Ihre Gedanken schienen plötzlich abzuschweifen. »Alicia, du solltest mehr üben. Wenn du einen Beruf ergreifen willst ...«

»Ach, die Art von Beruf möchte ich nicht«, erwiderte Alicia lebhaft. »Das führt zu nichts. Ich werde wahrscheinlich zum Theater gehen.«

Diese unerwartete Aussage traf alle überraschend. »Aber ich dachte, man müsse damit schon in der Jugend beginnen«, rief Alistair.

»Nicht unbedingt.«

»Ich wußte gar nicht, daß du agieren kannst«, warf Mrs. Goodier taktlos ein.

»Ich würde sagen, darin kann ich auch nicht schlechter sein als im Maschineschreiben, und zumindest hätte ich vielleicht endlich etwas Spaß. Außerdem habe ich in vielen Laienaufführungen mitgewirkt, und ich könnte Parodien machen wie diese Mrs. Pollack, sie ist wahnsinnig erfolgreich. Und ich könnte inszenieren, das weiß ich. Onkel Theos Vorstellungen über Frauen waren vollkommen veraltet. Heiraten und eine Haussklavin sein; arbeiten gehen und eine Bürosklavin sein. Er muß wohl geglaubt haben, es sei irgendwie nicht in Ordnung, Spaß zu haben.«

»Er hielt es jedenfalls nicht für ein erstrebenswertes Lebensziel«, entgegnete Mrs. Goodier hochmütig. Jeder, der sie hörte, erklärte Alicia ihrem Vetter später erregt, habe denken müssen, sie habe sich seit ihrer Jugend die Finger wundgearbeitet, statt ein bequemes Leben zu führen und einen reichen Mann zu heiraten. »Ich verabscheue reiche Leute. Sie glauben immer, ihr Geld sei eine Tugend und gebe ihnen das Recht, über alles und jeden zu bestimmen.«

»Des einen Spaß ist des anderen Knast«, sagte Crook, und da keiner so recht verstand, was damit gemeint war, wechselte man das Thema, und die Unterhaltung blieb bis zum Ende des Mahls recht friedlich. Crook trug zur Entspannung der Lage bei, indem er sich recht früh am Abend zurückzog. Alistair hatte zuvor noch die Gelegenheit gefunden, mit ihm zu sprechen: »Sie dürfen meine Tante nicht so ernst nehmen. Sie ist durch die Ereignisse sehr durcheinander und — nun, das sehen Sie ja selbst — nicht ganz in der Lage, die Dinge richtig zu beurteilen.«

»Diejenigen, die die Dinge nicht mehr richtig auf die Reihe kriegen, sind die gefährlichsten«, erwiderte Crook trocken. »Ich denke, es wäre klug, wenn ich Ihre Tante im Auge behielte, und sie sollten das gleiche mit der alten Xanthippe tun, die

Sie Dutchy nennen. Sie würde mein Lebenslicht ohne Zögern ausblasen, wenn ihr das in den Kram paßte. Frauen ihrer Art haben kein Gewissen, sie haben Intuitionen, und ihre Intuition sagt ihr gerade, daß sie mir Steine in den Weg legen sollte.«

Kurz darauf sagte er, er werde sich jetzt zurückziehen. Mrs. Goodier hatte ihm ein Zimmer zugewiesen, das etwas abseits von den anderen in einem kleinen Seitenflügel lag, der über eine Treppe erreichbar war — sie sei sicher, er wünsche Ruhe und wolle nicht gestört werden. So könne er die ganze Nacht über aufbleiben und über den Problemen brüten, wenn er das wünsche, hatte sie erklärt. Crook sagte, Gespenster hätten ihn nie gestört. Falls eines auftauche, um ihn zu erschrecken, komme er ihm mit Sicherheit zuvor, und er müsse nicht einmal in den Spiegel schauen, um zu wissen, warum. Er sprach eine so unverblümte Sprache, daß sich sogar Dutchy geschlagen geben mußte. Als ihm Mrs. Goodier die Abgelegenheit seines Zimmers erläuterte, nickte er verständnisvoll und ohne sichtliche Erbitterung.

»Glauben Sie nur nicht, daß ich jetzt eine Rede halte«, sagte er. »Das überlassse ich den Burschen im Parlament, die nichts Besseres zu tun haben. Aber Sie dürfen nicht glauben, daß ich nicht weiß, daß Sie einen Kerl, den Sie für einen Privatschnüffler halten, nicht in Ihrem Haus haben wollen. Sie können es sicher kaum erwarten, daß ich verschwinde. Nun, auch ich habe noch andere Dinge zu tun. Aber ich habe bereits Major Vereker erklärt, daß ich herkommen mußte, um die Sache zu Ende zu bringen.«

»Soll das heißen, Sie haben eine Theorie?« fragte Dutchy und riß das Gespräch an sich, wie sie es auch immer tat, wenn jemand an die Tür kam und Schreibpapier, Seife oder patentierte Warzentinkturen verkaufen wollte und jemand so vernünftig sein mußte, ihn abzuweisen.

»Gnädige Frau!« Crook wirkte beleidigt. »Ich habe weit mehr als eine Theorie. Ich weiß, wer Lewis Bishop erschossen hat.«

Selbst Mrs. Goodier, die ihr Bestes getan hatte, Crook seit dessen Ankunft zu ignorieren, wurde starr vor Aufregung.

»Sie *wissen* es?« wiederholte sie.

»So ist es, gnädige Frau. Nur etwas wissen ist nicht genug, man muß es beweisen können. Und ich werde es in frühestens, sagen wir vierundzwanzig Stunden, beweisen können.«

»Glauben Sie denn, daß Sie hier im Haus etwas finden werden, das Sie weiterbringt?« fragte Alicia, die verdutzt dreinblickte und sich sofort nach Alistair umdrehte, um zu sehen, welchen Eindruck diese Mitteilung auf ihn gemacht hatte.

»Ich denke, irgend etwas wird passieren. Wenn ich da bin, passiert meistens etwas.«

»Und wenn es passiert ist — was auch immer es ist?«

»Dann ist es Zeit, den letzten Akt aufzuführen und Ihnen zu demonstrieren, wer der Täter war. Wie ich bereits sagte, es kann vierundzwanzig Stunden dauern, vielleicht sogar etwas länger. Das Ergebnis ist in jedem Fall dasselbe.«

»Wenn Sie sagen, daß etwas passieren wird — was meinen Sie damit?«

»Ich meine, ich vermute, der Mörder wird seine Karten auf den Tisch legen, und ich werde daraus seine Zukunft lesen.«

Danach wünschte er der Gesellschaft eine gute Nacht und ging zu Bett.

Zurück blieb ein sehr verwirrtes Quartett. Sie warfen sich verstohlene Blicke zu. Jeder fragte sich, wen der andere verdächtigte, wie er auf Crooks Zuversicht reagieren würde.

»Ich wünschte, ich hätte eine Ahnung, ob er wirklich weiß, wovon er spricht, oder ob alles nur ein Bluff ist«, sagte Dutchy offen.

»Nach meinen Erfahrungen neigt er — eigentlich — nicht dazu, zu bluffen«, erklärte Alistair. »Ich bin alle Fakten nochmal durchgegangen und habe mir den Kopf zerbrochen, was wir übersehen haben könnten. Wir waren alle dabei an jenem Abend, und seitdem sind wir hier ein- und ausgegangen. Er ist gerade erst mit dem Fall betraut worden, und doch durchschaut er schon die Dunkelheit, und wir sind noch immer blind.«

»Alle außer einem!«

»Einem?«

»Dem, der es getan hat, natürlich.«

»Ach ja.« Alle wirkten beunruhigt, und Mrs. Goodier vergrößerte die Anspannung noch, indem sie plötzlich laut und leidenschaftlich ausrief: »Alistair, ich will diesen Mann nicht in meinem Haus! Ich mag ihn nicht. Ich bin sicher, Theo hätte niemals zugelassen, daß er hier ist. Er mag sehr klug sein, aber er ist so gewöhnlich, wie ein Vertreter. Ich will nicht, daß er hier herumläuft, als ob das Haus ihm gehöre, und in alle Zimmer hineinschaut. Ich fühle mich nicht sicher.«

»Ich glaube nicht, daß du vor irgend etwas Angst haben mußt«, sagte Alistair sanft. »Und es dauert ja nicht lange. Aber ich kann ihn auch nicht Hals über Kopf hinauswerfen. Er ist Annes einzige Hoffnung.«

»Ich glaube nicht, daß er ehrlich ist«, rief Tessa vehement. »Er hat kein ehrliches Gesicht. Er gehört zu denen, die für Geld alles tun würden. Wenn ihm jemand mehr dafür böte, daß er beweist, daß Anne schuldig ist, würde er dich sofort im Stich lassen.«

»Das entspricht nicht seinem Ruf«, widersprach Alistair. »Und an dem liegt ihm sehr viel.«

»Er ist einfach unverschämt, das ist meine Meinung«, warf Dutchy zornig ein. »Sagt uns allen ins Gesicht, er kenne den Täter. Dem ist nicht mal die Polizei gewachsen.«

»Ich persönlich hatte James Goodier als Mörder in Verdacht«, stellte Alistair fest. »Und in der Tat könnte ich immer noch recht behalten. Es scheint einfach unmöglich, daß ein Mitglied der eigenen Familie fähig sein könnte, einen Mord zu begehen.«

»Geht herum und legt Fallen aus«, flüsterte Tessa. »Stellt uns Fragen und versucht, uns dazu zu bringen, uns zu verraten.

Ich hätte nie gedacht, Alistair, daß du einen solchen Mann ins Haus lassen würdest.«

»Keiner, der unschuldig ist, hat irgend etwas zu befürchten«, begann Alistair ohne viel Überzeugungskraft, aber Tessa unterbrach ihn mit lautem Lachen.

»Du hast gehört, was er gesagt hat. Alles, was er braucht, sind ein paar Tatsachen, und dann kann er sie so zusammenstellen, wie es ihm am besten paßt. Er ist wie Judas Ischarioth ...«

»Nun, je mehr wir ihm helfen, um so eher wird er wieder verschwinden«, schlug Dutchy nüchtern und in Vorahnung eines seelischen Zusammenbruchs vor. »Vielleicht beweist er auch, daß Mr. Bishop sich selbst erschoß. Wie dem auch sei — was immer wir tun, es wird nichts ändern. Mrs. Goodier, es ist höchste Zeit, schlafen zu gehen.«

Aber Tessa schüttelte gedankenverloren den Kopf. »Ich kann noch nicht schlafen. Ich würde mich nicht sicher fühlen mit dieser Kreatur im Haus. Geh du nur, meine Liebe, und du auch, Alicia. Ich komme gleich nach.«

Dutchy warf Alistair einen verzweifelten Blick zu, nahm ihre große Handarbeitstasche und marschierte hinaus.

»Ich muß noch meine Abrechnungen beenden. Vergeßt nicht, das Licht zu löschen.«

Alistair ging in sein Zimmer und fragte sich, wo in Gottes Namen dies alles enden würde. Jedes Familienmitglied ließ sich von einem eigenen Anwalt beraten, und das gefiel ihm nicht. Es schien ihm ein Zeichen dafür, daß sie sich gegenseitig nicht vertrauten. Und es hatte noch eine Folge: Es bedeutete, daß keine Möglichkeit bestand, irgendwelche Hinweise oder Informationen aufzuschnappen. In Wahrheit hatten sie alle Angst, Angst — sich selbst zu verraten. Selbst die Unschuldigen konnten nicht sicher sein, daß ein einfaches Wort, arglos ausgesprochen, nicht verdreht und gegen sie verwendet wurde. Sie waren wie eine bewaffnete Garnison, in der die Soldaten nicht den Feind vor den Toren, sondern den Nachbarn und einstigen Freund fürchteten.

Alistair wünschte verzweifelt, daß alles vorbei sein möge. Diese Anspannung konnte selbst das standhafteste Gemüt nicht ertragen. Er wollte, daß die ganze Geschichte aufgeklärt wurde, damit das Leben wieder zur Normalität zurückkehren konnte. Und Normalität bedeutete für ihn Four Acres. Er begann sich zu fragen, ob er vielleicht bereits etwas verrückt sei, die Dinge verzerrt sah, wenn es um das Anwesen ging. Wie dem auch sei — er schütttelte sich vor Wut — im Moment konnte man nichts tun, außer Crook im Auge zu behalten. Er würde noch mit ihm sprechen, bevor er selbst zu Bett ging, um sicher zu sein, daß nichts unversucht blieb.

Im selben Moment klopfte es leicht an seine Tür, und Alicia erschien auf der Schwelle.

»Störe ich dich, Alistair? Es dreht sich um Tante Tessa. Ich komme nicht mit ihr zurecht. Sie will nicht schlafen gehen und hört nicht auf das, was ich sage. Sie sitzt nur herum, hat die Hände gefaltet und starrt ins Feuer. Als ich sie eben ansprach, sah sie mich nur an, als kenne sie mich nicht.«

»Ich komme sofort runter«, sagte Alistair. »Obwohl ich nicht glaube, daß ich viel tun kann. Du solltest jetzt schlafen gehen, Alicia.«

»Ich kann nicht. Nie im Leben habe ich mich so wach gefühlt. Ich glaube, es liegt daran, daß Crook hier ist, obwohl er bereits schläft. Man hört ihn vermutlich bis zum Piccadilly Circus.«

»Ich weiß, er ist ein ungeschliffener Diamant, aber in einem Notfall wie diesem können wir nicht wählerisch sein, und er ist uns sicherlich sehr viel hilfreicher als irgendein feiner Piccadilly-Pinkel.«

»Mir geht's wie Tante Tessa. Ich bin froh, wenn alles vorüber ist. Er hat einen Plan im Kopf, und es wird ihn nicht interessieren, wer darunter leidet, wenn er nur seinen Fall gewinnt. Du magst sagen, selbst Crook könne nicht beweisen, daß ein Unschuldiger schuldig ist, aber nach deiner Meinung ist es doch genau das, was die Polizei getan hat.«

»Ich denke, du hast recht«, stimmte Alistair zu. Sie waren im ersten Stock angekommen, wo der Salon gelegen war. Alistair wollte die Tür öffnen, als Alicia, die zunächst gezögert hatte, sich ihm plötzlich zuwandte.

»Alistair, wenn ich irgend etwas tun kann, um dir zu helfen, sei es mit Anne oder sonstwie, dann, das weißt du, werde ich es tun. Sei mir nicht böse, daß ich eifersüchtig auf sie bin, ich kann es nicht ändern. Aber es gibt nichts, was ich für dich nicht tun würde. Das weißt du doch, nicht wahr?« Ihre Stimme war sanft und bestimmt, trotzden wurde Alistair plötzlich von panischem Schrecken erfaßt. Sie wartete einen Moment, und dann, als er nicht antwortete, fuhr sie fort: »Laß wenigstens du mich helfen. Wirst du das tun? Darf ich dir helfen?«

»Natürlich, wenn du kannst. Aber das Problem ist, daß keiner von uns etwas tun kann, fürchte ich.« Zu seiner Erleichterung erschien plötzlich Dutchy auf dem Treppenabsatz.

»Geht denn heute abend niemand schlafen?« fragte sie verdrießlich. »Dieser Crook trompetet wie ein Elefant, und alle anderen schwatzen — an schlafen ist da nicht zu denken ...«

»Ich möchte noch nicht ins Bett gehen«, erklärte Alicia.

»Du wirst schon wollen, wenn ich dir ein Glas heiße Milch bringe. Und du kannst eine von deinen Schlaftabletten nehmen.«

»Oh, aber ... Ich weiß nicht, ob das ein guter Einfall ist.«

»So spät in der Nacht kannst du sowieso nichts mehr tun«, erklärte Dutchy ungeduldig. »Alistair, ich wünschte, du könntest Mrs. Goodier dazu bringen, zu Bett zu gehen. Wir werden ein Haufen von Nervenbündeln sein, ehe dein Mr. Crook uns verläßt, und ich vermute, das ist genau, was er beabsichtigt. Er denkt, wenn wir erst mürbe genug sind, werden wir ihm schon alles sagen, was wir wissen.«

»Nun«, sagte Alistair, der die Aussicht auf einen Nervenzusammenbruch Dutchys wenig spaßig fand, »ich denke, die meisten von uns hätten nicht viel zu erzählen.« Er lächelte beiden Frauen zu und verschwand im Salon. »Also los, Alicia, geh ins Bett, und ich werde dir etwas Milch bringen«, sagte Dutchy grob. »Du willst dir doch in der Kälte nicht den Tod holen.« Damit verschwand sie.

Alicia sah ihr nach und ging dann ebenfalls in ihr Zimmer. Wenn man jahrelang einen schönen Traum geträumt hat, kann man ihn nicht einfach aufgeben, nur weil die Umstände ungünstig sind. Sie wußte, was sie wollte, und sie würde es bekommen, wenn sie konnte. Vielleicht würde das bedeuten, daß sie es darauf ankommen lassen und die Karten auf den Tisch legen mußte, aber gewisse Risiken mußte man in Kauf nehmen. Ebenso wie Mrs. Goodier wünschte sie Mr. Crook sonstwohin, bloß nicht nach Four Acres.

Alistair ging in den Empfangsraum und fand seine Tante in dem Zustand, den Alicia beschrieben hatte. Ruhig, unbeweglich, die Hände auf den Knien, ihre Augen auf das erlöschende Feuer gerichtet. Doch trotz dieser resignierten Haltung brannte Leben in ihr. Er spürte es fast körperlich, als er nähertrat.

»Tante Tessa!«

Sie wandte sich heftig um, ungläubige Freude breitete sich auf ihrem Gesicht aus, als sei ein Wunder geschehen, und sie könne es noch nicht glauben. Aber sofort nahmen ihre Züge wieder den starren, unpersönlichen Ausdruck an.

»Oh, Alistair, du bist es. Ich habe dir doch bereits gesagt, du sollst dir keine Sorgen um mich machen. Ich wünschte, ihr würdet mich alle in Ruhe lassen. Du, Alicia und Dutchy ... Oh, ich weiß, ihr meint es gut, aber ihr könnt doch nichts tun, und alles, was ich will, ist etwas Ruhe.«

»Wir möchten gern, daß du schlafen gehst«, erklärte Alistair geduldig. »Ich werde das Licht löschen.« Denn das war Tessas neueste Marotte. Sie glaubte, das Haus werde niederbrennen, während alles schlief. Ein ähnliches Unglück war in einer benachbarten Grafschaft bei einer Familie, die sie kannte, passiert, und ein defektes elektrisches Kabel galt als Ursache.

»Wenn es dort passieren konnte, kann es auch hier passieren«, behauptete sie. »Ich würde mich wohler fühlen, wenn alle Lampen ausgeschaltet wären.«

Darum ging Dutchy jetzt herum, stellte Kerzen in jedes Zimmer und schimpfte über die unnötige Arbeit. Kerzen seien viel gefährlicher, sagte sie, weil Kerzen offenes Feuer seien, und es gäbe so viele altmodische Vorhänge und Bezüge in Four Acres, daß es ein Wunder sein würde, wenn das Haus nicht wirklich abbrenne.

»Nun schalte sie schon aus«, sagte Tessa ungeduldig, als Alistair den vergeblichen Versuch unternahm, sie zum Verlassen des Zimmers zu überreden. »Ich habe das Kaminfeuer, damit sehe ich genug.«

»Aber wenn du in dein Zimmer gehst ...«, drängte er sie.

»Ich gehe nicht in mein Zimmer. Ich kann dort nicht schlafen. Es spukt dort. Du brauchst gar nicht so ungläubig zu gucken, es stimmt.«

»Du meinst — Bishops Geist?« Er konnte sich nicht vorstellen, daß sie das wirklich glaubte.

»Du hast geglaubt, er sei zweitklassig, nicht wahr?« Er war erschrocken über die Ruhe, mit der sie dies sagte. »Aber man heiratet einen Mann nicht nur, weil er erstklassig ist. Jede Frau würde das verstehen. Sogar Alicia ... Alicia ist sehr gut zu mir gewesen. Sie spricht davon, daß sie nach London gehen will, um dort zu arbeiten. Ich muß dafür sorgen, daß sie genügend Geld hat, damit sie zunächst über die Runden kommt. Ja, sie ist sehr gut zu mir gewesen, aber ich habe nie zu den Frauen gehört, die damit zufrieden sind, nur andere Frauen um sich zu haben. Theo war so ein Mann, und deshalb vermisse ich ihn so. Es lohnt nicht, nur für sich selbst und eine andere Frau zu leben. Darum kam mir der Gedanke, Lewis zu heiraten. Die Heirat gab meinem Leben einen Sinn. Nun ist er nicht mehr da, und mein Leben ist sinnlos geworden.«

Alistair wollte sagen »Es gibt noch andere Männer«, aber die Worte blieben ihm im Halse stecken. Denn sie schien ihm heute nacht so alt, so wirr, wie eine Hexe aus einem uralten Märchen. Seit der Nacht, in der sich die Tragödie ereignet hatte, war sie magerer geworden. Ihr volles Haar, auf das sie immer so stolz gewesen war, wirkte schlampig und stumpf.

»Glaubst du an Geister?« fragte sie. »Theo tat es nicht, aber er hatte es auch nicht nötig.«

Alistair zögerte. Jeder Mensch mit Phantasie und Geist, der seine Erfahrungen gemacht hatte, würde wohl zögern, ehe er diese Frage mit einem klaren Nein beantwortete. »Ich glaube nicht, daß Bishop in diesem Haus spukt, falls du das meinst«, bekannte er schließlich.

»Vielleicht nicht. Aber irgendwer spukt hier. Und Theo ist es sicher nicht. Seinen Geist würde ich bestimmt erkennen.«

Alistair blickte sie mit wachsender Besorgnis an. Wenn es so weiterging, würde sie sicher bald geisteskrank sein. Aber er erkannte, daß ihr offenbar nicht bewußt war, daß an dem, was sie sagte, etwas eigenartig war.

»Wenn du von Spuk redest, Tante Tessa, was genau meinst du damit?«

»Schritte — vor meiner Tür — und wenn ich öffne, ist niemand da. Hände an der Tür — unsichtbare Hände. Ich höre, wie sie geöffnet wird, die Tür, meine ich, und dann liege ich da und warte — warte, daß sich die Hände um meine Kehle legen.«

»Weißt du, ich glaube, das alles war zuviel für dich«, sagte Alistair ruhig. »Es wäre am besten, du würdest für einige Zeit in ein Hotel ziehen.«

»Damit alle mit dem Finger auf mich zeigen, auf die Frau, die Lewis Bishop heiraten wollte und von ihrer eigenen Nichte unter ihrem eigenen Dach zur Närrin gemacht wurde?«

Es war hoffnungslos. So kam er nicht weiter.

»Außerdem kannst du dem Schicksal nicht entgehen,

indem du davonläufst. Alistair, du glaubst doch nicht, daß ich verrückt werde, oder?«

Das traf so vollständig seine Gedanken, daß er erneut gezwungen war, auszuweichen. »Du bist überreizt, und das ist auch kein Wunder«, sagte er. »Aber gerade jetzt ist es wichtig, daß wir alle einen klaren Kopf behalten. Du willst doch auch nicht, daß Crook auf den Gedanken kommt, wir seien keine zuverlässigen Zeugen?«

»Es interessiert mich nicht, was dieser Kerl denkt«, rief sie mit einer Mischung aus Stolz und Wut. »Ich will mit ihm nichts zu tun haben. Ich will seine Fragen nicht beantworten, noch überhaupt mit ihm sprechen. Ich weiß nicht, warum du keinen Gentleman engagieren konntest. Aber ich vermute, ein Gentleman hätte diesen Fall wohl nicht übernommen. Hat Dutchy irgendwas gesagt?«

»Über Crook?« Ihre Stimmungsschwankungen waren verwirrend.

»Nein, nein! Über mich. Sie denkt, ich sei verrückt. Ich merke das. Ich glaube, sie und Alicia haben sich gegen mich verschworen. Vielleicht sind sie es, die nachts umherschleichen, um mich in Schrecken zu versetzen, obwohl ich keine Ahnung habe, welchen Nutzen sie sich davon versprechen, wenn ich in der Irrenanstalt sitze.« Plötzlich leuchteten ihre Augen auf, ihre Hände zupften an seinem Jackett. »Alistair, würdest du etwas für mich tun? Etwas, das mir helfen kann, meine Vermutungen zu beweisen? Würdest du heute nacht in meinem Zimmer schlafen und mir dafür das Gästezimmer überlassen? Ich habe Dutchy nicht erlaubt, Mr. Crook dort unterzubringen. Ich werde mit dieser Kreatur nicht Tür an Tür schlafen, sagte ich ihr. Wirst du das für mich tun, Alistair?«

»Natürlich, wenn du es wünschst, aber ...«

Ihr Griff wurde fester. »Verstehst du nicht, niemand wird es wissen. Falls es eine Verschwörung gibt, kannst du sie aufdecken. Sind die anderen schon zu Bett gegangen?«

»Ich denke, ja. Ich hoffe es.«

»Dann werden sie keinen Verdacht schöpfen. Laß deine Kerze nicht brennen, Alistair, und schlafe nicht ein. Dann wirst du vielleicht feststellen, daß ich nicht so verrückt bin, wie du denkst.« Sie erhob sich und stand so nah bei ihm, daß er sie in den Arm hätte nehmen können, aber im Geiste fühlte er sich ihr so fremd, als ob ein ganzes Land sie trennte. Mit einer ihrer typischen flüchtigen Gesten streckte sie ihre Hand aus, und er nahm sie und geleitete sie zur Tür auf eine Art und Weise, die er als lächerlich empfand. Als sie die Tür erreichten, sah sie ihn an und sagte mit großem Nachdruck: »Warte bis zum Morgen, Alistair, dann wird alles anders sein.«

Dutchy hatte die Milch warm gemacht und in Alicias Zimmer gebracht. Eine freundliche Geste von ihr, denn sie hatte Alicia nie zu den bevorzugten Mitgliedern des Hauses gerechnet und war stets der Überzeugung gewesen, wenn sie etwas brauche, solle sie sich selbst bedienen. Alicia saß im Bett, ihr Gesicht dick mit der Creme eingeschmiert, die sie stets für die Nacht auftrug, ihr Haar mit Schleifen zu zwei Zöpfen geflochten, die ihr blasses Gesicht einrahmten. Sie rieb sorgfältig ihre Hände mit etwas Creme ein.

»Wie lange dauert es gewöhnlich, bis du abends fertig bist?« fragte Dutchy trocken.

»Ungefähr zwanzig Minuten. Wie lieb du bist. Ich glaube, ich brauche wirklich ein Schlafmittel. Ich stimme Tante Tessa zu. Es wird sehr viel angenehmer sein, wenn Mr. Crook uns verlassen hat.«

Sie öffnete ein Glas mit Schlaftabletten und schüttete eine in ihre Hand.

»Du solltest vielleicht lieber zwei nehmen, wenn du schon dabei bist«, schlug Dutchy vor. »Dann hast du eine ruhige Nacht.«

»Meinst du? Na gut. Ich könnte wahrhaftig etwas Schlaf gebrauchen.«

Sie nahm eine zweite und steckte beide in den Mund. »So ist

es richtig. Nun trink die Milch. Braves Mädchen. Laß den Rest nicht kalt werden, hörst du?« Alicia schüttelte den Kopf. »Hast du deine Kerze? Alistair dreht doch den Strom ab, bevor er ins Bett geht.«

Sie verließ das Zimmer und schloß die Tür hinter sich. Nachdenklich stand sie einen Augenblick draußen auf der Fußmatte.

Alistair ging inzwischen durch das ganze Haus und erledigte all die kleinen Dinge, die er jeden Abend, ehe er schlafen ging, tat. Er hatte beschlossen, Crook nicht davon in Kenntnis zu setzen, daß das elektrische Licht am Hauptschalter ausgeschaltet wurde. Es schien ihm nicht notwendig. Er brauchte nicht lange zur Erledigung seiner Pflichten und ging dann vorsichtig zum Zimmer von Mrs. Goodier. Zu dieser Zeit herrschte im Haus völlige Stille, eine Stille, die ihm im nachhinein unnatürlich erschien.

Als er in dem breiten Bett lag, das Tante Tessa einst mit Onkel Theo geteilt hatte, dachte er über die Ereignisse nach, die seit seiner Heimkehr nach Four Acres stattgefunden hatten. Er hatte darauf verzichtet, Crook auszufragen, weil er sich durch ihr Abkommen gebunden fühlte, aber er hatte nicht widerstehen können, gelegentliche Vermutungen auszusprechen. Doch Crook war nicht leicht aus der Reserve zu locken.

»Schon möglich, Major, schon möglich«, hatte er in seiner derben Art gesagt. »Aber was wir brauchen sind Tatsachen, eindeutige Tatsachen.«

»Und wenn Sie die nicht finden können?« hatte Alistair einmal gefragt.

»Ich bin hier, um sie zu finden«, hatte Crook lakonisch geantwortet. »Einer, der die Fakten, die er braucht, nicht findet, ist in unserem Beruf nutzlos, und glauben Sie ja keinem, der etwas anderes behauptet. Wenn die Beweise nicht an der Oberfläche liegen, muß man halt nach ihnen graben. Und wenn man gräbt und trotzdem keine findet, muß man welche zusammenbasteln, fragen Sie mich nicht wie. Das gehört zum Beruf. Das einzige, was man auf keinen Fall tun darf, ist, keine Fakten zu liefern, wenn sie gebraucht werden. Ich bin hier, um zu beweisen, daß Ihre Cousine keine Mörderin sein kann — zumindest, daß sie Bishop nicht getötet hat, und Sie können versichert sein, daß ich das erreichen werde.«

Wieviel wußte er, überlegte Alistair, der sich ruhelos in dem breiten Bett wälzte. An die Gefahr für ihn selbst, und die konnte ihm nicht verborgen bleiben, dachte er offenbar überhaupt nicht. Und in welcher Gefahr er sich befand! Nach einiger Zeit spürte Alistair, wie eine vage Unruhe ihn erfaßte. Sein Körper war starr, seine Ohren lauschten angespannt. Er wußte, daß er darauf wartete, daß irgend etwas die unnatürliche Stille des Hauses durchbrechen würde. Er sah auf die Leuchtzeiger seiner Armbanduhr — es war kurz nach zwei.

Es dauerte etwa eine halbe Stunde — dreißig Minuten, die er in größter Anspannung dalag — bis er das Geräusch tatsächlich hörte, das, wie von ihm erwartet, den Frieden der Nacht zerstörte. Angekündigt wurde es durch kaum hörbare Schritte auf dem teppichbelegten Flur, dann öffnete sich die Tür des Zimmers, in dem Alistair lag, Zentimeter um Zentimeter. Währenddessen hielt er den Atem an. Einen Augenblick später ertönte der schrille Schrei — »Feuer! Feuer!«

Alistairs Stimme klang laut und klar. »Ich komme!« Im Dunkeln tastete er nach der Kerze, die dabei zu Boden fiel.

»Verdammt!« rief er aus.

Der Schrei ertönte abermals, ganz in seiner Nähe. Dann hörte er Dutchys Stimme vom anderen Ende des Flurs.

»Was ist los?«

»Ich komme«, rief er nochmals und band seinen Morgenmantel zu. »War das nicht Tante Tessas Stimme?«

Dann hörten sie Tessa selbst. »Feuer!« schrie sie, als sie den Gang hinunter auf sie zu eilte. »Wo ist es? Was ist los?«

»Das würden wir auch gern wissen«, entgegnete Dutchy grob.

»Ich habe immer gewußt, daß das passieren würde«, rief Tessa. »Wir sollten alle in unseren Betten verbrennen.«

»Brennt es denn wirklich?« fragte Alistair. »Dutchy, kannst du nicht mal ...?«

»Es brennt«, sagte Tessa aufgeregt. »Natürlich brennt es. Ich habe euch gewarnt ...«

»Sie haben das ganze Haus gewarnt. Noch nie habe ich einen solchen Schrei gehört. Selbst einen Geist, wenn es hier einen gäbe, hätten Sie damit aufgeweckt. Sollte das ein Streich sein?« Dutchy blickte Alistair flehend an.

»Hattest du Alpträume?« wollte Alistair wissen. »Du hast Feuer gerufen. Ich habe dich gehört, und Dutchy auch. Es war so deutlich — wie ...«

»... ein Luftalarm«, sagte Dutchy. Dann wurde ihre Stimme ernster. »Wo ist Mr. Crook? Er kann doch bei dem Krach unmöglich schlafen? Jedermann würde glauben, eine Armee stände vor den Toren.«

»Wo ist Alicia?« fragte Tessa nörgelnd.

»Sie schläft, hoffe ich. Sie hat eine doppelte Dosis Schlafmittel genommen. Wir wollen doch nicht das ganze Haus voller Nervenbündel haben«, fügte Dutchy murmelnd hinzu. »Aber solltest du nicht besser nach Mr. Crook sehen, Alistair?«

Alistair sah sie verwundert an. Erwartete sie etwa, daß er dort eine weitere Leiche finden würde? 'Aller guten Dinge sind drei', sagte ein altes Sprichwort. Zwei Leichen gab es schon — Bishop und Bletsoe. Vielleicht würde Crook das Trio komplettieren.

»Ich sehe nach«, sagte er. »Falls er wirklich bei dem Aufruhr schläft, könnten ein halbes Dutzend Morde direkt vor seiner Nase passieren.«

»Vielleicht ist er betrunken. Ich fand sein Benehmen nach dem Essen höchst absonderlich. Alistair, diesem Menschen gutes Essen zu servieren, bedeutet meiner Meinung nach, Perlen vor die Säue zu werfen. Für ihn wäre alles gut genug.«

Als Alistair am oberen Ende der Treppe angelangt war, wo Crooks Zimmer lag, sah er das Objekt von Tessas Mißbilligung vor sich in einem Pyjama, der das Auge ebenso beleidigte wie der braune Anzug, den er am Tage trug — hellrot mit blauem Kragen schien ihm die angemessene Farbkombination für dieses feine Haus — und gelassen wie immer.

»Schöne Geschichte das«, begrüßte er Alistair.

Alistair trat näher. Inzwischen waren Geräusche aus allen Teilen des Hauses zu hören, da die Dienerschaft aufgeregt die nächtliche Szenerie betrat.

»Sehr nette Inszenierung!« sagte Crook. Er trug hellrote Pantoffeln, und auf die Tasche seiner Pyjamajacke war ein rotes Monogramm aufgestickt, das aussah, als sei es für die Medusa gemacht. Alistair starrte wie gebannt auf die farbenfrohe Gestalt.

»Sie brauchen sich wegen des Feuers keine Sorgen zu machen«, sagte Crook liebenswürdig. »Sie würden es sofort riechen, falls es brennt. Und wenn nicht Sie, dann ich. Feuer kann ich ebensoleicht riechen, wie ich eine Leiche rieche, und das will was heißen.«

»Aber was ...«, begann Alistair, aber Crook, der trotz der vorgerückten Stunde erstaunlich munter war, unterbrach ihn.

»Habe ich es Ihnen nicht gesagt? Sehen Sie sich das an!« Alistairs Augen folgten Crooks zu Boden zeigendem Finger. Es war eine ganz einfache Vorrichtung, eine dieser altmodischen Fallen, die 1945 noch genauso wirkungsvoll waren wie ein Jahrhundert zuvor. Jemand hatte in Kniehöhe einen Draht direkt am oberen Ende der Treppe gespannt. An jeder Seite war er mit einem Nagel befestigt, von denen einer in die Vertäfelung, der andere in einen Geländerpfosten geschlagen worden war. Die Nägel waren erst vor kurzem angebracht worden. Im Holz war noch eine ausgebrochene Stelle zu erkennen, wo der Hammer sein Ziel verfehlt hatte.

»Sehr hübsch«, stellte Crook anerkennend fest. »Die einfachsten Dinge sind immer die erfolgreichsten. Der Kerl, der dir mit einer Keule auf den Schädel haut und dich im Graben zurückläßt, hat eine fünfzig zu fünfzig Chance, davonzukommen, während der, der mit Euklid und gemäß den Regeln der Trigonometrie einen Plan ausarbeitet, meist scheitert. Eine Schande, daß es nicht geklappt hat, nicht wahr?«

Alistair beugte seine hageren 1,80 Meter vor, um die Falle näher zu betrachten. »Ich vermute, Sie sollten in der Dunkelheit darüber stolpern ...«

»Die ganze Erfolgsleiter hinunter bis in die ewigen Jagdgründe.« Crook nickte lebhaft mit seinem roten Kopf. »Nun wissen Sie auch, warum ich so sicher bin, daß es nirgends brennt.«

»Sie meinen, es war eine Falle, um Sie aus dem Zimmer zu locken?«

»So sehe ich es.«

»Und — was hielt Sie davon ab, dem Attentäter den Gefallen zu tun?«

(Verdammt! dachte Alistair verärgert. Ich fange schon an, wie diese Kerle im Film zu reden.)

»Nun jaaa.« Crook benahm sich schamlos theatralisch, gähnte verschlafen und ließ Alistair warten, obwohl er ganz offensichtlich nie in seinem Leben wacher gewesen war. »Um die Wahrheit zu sagen, Major, ich habe mit etwas Ähnlichem gerechnet.«

»Wie, heute nacht?« Die Worte entschlüpften Alistair, ehe er sie zurückhalten konnte.

»Irgendwann während meines Aufenthaltes, und ich dachte, wenn ich eine Bemerkung fallen ließe, daß ich in vierundzwanzig Stunden verschwunden sein würde, würde X sich vielleicht etwas beeilen.«

»Und der Schrei wegen des Feuers — der sollte Sie veranlassen, herauszustürmen? Haben Sie den Schrei gehört?«

»Ich wäre nicht überrascht, wenn Bill Parsons ihn in der Marylebone High Street gehört hätte«, erwiderte Crook in seiner typisch flapsigen Art. »Klang wie die Stimme Ihrer Tante.«

»Ja«, stimmte Alistair zu. »Aber sie scheint vollkommen durcheinander.« Sein Blick fiel wieder auf den Draht. »Oh nein«, sagte er schnell. »Das ist nicht möglich.«

»Das habe ich auch nicht behauptet.« Crook bückte sich und löste den Draht. Es war eine spiralförmige Vorhangschnur. »Sehen Sie, Major, dies bleibt am besten unter uns. Sie wissen doch, wie Frauen reagieren, wenn man sie einweiht. Wir werden schon genügend Theater haben, ohne daß wir uns zusätzlich Schwierigkeiten aufhalsen. Außerdem würden sie nur viele Fragen stellen.«

»Ich habe das Bedürfnis, selbst eine zu stellen«, gestand Alistair. »Hilft Ihnen dieser Vorfall, den zu überführen, hinter dem Sie her sind?«

»Aber Sie glauben doch nicht, ich ließe zu, daß jemand versucht, mein Lebenslicht auszublasen, ohne etwas dagegen zu unternehmen?« Crook klang sowohl verblüfft als auch erzürnt. »Natürlich werde ich dies hier verwenden. Ich fürchte«, und hier gewann seine Stimme ihre übliche Freundlichkeit wieder, »ich werde für jemanden eine große Enttäuschung sein. Einen alten Hasen wie mich erwischt man nicht mit dem ersten Schuß. Der Vorteil, den ich Ihnen gegenüber habe, ist, daß ich ein Profi bin, und Sie sind alle Amateure. Und auch wenn einem Amateur mal ein Glücksschuß im Dunkeln gelingt, so wie das blinde Huhn sein Korn findet, so sind sie doch meistens wie dieses Samenkorn in dem Gleichnis, das der Wind fortträgt, weil es keine Wurzeln hat. Was ich meine, ist, sie haben einfach kein Stehvermögen. Ich dagegen bin mehr wie dieser Fluß, oder was auch immer es war, worüber dieser Dichter schrieb. Ich bin nicht zu stoppen. Aber das will X nicht zulassen. Sein Stolz ist sein Unglück. Er glaubt, er kann Arthur Crook eins auswischen. Nun, er wird dazulernen müssen. Eine Runde Bridge kann man durch Dusel gewinnen, aber Glück allein reicht nicht für eine ganze Partie.«

Alistair hatte sich vorgebeugt und betrachtete den Draht,

der wie ein langer silberner Wurm auf dem schäbigen Teppich lag.

»Ich weiß, was das ist«, sagte er. »Während des Krieges wurde sowas für die Verdunkelungsvorhänge benutzt.«

»Was auf die Hand einer Frau schließen läßt«, rief Crook dramatisch aus. »Also, teilen Sie den Damen mit, daß ich sie nicht länger stören werde. Um acht Uhr werden ich und meine Höllenmaschine Sie verlassen, und gegen acht Uhr abends werden wir wieder zurück sein.«

»Wollen Sie damit sagen, daß Sie nach London zurückkehren?«

»Richtig. Vergessen Sie nicht: Für Sie mag das hier eine Frage von Leben und Tod sein, für mich ist es nur ein Fall von vielen.«

»Ich verstehe nicht ganz — ich nehme an, Sie gehen nach London, um noch den einen oder anderen Hinweis zu überprüfen?«

»Nicht nötig«, sagte Crook. »Alles, was ich brauche, habe ich bereits hier«, und dabei tippte er sich an die Stirn. »Ich sehe mich natürlich nach etwas Unterstützung um, aber die brauche ich erst, wenn ich zurückkomme.«

»Warum wollen Sie so lange warten?« drängte Alistair. »Können Sie den Fall nicht sofort abschließen?«

»Also hören Sie!« Crook war beleidigt. »Ich bin doch wirklich noch nicht lange hier, oder? Jedenfalls nicht so lange, um Ihre Gastfreundschaft übermäßig zu strapazieren. Außerdem sind Sie mich heute den ganzen Tag los, und ich werde nur noch eine einzige Nacht Ihre heiligen Hallen entweihen, dann haben wir es geschafft.«

»Ich nehme nicht an, daß Sie mir verraten werden, was ...«

Crook schüttelte den Kopf. »Wenn ein Mensch sich Zwänge durch Hasseln und Hag.« Alistair glotzte ihn verständnislos an. »Oh, das war wohl vor Ihrer Zeit. Abwarten und Tee trinken. Verstehen Sie? Ich kann die Sache nicht zu Ende bringen, weil nicht der richtige Zeitpunkt dafür ist. Die Geisterstunde mag was für Dichter sein, aber sie ist nichts für Leute, die ihren Lebensunterhalt ehrlich verdienen. Wenn Sie jemals um zwei Uhr morgens ein Experiment durchgeführt hätten, würden Sie verstehen, was ich meine. Was ich brauche, ist eine Gesellschaft mit einem guten Abendessen im Bauch, die rundum zufrieden ist. Niemand fühlt sich so um zwei Uhr morgens. Nein, ich werde pünktlich zum Dinner wieder hier sein, und danach werden wir die Beweise durchgehen. Spätestens dann brauchen Sie mich nicht mehr zu fragen, wer Lewis Bishop wirklich erschoß.«

13. Kapitel

Crook ging recht vergnügt davon, aber die Menschen, die er zurückließ, waren alles andere als fröhlich. Alistair hatte von seinem Gespräch mit Crook berichtet und mehrfach erklärt, er wisse nicht, was Crook bezwecke, er könne ihn nicht zwingen, in einer bestimmten Weise vorzugehen, und nun, da man ihm den Fall übertragen habe, könne man nichts weiter tun als still dazusitzen und die weitere Entwicklung abzuwarten. Alicia quälte ihn mit Fragen bezüglich des Anlasses für Crooks so abrupte Abreise.

»Es ist gemein, einfach zu schweigen«, sagte sie in plötzlicher Verärgerung. »Weil sich nun jeder in seiner Phantasie die schlimmsten Dinge ausmalt. Und die Feststellung, Tante Tessa habe Alpträume gehabt, ist keine Antwort. Und ich finde es besonders merkwürdig, daß, was immer auch geschehen ist, gerade in der Nacht geschah, in der Dutchy darauf bestand, daß ich meine Schlaftabletten einnehme.«

»Du hättest gar nichts tun können«, erklärte ihr Alistair. »Niemand hätte irgend etwas tun können.«

Alicia befand, das klinge ihr nach einer Verschwörung.

Jedenfalls litten alle unter der Spannung, die über ihnen lag. Niemand wußte, was Crook vorhatte, und ihre Unwissenheit hatte ein gegenseitiges Mißtrauen hervorgebracht. Vielleicht entsprach das gar Crooks Absicht. Alicia faßte diese Ängste in Worte.

»Ich habe nachgedacht«, begann sie. »Denkt ihr, er könnte dahinterstecken? Ich meine, glaubt ihr, er ist fortgegangen und hat uns aus gutem Grund alleingelassen, weil er weiß, daß die Spannung an unseren Nerven zerrt, daß wir beginnen werden, uns gegenseitig zu verdächtigen, uns zu fragen 'Hat er etwa ...?', 'Könnte sie vielleicht ...?'«

»Das ist ja krankhaft«, unterbrach sie Tessa scharf. »Ich vermute, er denkt überhaupt nicht an uns. Ich finde es höchst nachlässig von ihm, fortzugehen, ehe er seine Aufgabe beendet hat. Kaum besser als ein Klempner. Reißt einfach alle Rohre aus der Wand, verschwindet dann für eine Woche und läßt dich ohne Wasser zurück. Jedenfalls verstehe ich nicht, warum er so geheimnisvoll tut. Ich weiß genau, wer Lewis erschoß, und das habe ich auch von Anfang an gesagt.«

Selbst Dutchy schien nun mit ihrer Geduld am Ende zu sein, aber Alistair verhinderte weiteren Streit, indem er mit ruhiger Stimme sagte: »Ich frage mich, was es ist, das einer von uns verheimlichen wollte, und das Crook herausgefunden hat. Denn Alicia hat recht. Er ist in gewisser Weise sehr skrupellos. Er würde nicht davor zurückschrecken, unser gegenseitiges Vertrauen zu zerstören, wenn es ihm bei der Klärung des Falles helfen könnte.«

Je länger der Tag andauerte, desto mehr spitzte sich die Lage zu, wie Kriegsberichterstatter sich auszudrücken pflegen. Mrs. Goodier stieß Dutchy vor den Kopf, als sie ihr erklärte, die Tatsache, daß sie seit zwanzig Jahren wie eine Familienangehörige behandelt worden sei, mache sie nicht zum Familienoberhaupt. Dutchy entgegnete schroff, das Zusammenleben mit einer verrückten Frau stelle jedermanns Nerven auf eine harte Probe. Alicia, wohl zum zwanzigsten Mal von ihrer Tante gefragt, was sie wohl glaube, was Crook im Schilde führe, ließ sich dazu hinreißen, hysterisch zu schreien: »Nun, ich war nicht dabei, als Lewis Bishop erschossen wurde, also könnte er vielleicht beweisen, daß ich es getan habe.«

Nur Alistair blieb äußerlich gelassen, doch auch ihn bewegten Furcht und Panik im Innersten. Mit mehr Phantasie begabt als die anderen, stellte er sich Crook als großen Hummer vor, der in seinem Büro saß und unbarmherzig mit seinen Zangen jeden Leckerbissen in seiner Reichweite an sich zog, ohne Eile, ohne Aufregung, die Zerstreuungen des Abends als Teil seiner täglichen Arbeit betrachtend. Vielleicht vergaß er sogar, daß Four Acres überhaupt existierte, bis es Zeit für ihn wurde, seinen Wagen zu besteigen und schnorchelnd und prustend aufs Land zurückzukehren.

Den ganzen Tag über wuchs die Spannung, bis um sechs Uhr nachmittags die Atmosphäre derart geladen war, als ob am Horizont ein echtes Unwetter heraufzog. Tessa, Alicia, sogar Dutchy huschten, wenn sie sich unbeobachtet fühlten, an die Fenster und schauten nach dem Wagen aus. Sie saßen herum, vermieden die Gesellschaft der jeweils anderen, grübelten über dies und das, fragten sich, welcher Art Crooks Experiment wohl sein könne und welche Rolle sie dabei spielen würden. Jeder glaubte an eine Falle, in die er Unvorsichtige hineintappen könne. Crooks großes, grimmiges, unbewegtes Gesicht schien über allen zu schweben wie das Gesicht der Edamer Katze, die auf dem Baum im Wunderland plötzlich erschien und wieder verschwand. Aber als er schließlich wirklich kam, hielt niemand nach ihm Ausschau. Und die bloße Gegenwart dieses Mannes schien alle Gespenster und Teufel, die das Haus heimgesucht hatten, zu verscheuchen. Er ging direkt auf die Vordertür zu und brachte mit, was Alicia wie ein Polizeiaufgebot vorkam. Ohne ein Wort der Entschuldigung stellte er sie vor. Sie standen in der getäfelten Halle mit ihrer wurmstichigen Truhe, in der ein früherer Vereker einst den Leichnam eines nicht in ehrlichem Kampf gefallenen Feindes verborgen hatte, und wurden beobachtet von den zynisch spöttischen Gesichtern einer früheren Generation, die jetzt die Wand schmückten.

»Das ist Bill Parsons«, sagte Crook und deutete auf einen großen Mann mit einem reichlich entstellten Gesicht, der ein Bein nachzog. »Er hatte schon vor zehn Jahren fast den Löffel abgegeben. Damals stieß er zu mir. Sie müssen ihn gelegentlich bitten, Ihnen darüber zu erzählen. Dies ist Fred Foster, und dies hier Henry Ward. Bill ist unser Diamantenspezialist. Er ist so gut im Aufspüren von Steinen wie ich im Aufspüren von Leichen, und das will schon was heißen.«

»Und — Ihre anderen Freunde?« fragte Tessa, die nur mit Mühe von Alistair und Dutchy daran gehindert werden konnte, ausfallend zu werden.

»Das habe ich doch gerade gesagt. Sie sollen mir bei unserem kleinen Experiment helfen. Sehen Sie, wir sind ein oder zwei Mann zu wenig«, fügte er hinzu, so als seien damit alle Fragen beantwortet.

»Was für ein Experiment ist das?« fragte Alistair im Namen der anderen, die alle mit Verwunderung, Sorge oder Empörung — er war sich nicht ganz sicher — dem Bevorstehenden entgegensahen.

»Ich dachte mir, wenn wir eine Rekonstruktion der Ereignisse jener Nacht aufführten, könnten wir vielleicht der Wahrheit etwas näherkommen«, schlug Crook vor. »Ich habe so eine Ahnung, wie es passiert ist, doch leider bin nicht ich derjenige, der überzeugt werden muß.«

Bei diesen ebenso lebhaft wie beiläufig geäußerten Worten hielten alle den Atem an. Er ließ so deutlich erkennen, daß es für ihn nur ein Experiment war, obwohl es für einen von ihnen den Tod bedeuten konnte.

»Was erwarten Sie von uns?« fragte Tessa.

»Ich nehme an, er wird es uns schon wissen lassen, wenn er soweit ist«, entgegnete Dutchy.

»Ich bin schon jetzt soweit«, sagte Crook. »Ich schlage vor, nach dem Dinner gehen wir nochmal alles durch, was in jener Nacht geschah, in der Lewis Bishop ermordet wurde. Jeder, der anwesend war, kann seine Rolle selbst spielen, und wir anderen springen für die Abwesenden ein. Wir wollen Ihnen keine Umstände machen. Bill und ich können die Bibliothek für die Aufführung herrichten.«

»Da gibt es nichts herzurichten«, warf Tessa unruhig ein.

»Es ist also nichts verändert worden? Stuhl, Tische, Vorhänge, alles wie es war? Nun, dann ist ja alles in Ordnung, was, meine Freunde?«

»Die Vorhänge mußten wir natürlich zur Reinigung weggeben, sie waren in schrecklichem Zustand. Sehen Sie, er stand mit dem Rücken ...«

»Ich verstehe schon«, beruhigte sie Crook. »Aber Sie haben doch sicher irgendeinen Ersatz für sie?«

»Ich denke nicht«, sagte Tessa kühl.

»Oh, kommen Sie. Was ist denn mit all den Verdunkelungsvorhängen passiert, die Sie während des Krieges aufhängen mußten? Sie haben doch wohl kaum alle zerschnitten, um Kinderkleider für die Heiden daraus zu nähen?«

»Ich bin sicher, wir können uns einfach vorstellen, daß die Vorhänge da sind«, warf Dutchy ein, die sah, daß Tessa jeden Augenblick einen Wutanfall zu bekommen drohte.

»Das wäre nicht das gleiche«, entgegnete Crook. »Stellen Sie sich vor, ich vertrete Bishop, stehe hinter dem Vorhang und belausche die anderen mit gespitzten Ohren. Wenn Sie mich dabei sähen, würde Ihnen der Sinn des Ganzen entgehen. Nein — Spontaneität — jawohl, das ist es. Aber machen Sie sich keine Sorgen. Geben Sie uns nur die Werkzeuge, und wir bringen die Sache in Ordnung. Bis zum Dinner ist alles fertig, und im Anschluß daran können wir dann mit der Vorstellung beginnen.«

Widerstrebend machte sich Dutchy daran, die wenigen vorgeschriebenen Meter Verdunkelungsvorhänge herbeizuschaffen, die Theo angeschafft hatte. Er hatte die ganze

Verdunkelung als großen Unsinn bezeichnet. »Irgendein Kerl im Innenministerium hat vermutlich einen Schwager, der das Monopol für diese Vorhänge besitzt, und er denkt sich, er könne das Land ausnehmen. Nun, mich wird er nicht mehr als unbedingt nötig schröpfen!« Das war die Art, wie Theo die Dinge sah, und es gab viele Theos im ganzen Land während des Krieges.

»Er hatte vielleicht in diesem Fall unrecht«, sagte Crook. »Ich kann das nicht beurteilen, aber Korruption hat es zu allen Zeiten überall gegeben. Dennoch, ich will nicht klagen. Gäbe es keine schlechten Menschen, brauchte man auch keine guten Anwälte.«

Und so trottete er davon, klein, genial und entschlossen, zu seinen drei Kollegen in der Bibliothek. Nach einer Weile rief er nach Alistair.

»Sie waren doch die meiste Zeit da, nicht wahr?«, sagte er. »Könnten Sie mir einen Plan zeichnen, so genau wie möglich, der zeigt, wer in jener Nacht wo stand? Zeichnen Sie die Vorhänge, die Stelle, wo Lewis Bishop hereinkam, machen sie es so genau wie möglich. Fred und Henry«, fuhr er in seinem typischen Plauderton fort und beobachtete, wie die beiden Männer die langen schwarzen Verdunkelungsvorhänge am Fenster anbrachten, »werden Goodier und Bletsoe darstellen, ich werde das Opfer sein, und Bill kümmert sich um das Licht und diese Dinge. Oh, und ich habe eine Pistole als Requisite mitgebracht.« Er steckte eine Hand in die Tasche seines monströsen Umhängemantels und zog eine nicht weniger monströs aussehende Waffe heraus. »Sie ist nicht geladen«, erklärte er, »obwohl ich sicher bin, daß man beträchtlichen Schaden damit anrichten könnte, wenn man sie jemandem über den Schädel schlägt. Sie werden Sie gleich brauchen. Nein, warten Sie einen Augenblick. Hat nicht zuerst die alte Dame damit rumgespielt? Ich nehme nicht an, daß sie Amok laufen wird oder sowas? Sie scheint mir nicht ganz richtig im Oberstübchen.«

»Ich glaube, darum müssen Sie sich keine Sorgen machen«, erwiderte Alistair betont förmlich. »Sie ist nur nach all den Ereignissen etwas mitgenommen.«

»Schon möglich«, konzedierte Crook großzügig. »Sie ist auch nicht mehr die Jüngste, nicht wahr? Auf jeden Fall ist es nicht ratsam, ihr die Waffe zu früh auszuhändigen. Also, haben Sie den Plan?«

»Ich bin sofort fertig. Soweit ich mich erinnere, standen wir alle etwa so.«

»Ihr solltet lieber auch herkommen und es euch ansehen«, forderte Crook seine Kollegen auf. »Vortreten, Ihr Hintermänner! Henry, du stellst Bletsoe dar — sogar der Vorname stimmt. Fred spielt Goodier.«

Er studierte mit den beiden anderen eingehend die Zeichnung. Sie war recht einfach, und es bedurfte nicht viel Zeit, sie sich einzuprägen.

»Also, paßt genau auf, damit ihr nachher keinen Fehler macht«, beschwor sie Crook. »Hier geht's um Zentimeter. Wo ist der Tisch, auf den Sie die Waffe legten?«

»Hier, neben den Vorhängen. Dutchy stellte auch die Lampe darauf ab, vielmehr ich, nachdem ich sie ihr abgenommen hatte. Natürlich war zu dem Zeitpunkt die Pistole schon nicht mehr da.«

»Und Bishop kommt durch diesen Spalt des Vorhangs herein.«

»Nun, er öffnet den Vorhang und schließt ihn anschließend nicht mehr ganz.«

»Und er ist nicht besonders weit von dem kleinen Tisch entfernt.«

»Wollen Sie damit sagen, daß er eventuell die Hand ausstreckte und die Waffe an sich nahm, ehe er seinen effektvollen Auftritt hatte? Nun, er hätte natürlich die Möglichkeit gehabt, aber ...«

»Hören Sie zu«, ermahnte ihn Crook. »Hier geht's um Leben und Tod. Vermutungen können wir uns nicht leisten.

Unsere Aufgabe ist es, etwas zu beweisen. Fred, sind die Vorhänge befestigt? Gut.« Er verschwand in der Nische zwischen Fenster und Vorhang. »Bei Gott, ganz schön dunkel hier drin. Die Leselampe spendet nicht allzuviel Licht. Fast wie ein richtiges kleines Zimmer, nicht wahr?«

Diesmal tobte draußen kein Sturm, aber es war pechschwarz hinter den Fensterscheiben, ein Himmel wie aus Ebenholz, ohne Sterne, nur ein leichter Wind seufzte in den Bäumen. Crook kam wieder aus seinem Versteck.

»Natürlich konnte Bishop durch den Vorhangspalt in den Raum hineinsehen, und das tat er auch. Das machte ihn vielleicht gefährlich. Oder auch nicht, je nachdem. So, ich denke, wir sind soweit. Gib mir den Plan, Fred. Ich habe einen kleinen Dialog angefertigt, den ich euch Jungs jetzt aushändige, sozusagen als Leitfaden. Ich werde Miss Turner bitten, Miss Verekers Platz einzunehmen. Sagten Sie nicht, sie verstehe etwas von Schauspielerei?«

»Ein Hobby«, entgegnete Alistair geistesabwesend. »Sie spricht davon, Stücke zu inszenieren oder sowas. Ich vermute, es steckt nicht viel dahinter.«

»Sie kann mich nicht recht leiden«, sagte Crook nachdenklich. »Denkt, ich sei zu rechthaberisch, nehme ich an. Ich könnte vielleicht etwas nachgeben und sie um Rat fragen, zum Beispiel was das Bühnenbild angeht, vielleicht ist sie dann etwas hilfreicher. Schließlich spielt sie eine wichtige Rolle, und ich möchte nicht, daß sie alles vermasselt. Nun gut, das wär's dann wohl. Laßt uns essen gehen.«

Beim Abendessen berichtete Bill Parsons, der nach Dutchys Meinung wie ein Stück aus einer Sammlung ägyptischer Grabschätze aussah, über die Diamanten.

»Goodier hatte sie, das steht fest«, sagte er. »Das war es vielleicht, was Bletsoe über ihn wußte. Der arme Teufel wollte Goodier vermutlich erpressen. So wie es Leute gibt, die zu Märtyrern geboren sind, so gibt es auch geborene Verlierer. Ich denke, Bletsoe gehörte zu diesen chronisch Erfolglosen.«

»Aber dieser Erfolg hat Mr. Goodier nicht viel geholfen«, sagte Dutchy herzlos. »Vielleicht war auch er ein geborener Pechvogel.«

»Hören Sie auf den Rat eines Profis«, sagte Bill ernst. »Arbeiten Sie allein. Es ist der einzig sichere Weg. Wenn eine Sache zwei Paar Hände erfordert – lassen Sie die Finger davon! Es wird zu teuer. Ich sage Ihnen«, sein Gesicht nahm nun den unendlich kompetenten Ausdruck eines Ministers an, der dem Unterhaus einen Gesetzentwurf vorlegt, »wenn Sie mit jemandem zusammenarbeiten, sind Sie ungefähr so sicher wie auf einer Eisscholle während einer Hitzewelle. Unsere Gefängnisse sind voll von Leuten, die mit Partnern oder in Banden gearbeitet haben und dann verpfiffen wurden.«

»Bill spricht aus Erfahrung«, ergänzte Crook. »Niemand kennt diese Seite des Lebens besser als er. Der Polizei muß er etwa fünfzehn Jahre lang ziemliche Kopfschmerzen bereitet haben, bevor er die Seiten wechselte und zu mir stieß.«

Tessa, das war offensichtlich, hatte die Tragweite dieser Erklärungen nicht begriffen. Dutchy hingegen verstand sehr wohl, und entsprechend verächtlich war ihr Blick. Alicia, die die Hemmungen der älteren Generation nicht kannte, fragte frei heraus: »Bedeutet das, daß Sie Umgang mit Dieben hatten?«

»Aber ich habe Ihnen doch gerade erklärt«, sagte Bill, der plötzlich gelangweilt wirkte, »ich hatte niemals mit irgend jemand Umgang. Ich arbeitete allein.«

»Bill entwickelt sich zu einem richtigen Prachtstück«, fuhr Crook bewundernd fort und wandte sich Alistair zu. »Er ist wirklich ein Gentleman, wenn Sie verstehen, was ich meine. Er paßt sich seiner Gesellschaft an. Er weiß, daß er in einer erstklassigen Umgebung wie dieser für sein Essen singen muß – und ist er nicht eine Nachtigall?«

* * *

Das Essen schien niemals enden zu wollen. Crook zwitscherte wie ein Londoner Spatz und aß so unbekümmert, daß sich Dutchys Gesicht verfinsterte. Wenn auch die Lebensmittelsituation etwas entspannter war als in den Kriegsjahren, so achteten doch die meisten Leute sehr darauf, wieviel sie in fremden Häusern aßen, insbesondere auf dem Lande, wo man seine Rationen nicht durch Mahlzeiten in Hotels oder Restaurants ergänzen konnte. Crook hingegen aß fleißig alles, was man ihm vorsetzte. Die Mitglieder der Familie jedoch rührten ihre Teller kaum an, und selbst Alistair erweckte lediglich den Anschein, als esse er. Dutchy, die zornig war über Crooks ausgezeichneten Appetit, ärgerte sich paradoxerweise auch über Alistair, weil der kaum etwas aß. Sie wollte nicht wahrhaben, daß diese Einstellung Ausdruck einer tiefen inneren Angst war. Doch als sie sich umsah, nicht offen und frei, wie es sonst ihre Art war, sondern mit verstohlenen Seitenblicken, wurde ihr klar, daß sich diese Angst auf den Gesichtern aller Familienmitglieder widerspiegelte. Alicia hatte recht. Ob es von ihm geplant oder das Ergebnis eines bloßen Zufalls war, Crook hatte es geschafft, sie alle, wenn auch vielleicht nicht direkt mit Angst, so doch mit gegenseitigem Mißtrauen zu erfüllen. Er selbst war so penetrant selbstsicher, so überzeugt, daß er im Verlauf der nächsten Stunde den Verbrecher festnageln würde. Vielleicht war es Bluff – aber hatte man je einen so überzeugenden Bluff gesehen? Hinzu kam, daß, auch wenn sie es sich nicht eingestehen wollten, jeder von ihnen ein tiefes Unbehagen darüber verspürte, daß einer am Tisch aller Wahrscheinlichkeit nach genau wußte, was sich in der Nacht, in der Lewis Bishop starb, abgespielt hatte.

Endlich sagte Crook, er denke, wenn alle mit dem Essen fertig seien, könne es jetzt losgehen. Selbstverständlich wolle er niemanden zur Eile antreiben, fügte er höflich hinzu, aber das Experiment werde vermutlich etwas Zeit in Anspruch nehmen ...

»Ich begreife immer noch nicht, was Mr. Crook vorhat, oder welchen Wert er diesem Vorhaben beimißt«, bemerkte Tessa. Sie sprach Crook nicht direkt an, sondern die Tischrunde als Ganzes.

»Wenn ich es richtig verstanden habe, wird es eine — eine Wiederaufführung der Ereignisse der fraglichen Nacht geben, und die wird uns zeigen, wie sich alles abgespielt hat.« Alistair sprach kühl und höflich wie immer, aber dennoch verriet sein Gesicht, daß er alles andere als glücklich war.

»Da Mr. Crook nicht dabei war, verstehe ich nicht, wie er uns überzeugen will«, jammerte Tessa ungeduldig.

»Ich denke, er wird es dennoch versuchen.«

»Was er auch immer beweist oder zu beweisen glaubt, mich wird er jedenfalls nicht überzeugen«, fuhr Tessa wütend fort. »Denn ich bin sicher, die Polizei hat recht, und ich bin ebenfalls ziemlich sicher, wir verhalten uns nicht gesetzestreu, wenn wir sie behindern.«

»Sie würden also nie einen Kampf aufnehmen, Mrs. Goodier? Durch diese Haltung erleichtern Sie Ihr Leben vielleicht, aber sie machen es höllisch langweilig.«

Alistair dachte, Theo hätte diesen Kerl gemocht. Er schätzte geradliniges Vorgehen und einfache Kleidung.

»Also, wenn wir diese Sache schon erdulden müssen«, schlug Tessa vor, »können wir genausogut gleich damit anfangen. Es wird für uns sehr peinlich und unangenehm werden, aber man kann wohl kaum erwarten, daß Mr. Crook das versteht.«

»Oh, sicher wird es peinlich«, räumte Crook ein. »Aber es wird auch sehr erhellend sein, was mehr ist, als man gewöhnlich über einen Abend sagen kann.«

Unterdessen stellte sich Alistair seine Tante als eine Borgia vor, die, um all das auf einfachste Weise zu verhindern, Gift in Crooks Kelch mischte. Warum wehrte sie sich eigentlich so heftig gegen Crooks Vorhaben?

In seinem Innersten glaubte er, die Antwort zu kennen.

Aber er konnte nicht behaupten, daß ihm die Situation gefiel. Das alles war ihm zu gefährlich. Als sie sich erhoben, hörte er, wie Bill Parsons erleichtert aufseufzte. Er hatte versucht, eine Unterhaltung mit Dutchy anzuknüpfen, aber kein Thema gefunden, an dem sie beide interessiert waren. Dutchy stellte fest, daß er ganz anders war als Mr. Crook, aber als sie versuchte, Genaueres zu erfahren, verschloß er sich wie ein Igel, der sich bei der Berührung durch einen forschenden Finger zusammenrollt. Wie sein Arbeitgeber sträubte sich Bill sowohl gegen Sympathie als auch gegen Neugierde.

Die Bibliothek wirkte ungewöhnlich kühl, obwohl ein trotziges Feuer im Kamin den Kampf gegen die Kälte aufgenommen hatte. Die Verdunkelungsvorhänge, die schlaff herunterhingen, waren ein kläglicher Ersatz für den üppigen Prunk derjenigen, die in der Nacht, als Lewis Bishop starb, dort angebracht gewesen waren, und hinter denen er sich verborgen hatte.

»Ein Wandteppich!« rief Alicia plötzlich aus, und alle drehten sich um und starrten sie an.

»Was um Himmels willen?« setzte Dutchy an, und Alicia erklärte: »Es war das Bühnenbild. Es erinnerte mich — ich weiß auch nicht warum — wir spielten einmal *Hamlet* mit unserer Truppe — ich war die Ophelia ... Es ist immer dasselbe mit diesen Laienaufführungen«, fuhr sie fort. »Man liest die Regieanweisungen, man weiß genau, was man will, vielleicht Marmorsäulen und goldenes Tuch, und dann muß man versuchen, mit ein paar Besenstielen und einigen Verdunkelungsvorhängen sein Bestes zu geben.«

Crook, der immer schauspielerte, hielt nicht viel von Amateuren, von Leuten, die nur nebenbei etwas taten und sich dann für etwas Besonderes hielten, weil sie nicht dafür bezahlt wurden. Aber er erinnerte sich an seine Vorsätze Alicia betreffend, und indem er sein strahlendstes Krokodilslächeln aufsetzte, sagte er: »Ich habe mir gedacht, Miss Turner, Sie wären vielleicht bereit, uns zu helfen, da Sie doch etwas von

Schauspielerei und diesen Dingen verstehen. Ich selbst bin in solchen Sachen ziemlich unbedarft. Nun, der Major hat eine Skizze angefertigt, die zeigt, wer sich in der fraglichen Nacht wo befand, und da wir zu wenig Leute sind, werden Fred und Henry ihre Rollen von einigen Notizzetteln, die Bill und ich zusammen verfaßt haben, ablesen, und vielleicht könnten Sie Miss Verekers Rolle aus dem Stegreif übernehmen und überhaupt das Ganze etwas im Auge behalten.«

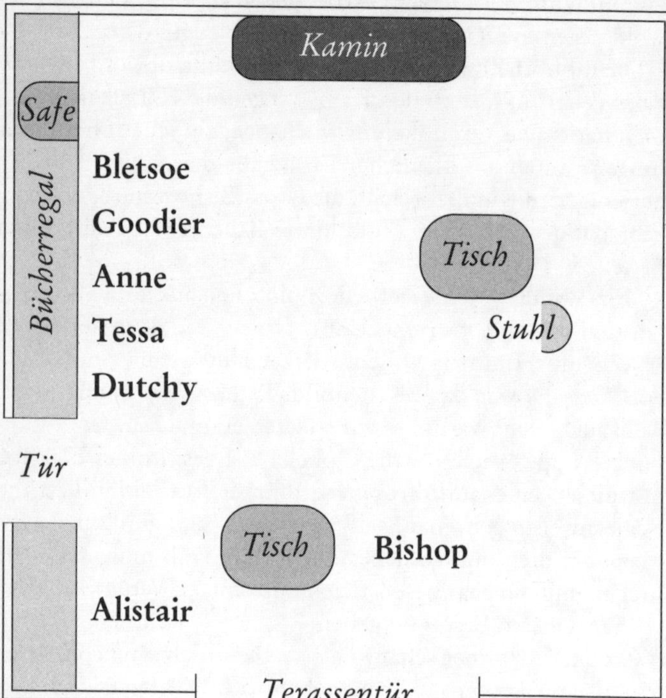

»Erwartet man von uns, daß wir uns daran erinnern, was wir in jener Nacht gesagt haben?« wollte Tessa wissen.

»Nun, der ungefähre Wortlaut dürfte genügen. Natürlich müssen wir improvisieren, aber solange wir den Sinn verstehen, kann nicht viel schiefgehen. Also hier ist der Tisch, richtig so, Major? Prima. Und Sie müssen ganz nah dabeistehen, mit Ihrer Frau Tante an der Bücherwand.«

»Sehr richtig«, sagte Alicia, die keineswegs übergangen werden wollte, lebhaft. »Also — lassen Sie mich sehen — ich stehe hier. Und Mr. Bletsoe und Mr. Goodier direkt dahinter.« Sie sprach, als füge sie ein Puzzle zusammen. Der Geschmack der Macht, welche ihre Rolle ihr verlieh, entzückte sie. Ja, dachte Crook listig, und sie wird sich auch als ihr Untergang erweisen. Ich habe das schon öfter erlebt. Diese rechthaberischen Weibsbilder! Sein Blick wanderte von ihr zu Alistair, aber der junge Mann hatte wieder diesen hölzernen Ausdruck im Gesicht. Selbst von der Küchentür hätte man mehr erfahren können.

»Ich weiß, wo ich stehe, danke«, sagte Tessa und bewegte sich absichtlich etwas von dem ihr zugewiesenen Platz. »Dutchy, du warst dicht neben mir. Ich hoffe doch, Mr. Crook, dies hier wird nicht allzu lange dauern.«

»Nicht länger als nötig«, entgegnete Crook. »Wir werden es zweimal machen müssen, wissen Sie. Einmal, um zu beweisen, daß Miss Vereker es nicht getan hat, und einmal, um zu zeigen, wer es wirklich tat.«

Selbst Alistair war hiervon überrascht. Er warf Crook einen scharfen Blick zu, aber der Anwalt war mit der Fensterdekoration beschäftigt und schien keine Notiz von ihm zu nehmen.

»Also dann!« sagte er, wobei er wie einer jener Leute aussah, die die Menschen auf unseren weniger bekannten Strandpromenaden unterhalten. »Ist alles bereit? So standen alle, als das Licht ausging. Aber wir wollen noch früher beginnen.«

»Wieviel früher?« wollte Tessa wissen.

»Wir sollten am Anfang beginnen, finden Sie nicht auch?« schlug Crook vor. »Ich spiele Bishop. Ich sitze in einem Stuhl neben der Leselampe.« Er nahm seine Position ein. »Was geschieht dann? Das Zigarettenetui, nicht wahr? Bill, leih mir deins. Es ist offen, denn Goodier hat ausgesagt, dadurch erkannten sie, daß Bishop noch nicht schlafen gegangen war. Gut. Die anderen warten besser in der Halle auf ihr Stichwort. Dafür sind Sie zuständig, Miss Turner. Sie können ruhig improvisieren, solange Sie sich kurz fassen. Taten, nicht Worte haben Lewis Bishop getötet.«

»Das ist sicher nur indirekt richtig«, widersprach Dutchy, die nicht widerstehen konnte, diesem widerlichen kleinen Emporkömmling bei jeder sich bietenden Gelegenheit eins auszuwischen.

»Oh, das glaube ich nicht«, sagte Crook, der bei Frauen niemals beliebt sein würde, denn er weigerte sich hartnäckig, anzubeißen, egal wie verführerisch der Köder auch sein mochte. »Auf jeden Fall hatte es jemand auf ihn abgesehen. Aber natürlich kam es X sehr gelegen, daß die Tragödie, das Verbrechen — nennen Sie es, wie Sie wollen — stattfand, als möglichst viele Familienmitglieder anwesend waren. Also, wer ist zuerst dran?«

»Goodier«, sagte Alicia in betont professionellem Tonfall. »Wer spielt ihn übrigens?«

»Fred. Gütiger Himmel, ich habe euch ja noch gar nicht eure Texte gegeben. Hab' ich ganz vergessen.« Er zog die Blätter aus seiner Tasche und reichte sie den anderen. Alicia war empört.

»Soll das heißen, sie haben sie noch nicht einmal gelesen?«

»Seien Sie nicht so streng, meine Dame! Wir sind hier nicht in Drury Lane. Alles, was sie zu tun haben, ist vorzulesen, was ich niedergeschrieben habe. Wir sind nicht interessiert an Atmosphäre oder an Kunst um der Kunst willen oder sowas. Uns geht es nur um das, was in jener Nacht geschah.«

»Müssen sie überhaupt dabei sein?« fragte Tessa.

»Nun, sie waren zu dem fraglichen Zeitpunkt da, also brauchen wir sie auch jetzt. Wenn sie da waren, spielen sie auch irgendeine Rolle in der Sache. Also, lassen Sie uns anfangen. Und machen Sie's so kurz wie möglich. Die lange Szene zwischen Miss Vereker und Bishop brauchen wir nicht, sie bringt uns nicht weiter. Wenn ich auftrete, sage ich: 'Es wird Zeit, daß wir etwas Licht in die Angelegenheit bringen', und dann schaltet Bill die Leselampe aus, und der Spaß kann beginnen. Haben Sie Ihre Streichhölzer, Major? Gut. Vorhang auf!«

Er setzte sich, öffnete die Zeitung und machte es sich bequem. »Vergiß nicht, mir ein Zeichen zu geben, daß du hereinkommst, Fred«, rief er nach hinten.

»Sicher würde James Goodier doch nicht mehr Aufmerksamkeit als unbedingt nötig auf sich gelenkt haben«, gab Alicia, die eifersüchtig ihre Rolle als Ratgeberin verteidigte, zu bedenken.

»Also, ich habe es mir folgendermaßen gedacht: Er konnte nicht sicher sein, die Bibliothek leer vorzufinden, und falls er gesehen würde, wie er die Treppe herunterkam, so war er klug genug, zu wissen, daß er weit mehr Aufsehen erregte, wenn er auf allen Vieren kroch, als wenn er ganz normal ging. Bletsoe kann kriechen, wenn er will. Ich bin sicher, er tat es. Er war ein Kriecher. Außerdem tragen ehrliche Leute keine Taschenlampen bei sich, nicht, wenn sie im Haus sind.«

Er breitete wieder die Zeitung aus. Der Rest der Truppe zog sich zurück — Alicia kommandierend, Dutchy protestierend, Tessa verärgert und verwirrt. Nur Crooks zwei Helfer und Alistair spielten ihre Rollen planmäßig und machten keinerlei Anstrengung, Atmosphäre zu vermitteln. Alicia war sicher, daß keine richtige Laienspielgruppe sie aufgenommen hätte.

Fred Foster hätte man aus hundert Meter Entfernung kommen hören können, dachte Crook, und ein Grinsen huschte über sein Gesicht, doch im Innern blieb er ernst, denn zuviel hing von diesem Experiment ab. Es war ein Schuß ins Blaue, und es war recht zweifelhaft, ob er sein Ziel finden würde. Aber da es der einzige Schuß war, den er im Magazin hatte, mußte er es versuchen.

Die Tür öffnete sich, und der falsche Goodier trat ein. Er

schien Nagelstiefel zu tragen oder jenes Schuhwerk mit Holzsohlen, das während des zweiten Weltkriegs angeboten wurde. Als er schließlich im Raum angelangt war, war dieser völlig leer. Streng nach Manuskript ging der Schauspieler zum Safe, entfernte die Bücher, fingerte ein wenig am Schloß herum und durchquerte dann den Raum bis zu der Stelle, wo der Schlüssel zusammen mit einigen anderen an einem Nagel hing. Obwohl eine ungeheure Spannung den Raum erfüllte und man das Gemurmel derer, die in der Halle versammelt war, hören konnte, machte er keine Anstalten, sich zu beeilen. Es war vereinbart worden, daß er ein Buch fallen lassen solle als Zeichen für den nächsten, der auf seinen Auftritt wartete, aber er stimmte seine Bewegungen zeitlich geradezu perfekt ab. Er öffnete den Safe, nahm die Diamanten, ersetzte sie durch eine Glasperlenkette, die der umsichtige Bill besorgt hatte, verschloß den Safe wieder und drehte sich gerade um, um den Schlüssel zurückzuhängen, als er mit dem Ellenbogen eines der Bücher zu Boden stieß. Sofort öffnete sich die Tür erneut, und Henry kam herein, seine Augen mit dem Manuskript scheinbar untrennbar verbunden. Das Stück, das nun folgte, war zwar faktisch korrekt, aber das Fehlen jeglicher Lebendigkeit und schauspielerischer Akzente trieb Alicia fast zum Wahnsinn. Beide Männer lasen stur ihren Text ab und machten eine Pause, wo eine Handlung vorgeschrieben war. Das hörte sich etwa folgendermaßen an:

Bletsoe: Oh, hallo. Ich hatte nicht erwartet, Sie hier zu treffen. Ich suchte eigentlich Bishop. Lieber Gott, was machen Sie mit den Diamanten?

Goodier: Was glauben Sie wohl, was ich mit ihnen mache — sie fotografieren?

Bletsoe (leidenschaftslos): Ich habe immer gewußt, daß Sie ein Gauner sind.

Goodier: Ich bin sicher, mit Gaunern kennen Sie sich aus.

Bletsoe: Kluge Sprüche werden Ihnen nicht helfen. Wo ist Bishop? Oder haben Sie ihn außer Gefecht gesetzt?

Goodier: Keine Ahnung, vielleicht ist er auf der Toilette. Auf jeden Fall können Sie sicher sein, daß er bald zurückkommt. Er hat sein Zigarettenetui hiergelasssen. Er möchte bestimmt nicht, daß es ein anderer findet. Was wollen Sie überhaupt von ihm?

Bletsoe: Was geht Sie das an?

Goodier: Scheint mir eine merkwürdige Zeit zu sein, die Sie sich ausgesucht haben. Oder hatten Sie auch Interesse an den Diamanten?

Bletsoe: Ich bin kein Dieb.

Goodier: Das nenne ich nun wirklich eine Neuigkeit.

Bletsoe: Ich weiß nicht, was in Dreiteufelsnamen Sie meinen. Wenn ich die Diamanten hätte stehlen wollen, hätte ich es schon längst tun können.

Goodier: Statt dessen haben Sie sich an das Bargeld gehalten.

Bletsoe: Sie sind verrückt.

Goodier: Deshalb tragen Sie wohl eine Taschenlampe, nehme ich an.

Bletsoe: Ich wollte niemanden stören.

Goodier: Ich würde sagen, das haben Sie auch nicht getan.

Bletsoe: So, wie es aussieht, war es ein Glück, daß ich herunterkam.

Goodier: Sie sind doch ein vernünftiger Mensch, nicht wahr?

Bletsoe: Ich weiß nicht, was Sie damit meinen. Ich werde das ganze Haus aufwecken.

Goodier: Ich wäre nicht überrascht, wenn Sie es bereits getan hätten.

Bletsoe: Und allen die Wahrheit sagen.

Goodier: Das ist merkwürdig, das wollte ich auch gerade machen.

Bletsoe: Das würden Sie nicht wagen.

Goodier: Wahrheit, mein Lieber, ist das, was Sie die anderen glauben machen können.

Bletsoe: Ich verstehe Sie nicht.

Goodier: Ich werde den anderen einfach sagen, ich sei hereingekommen und hätte Sie mit den Diamanten in der Hand überrascht.

Bletsoe: Das ist absurd. Was ist mit dem Schlüssel? Sie halten ihn in Ihrer Hand.

Goodier: Das läßt sich leicht ändern. (Geht zu Nagel und hängt Safeschlüssel zurück.) Und man wird es vielleicht unwahrscheinlich finden, daß jemand, der noch nicht lange hier ist, weiß, wo sich der Schlüssel befindet.

Bletsoe (scharf): Und woher wußten Sie es?

Goodier: Ich wußte es ja gar nicht. Sehen Sie, ich habe den Safe nicht geöffnet.

Bletsoe: Aber ...

Goodier: Wollten Sie nicht das Haus wecken? Natürlich würde es Ihnen schwerfallen, zu erklären, warum Sie um diese Zeit hier herunterkommen — noch dazu mit einer Taschenlampe. Besonders wenn bekannt wird, daß Sie Geld brauchen.

Bletsoe: Wer sagt das?

Goodier: Sie haben Schwierigkeiten mit den Büchern, nicht wahr?

Bletsoe: Was wissen Sie über meine Angelegenheiten?

Goodier: Es war nicht das erste Mal. Da war eine Frau — hoppla, was haben Sie denn plötzlich?

Bletsoe: Also, was soll ich Ihrer Meinung nach tun?

Goodier: An Ihrer Stelle würde ich zu Bett gehen und dies alles hier vergessen.

Bletsoe: Sie meinen, ich soll einfach meinen Mund halten und Sie laufen lassen?

Goodier: Nun, warum nicht? Was würden Sie denn vorschlagen?

Bletsoe: Vielleicht möchten Sie die Beute mit mir teilen ...

Goodier: Haben Sie schon mal was von Erpressung gehört?

Bletsoe: Lassen Sie die Sprüche, denn ich ... Passen Sie auf! Es kommt jemand.

Goodier (steckt Diamanten in Tasche): Denken Sie daran:

Wenn man uns fragt — wir kamen herunter, um mit Bishop zu sprechen.

Bletsoe: Was ist mit den Büchern?

Goodier: Wir wissen nichts über die Bücher. (Anne tritt ein) Miss Vereker, wollten Sie auch mit Bishop sprechen?

Anne: Ja. Aber ich erwartete keine Zuhörer.

Goodier: Bishop scheint heute abend sehr beliebt zu sein.

Anne: Wer hinterließ den Safe so?

Goodier: Vermutlich Bishop. Sollen wir ein bißchen aufräumen?

Anne: Wenn er alles so hinterließ, hatte er zweifellos seine Gründe. Nanu, der Rest der Familie befindet sich anscheinend auch auf dem Kriegspfad.

Alistair (draußen): Ich glaube, das ist unser Stichwort, Tante Tessa.

Tessa: Ich finde es vollkommen lächerlich und höchst respektlos gegenüber dem Andenken an Lewis.

Dutchy: Auf jeden Fall ist es in seinem Interesse. Vergessen Sie nicht, den Revolver zu schwenken, das gibt Alistair dann die Gelegenheit, ihn an sich zu nehmen. (Tessa, Dutchy und Alistair treten ein.)

Tessa: Ich nehme an, es macht nichts, wenn ich nicht den genauen Wortlaut wiedergebe. Was um Himmels willen geht hier vor? Ist das eine Party oder was? Und warum wurde ich nicht eingeladen?

Dutchy: Falls das eine Party ist, so ist es eine ziemlich merkwürdige.

Tessa: Falls es keine ist, finde ich es reichlich rücksichtslos, alle aufzuwecken. Wißt Ihr nicht, daß es fast Mitternacht ist? Alistair war schon im Bett.

Anne: Armer Alistair!

Tessa: Und ich bin sicher, ich sah dich auch hinaufgehen.

Anne: Ja, ich weiß.

Tessa: Haben sie dich auch geweckt?

Anne: Ich habe nicht geschlafen.

Goodier: Um die Wahrheit zu sagen, ich wollte mit Bishop sprechen, und ich hatte den ganzen Tag keine Gelegenheit dazu. Ich nehme an, Bletsoe sitzt im gleichen Boot.

Tessa: Das scheint mir alles sehr merkwürdig. Kam Anne auch, um Lewis zu sehen?

Anne: Ja.

Tessa: Das verstehe ich nicht. Was wolltest du denn von ihm?

Anne: Eine — private Angelegenheit.

Tessa: Du hast kein Recht, Geheimnisse mit dem Mann zu teilen, den ich heiraten werde.

Alistair: Vielleicht ist Bishop schlafen gegangen.

Goodier: Das glaube ich nicht, denn dann hätte er kaum sein Zigarettenetui hier liegenlassen. Sie wissen ja, wie er sich wegen seiner Zigaretten anstellt. Ich frage mich, wo um alles in der Welt er steckt.

Bishop (kommt wie ein Schachtelmännchen hinter dem Vorhang hervor und sieht genau wie Arthur Crook aus): Ich kann es euch sagen. Ich bin, wo ich die letzten zwanzig Minuten auch war und alles mit angehört habe.

Tessa: Alles?

Bishop: Die Verschwörung gegen dich, meine liebe Tessa. Oh ja, es gibt eine, und alle stecken mit drin. Wenn sie könnten, würden sie dich alle ausplündern, aber ich werde das verhindern.

Bletsoe: Wie lange, sagten Sie, haben Sie sich bereits hier aufgehalten?

Bishop: Schon seit der erste von Ihnen heute abend die Bibliothek betrat. Ich fand es interessant, herauszufinden, warum sie zu so später Stunde ein so beliebter Treffpunkt ist.

Goodier: Nun, und was haben Sie herausgefunden?

Bishop: Einige sehr interessante Dinge.

Alistair: Ich glaube, ich bin wieder dran. Ich schlage vor, den Safe zu untersuchen. Können wir das nicht etwas kürzen? Ich öffne den Safe und stelle fest, daß die Diamanten verschwunden und gegen irgendwelchen Plunder ausgetauscht sind, und dann gehen wir alle sehr grob miteinander um, und Tante Tessa bringt uns zu der entscheidenden Frage zurück, warum Anne sich um Mitternacht hier unten aufhält. Ich denke, die gegenseitigen Beschimpfungen können wir uns sparen, oder nicht?

Tessa: Ich glaube auch, es reicht. Falls Mr. Crook einverstanden ist ...

(Mr. Crook gab zu verstehen, daß er nicht einverstanden sei — nicht ganz.)

Bishop: Ich finde es in der Tat an der Zeit, daß wir etwas Licht in die Angelegenheit bringen.

Als er das sagte, schaltete einer seiner Kumpane — es war Bill Parsons — das Licht aus. »Nun denn«, sagte Crook. »An die Arbeit! Dies ist der Teil, auf den es ankommt.« Sofort wurde der Dialog wieder aufgenommen.

Dutchy: Ich werde eine Lampe holen.

Tessa: Geh nicht fort, Dutchy. Ich fürchte mich im Dunkeln.

Alistair: Einen Moment. Ich habe ein paar Streichhölzer.

Goodier: Bletsoe hatte eine Taschenlampe bei sich.

Bletsoe: Aber ich habe sie auf den Boden fallen lassen. (Etwas wie ein Buch fiel krachend zu Boden.) Ich werde versuchen, sie zu finden.

Anne: Ich helfe Ihnen suchen.

Bishop: Was ist mit diesen Streichhölzern, Vereker?

Alistair: Sofort.

Ein Streichholz flackerte auf, und ein kleiner Lichtpunkt wanderte von Alistairs Brust zu einem Punkt kurz über seinem Kopf, verharrte dort einen Moment wie eine Spielzeugkerze, um dann zu verlöschen. Aber als es flackerte, richtete Alicia sich auf und machte einen Schritt nach vorn.

»He, Sie!« rief Crook. »Sie müssen warten, bis das Streichholz ausgeht, oder jeder wird Sie sehen. Stop! Die ganze Szene nochmal von vorn.« Alicia errötete vor Ärger über ihren Fehler. »Wir sollten lieber Dutchy zurückrufen.«

»Nicht nötig. Sie hat ihn nicht ermordet. Sie war nicht hier. Nun denn. Beeilen Sie sich mit diesen verdammten Streichhölzern, Vereker.«

»Geht schon los.« Erneut hörten sie das Kratzen des Streichholzes an der Schachtel, das kleine Licht leuchtete auf, wanderte aufwärts, flackerte, hing einen Augenblick bewegungslos in der Dunkelheit und erlosch. Für einen Augenblick herrschte Stille. Jemand bewegte sich. Dutchys Stimme sagte: »Hier ist die Lampe.«

»Was ist mit dem Schuß?« fragte Crook, als Dutchy mit einer Kerze in der Hand auftauchte.

»Ich konnte den Tisch in der Dunkelheit nicht finden«, erklärte Alicia.

»Licht an, Bill!« befahl Crook. Es wurde hell. »Nun, wieviele von Ihnen haben gehört, daß der Major den Revolver auf den Tisch legte?«

»Wie sollten wir denn etwas hören?« sagte Tessa mürrisch. »Bei all dem Krach ...«

»Und jetzt, wo ich darüber nachdenke, fällt mir ein, daß eine Zeitung auf dem Tisch lag. Wie sollten sie da etwas hören?« warf Alistair ein.

»Richtig! Wenn sie es also nicht hören konnten, müssen sie es gesehen haben. Nun, wer von Ihnen sah die Waffe, als der Major das Streichholz entzündete?«

»Ich war nicht im Zimmer«, erklärte Dutchy.

»Alistair stand zwischen mir und dem Tisch«, sagte Tessa.

»Ich hätte schon ein Uhu sein müssen, um sie aus der Entfernung bei Streichholzlicht sehen zu können«, sagte Fred. »Das schließt Goodier aus.«

»Und ich kroch auf allen Vieren über den Teppich. Damit scheidet Bletsoe ebenfalls aus.«

»Und Miss Vereker half dabei. So war es doch wohl? Das schließt auch sie als Täterin aus. Nun, das wär's. Ich sagte Ihnen ja, ich würde beweisen, daß sie es nicht getan hat. Wie dem auch sei, sie hatte gar nicht genug Zeit. Selbst wenn sie die Waffe gesehen hätte, hätte sie durch das Zimmer rennen, sie an sich nehmen, Bishop erschießen, sie wegwerfen und sie im Dunkeln wiederfinden müssen, und das ist nicht so einfach.«

»Ich will nicht behaupten, daß es Anne war«, sagte Alicia. »Nur — wer sonst könnte es getan haben?«

»Die Auswahl ist nicht sehr groß, wie mir scheint«, erwiderte Crook freundlich. Sein Blick richtete sich auf Alistair.

Tessa erstarrte. »Was wollen Sie damit sagen?« kreischte sie.

»Nun, meine Dame, ich bin nicht dümmer als die meisten Leute, aber selbst ich kann nicht erklären, wie jemand, der auf der anderen Seite des Majors stand, die Waffe hätte an sich bringen können.«

Dutchys Verstand arbeitete langsamer als der der anderen. »Aber — wir waren alle auf der anderen Seite.«

»Quod erat demonstrandum«, sagte Crook.

Stille trat ein, die zuerst Erstaunen, dann ungläubiges Entsetzen ausdrückte. Dutchy und Alicia schrien gleichzeitig: »Das ist nicht Ihr Ernst — nicht Alistair! Das ist doch absurd.« Beide wandten sich Crook zu und sahen, wie er sie mit einem seltsamen Lächeln auf den Lippen beobachtete.

»Nun, es war entweder er oder jemand, der nicht im Raum war«, verkündete Crook.

»Es ist verrückt — boshaft. Alistair, sag ihnen ...«

Alistair, wie ein bleicher Geist, öffnete seinen Mund. »Das nennt man wohl in die eigene Falle tappen«, sagte er. »Ich habe Mr. Crook engagiert, damit er beweist, daß Anne nicht schuldig ist, und mich verpflichtet, seine Lösung, wie immer sie auch aussieht, nicht zu kritisieren.«

»Diese Einstellung ehrt Sie«, entgegnete Crook anerkennend. »Mir scheint, die Dame ist etwas außer sich. Wie können wir ihr zeigen, was sich wirklich abgespielt hat?«

»Oh, Sie sind zu jedem Trick fähig«, schnaubte Alicia. »Ich will nichts mehr von dem hören, was Sie zu sagen haben. Aber auch wenn Sie sich für ein Genie halten, Mr. Clever

Crook, so werden Sie doch keinem Gericht weismachen können, daß Alistair Lewis Bishop erschoß.«

»Es gibt einen Punkt, der Ihrer Aufmerksamkeit entgangen zu sein scheint«, bemerkte Alistair. »Wie konnte ich Bishop aus so kurzer Entfernung erschießen, ohne Blut abzubekommen?«

»Das hatte ich keinesfalls vergessen«, versicherte ihm Crook. »Sie werden es gleich sehen.«

»Wenn es niemand sonst gewesen sein kann«, rief Alicia aufgeregt, »wer sagt Ihnen dann, daß Bishop sich nicht selbst erschossen hat?«

»Dann zeigen Sie mir bitte, wie ein Rechtshänder — er war doch Rechtshänder, nicht wahr? — sich mit einer Waffe dieser Größe hinter dem linken Ohr eine Kugel in den Kopf jagt. Außerdem — wenn er wirklich die Absicht gehabt hätte, es selbst zu tun, würde er keine Zeit damit vertrödelt haben, vorher solche Verrenkungen zu veranstalten. Und noch was — Bishop war bekannt als einer, der keinen Penny weggab. Und ausgerechnet er soll sein kostbares Leben weggeworfen haben?«

»Ich vermute, Mr. Crook kann das alles beweisen«, unterbrach ihn Dutchy mit haßerfüllter Stimme.

»Ich verstehe gar nichts mehr«, stöhnte Tessa. »Was geht hier eigentlich vor?«

»Mr. Crook will uns vorführen, wie Alistair Mr. Bishop erschoß.«

»Erinnern Sie sich daran, was Sherlock Holmes immer zu sagen pflegte?« fragte Crook in sanftem Ton. »'Schließe zuerst alles Unmögliche aus, und was übrig bleibt, egal, wie unwahrscheinlich es ist, ist die Antwort.' Nur das versuche ich.«

»Anne war's«, sagte Tessa mit harter Stimme.

»Nein«, widersprach Alistair, »Anne war es nicht.«

»Erzählen Sie ihnen nichts«, flehte Crook ihn an. »Sie würden Ihnen doch nicht glauben. Sie sollen es selbst sehen. Also, Major, kommen Sie, setzen Sie sich hierhin, und Fred setzt sich neben Sie. Henry, du kümmerst dich um das Licht. Nehmen Sie bitte alle wieder Ihre Plätze ein. Sind wir soweit, Miss Turner?«

Alicia schaute sich um. »Ich denke, ja.«

»Gut. Nun dauert es nicht mehr lange. Gib mir doch mal jemand das Stichwort.«

»Wo zur Hölle ist Bishop?« fragte Bill Parsons.

»Hier bin ich, und ich denke, es ist Zeit, daß wir etwas Licht in diese Angelegenheit bringen. Licht, Henry!«

Das Licht ging aus, das dumpfe Stimmengewirr begann erneut.

Die Taschenlampe wurde vom findigen Fred, der neben Alistair saß, zu Boden geworfen, das Streichholz wurde entzündet, hochgehoben und erlosch dann wieder. Fred kratzte mit dem zweiten Streichholz an der Schachtel, als ein lautes Klicken und ein dumpfer Fall zu hören waren und etwas Schweres zu Boden fiel. Und einen Augenblick später, bevor auch nur einer im Raum sich bewegen konnte, konnte man wie in der Nacht von Bishops Tod hören, wie die Terrassentür sich im Wind bewegte.

»Das genügt«, sagte Crook. Seine Stimme entsprang erstaunlich nahe dem Fußboden. »Licht an, Fred. Natürlich hat die junge Dame in jener Nacht die Waffe aufgehoben, aber das ist jetzt nicht wichtig.«

Fred schaltete die Lampe an, und das Licht fiel auf Crook, der massig und plump, aber keineswegs aus der Fassung gebracht, auf dem Boden lag.

»Nun«, forderte er sie heraus. »Verstehen Sie jetzt?«

»Alistair kann es nicht getan haben«, sagte Alicia eifrig, »weil das Streichholz noch entzündet wurde, als der Schuß fiel. Ein Mann kann nicht mit einer Streichholzschachtel herumfummeln und gleichzeitig einen Revolver aufheben.«

»Niemals könnte er das«, stimmte Crook zu. »Nun, das schließt den Major ebenfalls aus. Denn *jemand* hat geschossen und die Waffe auf den Boden geworfen, und wenn sie geladen gewesen wäre, könnte ich jetzt Lewis Bishops Schicksal teilen.«

»Miss Dutchley hielt meine Hand«, sagte Tessa. »Und sie stand auf der anderen Seite von Mr. ... Mr. ...« Sie sah Henry an, als sei er ein Wesen von einem anderen Stern.

»Richtig. Außerdem war sie in der fraglichen Nacht nicht da. Und wenn sie Ihre Hand hielt, können auch Sie es nicht getan haben. Und ich habe mich nicht selbst erschossen.«

»Dann — haben Sie alle berücksichtigt? Oder glauben Sie, es war ein Fremder? Aber ...«

Crook schüttelte den Kopf. »Zu weit hergeholt, Lady, selbst für mich.«

»Aber — ein Geist kann Lewis Bishop doch nicht erschossen haben!«

»Nein. Wie ich schon sagte. Es war entweder der Major oder derjenige, der nicht anwesend war. Und da wir den Major bereits ausgeschlossen haben ...«

»Wo ist Mr. Parsons?« schrie Dutchy plötzlich. »Er ist verschwunden. Wohin ist er gegangen?«

»Nun, durch die Terrassentür natürlich«, entgegnete Crook. »Haben Sie nicht gehört, wie sie hinter ihm zuschlug?«

»Durch die Terrassentür?« Alle starrten ihn an. Wie eine Herde Kühe, dachte Crook.

»Sicher. Den gleichen Weg, den der Täter in der Mordnacht nahm.«

14. Kapitel

Augenblicklich entstand ein Höllenlärm. Das Stimmengewirr erstickte alles, was Crook zu sagen versuchte. Alistair erhob sich, und mit ihm der wachsame Fred.

»Ich bin nicht sicher, ob ich Sie richtig verstanden habe«, bekannte Alistair. »Beschuldigen Sie einen von uns?«

»Ich bin nicht die Polizei«, betonte Crook. »Ich biete Ihnen lediglich die Tatsachen. Wie Sie soeben gesehen haben, *könnte* Bishop von jemandem erschossen worden sein, der *in diesem Raum* war und später verschwand.«

»Aber es fehlte niemand, als das Licht wieder anging«, entgegnete Alistair hartnäckig.

Crook zwinkerte ihn unter seinen roten Augenbrauen hervor listig an. »Sind Sie sicher? Was Sie meinen, ist, als Miss Dutchley die Lampe hereinbrachte, sahen Sie die gleiche Anzahl Leute, die dort waren, als das Licht ausging.«

»Und auch die gleichen Personen«, beharrte Alistair.

»Sehr richtig«, stimmte Crook freundlich zu.

»Sie meinen, es war eine Art unsichtbarer Mann im Zimmer?« Alistair starrte ihn ungläubig an.

»Schon möglich. Gewissermaßen. Sehen Sie, Major« — er ließ sich zu Erklärungen herab — »Sie haben soeben den entscheidenden Punkt berührt, als Sie fragten, wie Sie Bishop aus nächster Nähe erschossen haben sollten, ohne mit Blut besudelt zu sein. Und selbstverständlich traf das auch auf Ihre Cousine zu. Ich war von Anfang an ziemlich sicher, daß sie unschuldig war, denn wenn sie ihn erschossen hätte, wäre das Blut überall auf ihren Schuhen, auch auf dem Oberleder, gewesen, und nicht nur an den Sohlen. Das beweist, daß sie in eine Blutlache hineintrat, und unser Problem ist nun — wer ist für die Lache verantwortlich? Wer war mit Blut befleckt?«

»Keiner!« antwortete Alistair, nun endgültig verwirrt.

»Die Vorhänge sind ruiniert, ganz egal, was die Reinigungsfirma sagt. Sie werden nie wieder wie vorher sein«, bemerkte Tessa spitz.

»Das ist es«, rief Crook aus. »Das ist genau der Hinweis, auf den ich gewartet habe. Angenommen, jemand hätte sich in die Vorhänge gewickelt. Was würden Sie dazu sagen?«

»Entweder hat er den Verstand verloren«, rief Tessa, »oder er ist —« Sie unterbrach sich. *Betrunken* hatte sie sagen wollen, und sie hätte es ebensogut aussprechen können.

Alistair jedoch war schneller. »Ich würde sagen, die Person ist schuldig. Ich glaube, ich weiß jetzt, worauf Sie hinauswollen.«

»Ich wünschte, ich wüßte es auch«, sagte Dutchy.

»Mr. Crook versucht uns klarzumachen, daß, wer immer Bishop erschoß, hinter den Vorhängen versteckt war, aus deren Schutz den Schuß abgab und durch die Terrassentür floh. Habe ich recht, Mr. Crook?«

»Sie sind nah dran«, bestätigte Crook.

»Aber wir waren doch alle hier«, protestierte Dutchy. »Das heißt ...« Sie hielt inne und starrte Crook entsetzt an.

»Ja«, sagte Crook ernst. »Ich sehe, Sie kommen der Sache ebenfalls näher. Einen Effekt haben wir bei unserer kleinen Aufführung heute abend ausgelassen. Wir mußten darauf verzichten. Ich rede von der Scheibe, die in jener Nacht zersprang. Man kann selbst der Kunst zuliebe keine Fenster zertrümmern.«

»Und wenn schon«, unterbrach ihn Alicia ungeduldig. »Das zerbrochene Fenster hat nichts mit dem Mord zu tun. Es handelte sich zufällig um meins.«

»Die einzige, die in der Nacht, in der Lewis erschossen wurde, nicht hier war, war Alicia«, bemerkte Tessa, die den anderen geistig immer etwas hinterherhinkte. »Und wenn man nicht anwesend ist, kann man nicht schuldig sein.«

»Quod erat demonstrandum«, stimmte Crook zu. »Und wo war sie?«

»Im Bett, nehme ich an.«

»Natürlich«, rief Alicia. »Und ich kam runter, als ich den Schuß hörte.«

»Aber nicht sofort«, erwiderte Crook.

»So schnell es ging. Ich mußte nur noch meinen Morgenrock anziehen.«

»Sind Sie sicher, daß es der Schuß war, der Sie geweckt hat, und nicht die zerbrochene Scheibe? Schließlich war es Ihr Fenster.«

Alicia wurde unruhig. »Ganz sicher. Der Schuß kam zuerst. Aber wie dem auch sei. Ist denn das von Bedeutung?«

»Vielleicht«, erwiderte Crook.

»Und ich weiß, es war der Schuß«, beharrte Alicia.

»Ich verstehe nicht, wie Sie sich da so sicher sein können, wo Sie doch schliefen«, wandte Crook ein.

»Weil ich das mit dem Fenster erst bemerkte, nachdem ich mit der Polizei gesprochen hatte und in mein Zimmer zurückgekehrt war.«

»Wirklich?« fragte Crook. »Haben Sie viele Fenster in Ihrem Zimmer?«

»Nur eins. Die untere Scheibe war sowieso schon gesprungen, deshalb ist sie bei dem Sturm auch zerbrochen.«

»Und das bemerkten Sie nicht, als Sie das Bett verließen? Ihnen fiel nicht auf, daß es hereinregnete?«

»Vor meinem Fenster sind dicke Vorhänge. Ich ziehe sie nachts immer zu. Und der Regen ist nicht durch diese Vorhänge gedrungen.«

»Nun, also da gibt es wiederum etwas, das ich nicht verstehe«, bekannte Crook freundlich. »Wenn ich mich recht erinnere, sagte Miss Dutchley, Sie seien, als sie Ihnen etwas Tee brachte, gerade dabei gewesen, Ihren Mantel zu trocknen, der vorm Fenster gelegen hatte und naß geworden war. Aber lassen wir das mal beiseite. Sie gingen dann direkt nach unten? Sie hielten sich nicht noch irgendwo auf?«

»Nirgends. Ich ging den Flur entlang und die Treppe hinunter. Alistair telefonierte in der Halle.«

»Ich gestehe Ihnen zu, daß eine Dame länger braucht, um ihren Morgenrock anzuziehen, als ein alter Haudegen wie ich. Aber der Kerl war erschossen worden, und das hatte Sie aufgeweckt. Und die anderen hatten auf die Lampe gewartet, die Leiche untersucht, die Diamanten gefunden, den Rest der Familie aus dem Zimmer gescheucht, und dann erst dachten sie daran, zu telefonieren.«

»Das Ganze hat nicht mehr als ein oder zwei Minuten

gedauert«, wandte Alistair ein. »Und es ist wahr, daß ich Miss Turner die Treppe runterkommen sah, falls das von Bedeutung sein sollte.«

»Schon möglich«, sagte Crook in seiner typischen, aufreizenden Art.

»Soll das heißen, Sie glauben mir nicht?« Alicia sah aus, als wolle sie ihm die Augen auskratzen.

»Natürlich glaube ich Ihnen«, sagte Crook betont sanft. »Genau so habe ich es mir vorgestellt. Sie kamen also runter und gingen in den Salon zu den anderen. Und dann kam die Polizei?«

»Ja, es ist ganz einfach.«

»Ist es das wirklich?« fragte Crook und wirkte verwirrt. »Ich meine, was ich nicht verstehe, ist, wie Ihr Haar so naß werden konnte, wenn Sie direkt aus dem Bett kamen und nur die Treppe runtergingen. Es tropfte wie das Haar einer Meerjungfrau — oder wie bei jemand, der gerade aus dem Regen hereingekommen war?«

Alicia warf trotzig den Kopf zurück. »Genau so war es. Ich beugte mich aus dem Fenster und sah, oder vielmehr spürte, den Regen. Es muß sehr heftig geregnet haben, denn ich wurde sehr schnell naß.«

»Das können Sie mir nicht erzählen«, warnte Crook sie. »Wenn Sie aus dem Fenster sahen, hätten Sie bemerken müssen, daß es zerbrochen war, und das erfuhren Sie erst später. Das haben Sie soeben selbst gesagt. Mehr noch. Wenn Sie wirklich in Ihrem Zimmer waren, als der Schuß fiel, und dann die Scheibe zerbrach, hätten Sie wissen müssen, daß es sich um Ihr Fenster handelte. Und Sie hätten den Mantel weggelegt, oder etwa nicht? Sie müssen sich schon eine bessere Geschichte ausdenken, Miss Turner.«

Unter Crooks mitleidlosen Blicken bekam Alicias Gesicht schmalere, härtere Züge.

»Was wollen Sie damit sagen, Mr. Crook?«

Er beugte sich vor. »Ich erwarte von Ihnen, daß Sie mir

erklären, was Sie in der Mordnacht hinter den Vorhängen taten.«

Tessa stieß einen verzweifelten Schrei aus, der allen das Blut in den Adern gefrieren ließ. »Was meint er damit? Was will er damit sagen? Daß Alicia es getan hat? Alicia, die Theo praktisch aus der Gosse holte ...«

»Tante Tessa!« bat Alistair.

»Sie hätte als Ladenmädchen arbeiten müssen, wenn er sie nicht aufgenommen hätte. Und das ist nun der Dank, diese ...«

Dutchy legte ihre Hand auf Tessas Mund. »Mrs. Goodier, Sie wissen ja nicht, was Sie sagen. Und noch ist nichts bewiesen. Mr. Crook hat lediglich eine Theorie ...«

»Natürlich ist nichts bewiesen«, schrie Alicia zornig. »Und es wird auch keine Beweise geben. Das Ganze ist doch nur ein Haufen Lügen.« Aber der erfahrene Crook spürte die Angst hinter diesen energischen Worten.

»Also, wenn Sie nicht da waren, wie konnten Sie dann wissen, daß Goodier als erster die Bibliothek betrat? In dem Brief, den er hinterließ, als er Bletsoe tötete, behauptete er, Bletsoe sei vor ihm dagewesen.«

Alicia rang verzweifelt um die Kontrolle über eine Situation, die ihr längst entglitten war.

»Ich nehme doch nicht an, daß *das* jemand geglaubt hat. Natürlich mußte er es behaupten. Sie haben doch wohl nicht erwartet, daß er sich selbst belastet.«

»Aber die meisten tun es.«

»Sie sind wirklich sehr klug, Mr. Crook«, schrie Alicia. Ihre Augen durchschnitten den halbdunklen Raum wie Scheinwerfer. »Sehr klug und ziemlich, ziemlich skrupellos. Ich vermute, gleich werden Sie auch noch beweisen, daß ich in der letzten Nacht den Vorhangdraht vor Ihrer Tür befestigte? Aber wenn Sie es beweisen können, warum haben Sie dann nichts dagegen unternommen?«

»Nun, das ist eine Überraschung«, gestand Crook lächelnd.

»Wer hat denn hier die Katze aus dem Sack gelassen?« Er sah Alistair an. »Ich dachte, wir hätten vereinbart, darüber Stillschweigen zu bewahren.«

»Ich habe mit niemandem darüber gesprochen«, entgegnete Alistair entschieden.

»Warum weiß dann die Dame von diesem Vorkommnis? Es gibt nur eine Person außer dem Major und mir, die davon wissen konnte — bis jetzt, jedenfalls — und das ist X selbst.«

Tessa befreite sich aus Dutchys Griff, kam näher und fragte: »Was hat das mit dem Draht auf sich? Und warum wurde mir davon nichts berichtet? Es ist doch wohl immer noch mein Haus?«

»Irgend jemand«, erklärte Crook höflich, »befestigte in der letzten Nacht einen Draht an der Treppe vor meiner Zimmertür, kurz bevor Feueralarm gegeben wurde.«

»Wie lächerlich!« sagte Tessa. »Und sehr gefährlich. Ich kann diese dummen Streiche nicht leiden.«

»Oh, ich denke, es war mehr als nur ein Streich«, entgegnete Crook.

»Und warum sollte jemand sowas tun?«

»Falls mich jemand loswerden wollte, nun, dann war es ein recht guter Einfall. Sehen Sie, es gibt nach Mitternacht kein elektrisches Licht in diesem Haus, und wenn Sie aufwachen und irgend jemanden 'Feuer!' rufen hören, nun, dann ist es doch naheliegend, aus dem Bett zu springen und wie der geölte Blitz zum Treppenabsatz zu sausen, um nachzusehen, was los ist. Und wenn dann zufällig ein Stück Draht vor der Treppe gespannt ist, dann stehen die Chancen recht gut, daß unser ungestümer Freund Hals über Kopf die Stufen runterpurzelt und sich bei dieser Turnübung sein verdammtes Genick bricht. Es ist außerdem eine recht geschickte Methode, jemandem das Lebenslicht auszublasen, denn ein Stück Draht deutet kaum auf eine bestimmte Person hin. Nicht wie ein Revolver oder Gift. Vielleicht lag der Draht irgendwo herum, oder« — er warf einen Blick auf die noch immer verwirrt schauende Dutchy – »er wurde irgendwo aufbewahrt, wo jeder, der sich im Haus auskannte, ihn in die Finger kriegen konnte, und so ein Draht liefert keine Fingerabdrücke.«

»Dann – wollen Sie damit sagen, daß es nicht meine Tante war, die den Alarm gab?«

»Seien Sie nicht kindisch, Major! Natürlich war sie es nicht. Warum sollte sie, wenn es nirgends brannte?«

»Es klang wie ihre Stimme. Miss Dutchley dachte das auch.«

»Das sollten Sie auch denken«, erklärte Crook ungeduldig. »Wie nah war die Stimme, die Feuer rief?«

»Genau vor meiner Tür.«

»Und Miss Dutchley?«

»Ich war weiter weg, aber es klang so, als komme es aus der Richtung.«

»Von Mrs. Goodiers Zimmer?«

»Ja.«

»Aber Mrs. Goodier schlief letzte Nacht nicht in ihrem Zimmer.«

»Nein, aber niemand wußte das ...«

»Genau. Niemand wußte es. Also, wenn Sie den Eindruck erwecken wollten, es handele sich um Mrs. Goodier, die das Haus aufschreckte, würden Sie sich genau vor ihrer Tür aufstellen und einen Schrei ausstoßen, so daß alle überzeugt wären, Mrs. Goodier habe gerufen. Ist es nicht so?«

»Ich sagte Ihnen bereits, ich habe mit dieser Sache nichts zu tun. Noch bin ich nicht verrückt«, schnaubte Tessa.

»Aber ich glaube Ihnen ja«, versicherte ihr Crook. »Ich habe Ihnen die ganze Zeit geglaubt. Und im Moment ist meine Meinung diejenige, die zählt.«

Sie sah ihn an, als ob plötzlich eine Ratte ihren Kopf durch ein Loch im Fußboden gesteckt hätte.

»Und wenn Sie es nicht waren, ist die Auswahl wohl klein genug, um schnell festzustellen, wer es gewesen sein muß. Sie erzählten uns, Sie wollten zur Bühne gehen und Parodien aufführen, nicht wahr, Miss Turner ...?«

»Wenn Sie mir diese Sache anhängen wollen, sind Sie verrückt. Glücklicherweise kann ich beweisen, daß ich ein Schlafmittel genommen hatte. Das Licht war noch nicht abgeschaltet, als Miss Dutchley mir heiße Milch brachte und zusah, wie ich zwei Tabletten einnahm. Sie müssen zugeben, daß das Ihre absurde Theorie über den Haufen wirft, ich hätte den Draht befestigt und den Feueralarm gegeben.«

»Der Täter selbst ist kein glaubwürdiger Zeuge«, sagte Crook unbeeindruckt. »Sie nahmen die Tabletten selbst ein, nicht wahr? Also konnte es sich ebensogut um Aspirin handeln, oder Sie konnten sie wieder ausspucken, sobald Sie allein waren.«

Alicias Stimme wurde schrill. »Dutchy kam herein und schüttelte mich — sehr heftig sogar — und ich bin nicht aufgewacht. Ist das kein Beweis?«

»Das beweist nur, daß Sie wußten, daß sie hereinkam. Falls Sie aber so fest schliefen, wie konnten Sie es dann wissen? Es hat keinen Sinn mehr, Miss Turner. Das Spiel ist aus! Sie erschossen Lewis Bishop von Ihrem Platz hinter dem Vorhang aus — nur Sie und der Major konnten die Waffe im spärlichen Licht des Streichholzes sehen — Sie liefen zur Terrassentür hinaus und durch den Garten zum Seiteneingang. Dabei wurden Ihr Haar und Ihr Mantel im starken Regen naß. Sie liefen hinauf in Ihr Zimmer, zogen Mantel, Kleid und Schuhe aus, schlüpften in irgendwelche Schlafsachen und kamen sofort nach unten, ohne auch nur Ihre Kleidungsstücke wegzulegen. Sie wollten unbedingt wissen, was da unten vor sich ging. Nur — eine wichtige Kleinigkeit haben Sie vergessen.«

»Und die wäre?« konterte Alicia mit einer Stimme, die arrogant klingen sollte, aber nur noch pure Angst ausdrückte.

»Wenn eine junge Dame wie Sie sich schlafen legt, schminkt sie sich ab und schmiert sich was anderes ins Gesicht, damit sie am nächsten Morgen von neuem mit der Prozedur beginnen kann. Aber Sie kamen in voller Kriegsbemalung und aufgeputzt herunter — und erzählen Sie mir nicht, Sie hätten keine Zeit gehabt, den Mantel aufzuhängen, wohl aber genug Zeit, sich zu schminken und Ohrringe anzulegen.«

Alicia wurde still und sah von einem zum anderen. Alle schwiegen. Selbst Tessa hatte nichts zu sagen. Alicia sah zu Alistair hinüber, und er erwiderte ihren Blick mit etwa soviel Gefühl wie eine Holzpuppe. Natürlich war er es, der ihnen erzählt hat, daß mein Haar naß war, und — nun, das spielt jetzt keine Rolle mehr. Sie konnte einfach nicht glauben, daß dies mit ihr geschah. Niemand kann das. Die Männer, die Crook mitgebracht hatte, schienen absolut gefühllos. Für sie war Alicia kein Wesen aus Fleisch und Blut, sondern nur die Frau, die sie in Crooks Auftrag beobachteten.

»Hast du auch diese Briefe geschrieben und auf die Maschine gelegt?« fragte Tessa plötzlich, aber Crook gab selbst die Antwort. »Ich denke schon. Jeder andere hätte jedenfalls die Rechtschreibung verbessert.«

Alistair erinnerte sich daran, wie sie versucht hatte, die Schuld ihrer Tante in die Schuhe zu schieben. Dutchy sah sie an, wie die alten Römer wahrscheinlich die christlichen Märtyrer betrachteten. Tessa sah aus wie eine Zeitbombe. Alicia entdeckte keine Spur von Anteilnahme, wohin sie auch schaute.

»Ich nehme an, ich hatte ein Motiv«, räumte sie verzweifelt ein.

»Das gleiche wie alle anderen. Er wollte Sie rauswerfen, Sie enterben — sagte er das nicht? Bestimmt mußten Sie den Gedanken schrecklich finden, in eine Welt zurückzukehren, in der Mädchen in Geschäften arbeiten müssen, nachdem Sie jahrelang in einem Herrenhaus gelebt hatten.«

Alicias Augen waren voller Haß. »Schmarotzer hat er uns alle genannt — alle! Alistair, James Goodier, mich! Stand dort, warnte uns alle, daß er tun könne, was er wolle. Das dachte er zumindest.«

»Das war wohl so ziemlich das letzte, was er sagte, bevor der Schuß abgefeuert wurde?« vermutete Crook. Aber in dem

Moment griff der Mann, den Crook als Henry vorgestellt hatte, ein.

»Ich würde keine weitere Aussage machen, wenn ich an Ihrer Stelle wäre, Miss. Sie haben das Recht, einen Anwalt zu sprechen, falls Sie das wollen. Sehen Sie«, fügte er erklärend hinzu, »was immer Sie jetzt sagen, kann später gegen Sie verwendet werden.«

Sie drehte sich um. »Wer sind Sie? Sie können mich nicht festnehmen, das wissen Sie. Sie sind nicht von der Polizei.«

Crook sagte in seiner nüchternen Art: »Auch in einem Küchenschrank kann ein Baumgeist wohnen, wie Chesterton zu sagen pflegte. Wenn man einen Diamanten schneiden will, muß man einen zweiten Diamanten benutzen. Oh, Henry besitzt sehr wohl eine Uniform, aber er trägt sie nicht, wenn er nicht auffallen will.«

»Ich verstehe!« keuchte Alicia. »Wie hinterhältig, aber das ist wohl typisch für Sie. Ihnen ist es egal, wen Sie kriegen, solange Sie nur Ihren Fall gewinnen!«

Henry ergriff erneut das Wort. »Vielleicht könnte die Dame Ihnen helfen, ein paar Sachen einzupacken, und dann können wir aufbrechen. Es ist schon ziemlich spät ...« Dabei richtete er einen hoffnungsvollen Blick auf Dutchy.

* * *

»Dennoch«, sagte Alistair, als er und Crook allein in der Bibliothek waren, »ich glaube nicht, daß sie genug Beweise haben, um sie zu verurteilen.«

»Vielleicht *noch* nicht«, sagte Crook. »Aber alles, was sie brauchen, wird sie ihnen liefern. Amateure tun das immer.«

* * *

»Wenn du meine Meinung hören willst«, sagte Crook, als er und Bill am nächsten Morgen endlich Four Acres verließen, »das Schicksal hat es mit den Frauen nicht gerade gut gemeint, als es ihnen Zungen so lang wie das Haar meiner Großmutter verpaßte. Warum reden sie soviel? Wenn dieses Mädchen ihren Mund gehalten hätte, hätten wir sie nie erwischt. Es geht mir gegen den Strich, in einen solchen Fall verwickelt zu werden, denn eigentlich war es doch ein guter Mord. Nicht viele Verbrecher sind so schlau, unsichtbar zu sein. Wäre sie oben in ihrem Zimmer geblieben und sofort zu Bett gegangen, hätten wir sie nie gekriegt. Sie hätte sich um ihr Gesicht kümmern und ihre Kleidung weghängen können, und ehe jemand zu ihr hinaufgegangen wäre, hätte sie ihr Haar getrocknet haben können. Es hätte nicht die Spur eines Beweises gegeben, daß sie jemals in der Bibliothek war. Aber nein, sie muß runterkommen, direkt vor die Scheinwerfer treten und dann auch noch ihren Mund aufmachen und reden. Gestern abend hat sie sich mindestens ein halbes Dutzend mal verraten, hat uns Sachen gesagt, die sie niemals hätte wissen können, wenn sie nicht unmittelbar dabei gewesen wäre. Was hat dieser französische Schriftsteller noch über die Tugend gesagt, die ohne Eitelkeit nicht weit kommt? Er hatte recht. Es ist die Eitelkeit, die die Fingerabdrücke hinterläßt, und die Tugend, die sie findet.« Er sah Bill erwartungsvoll an. Es war ein schwieriger Fall gewesen, extrem heikel, und er sehnte sich nach etwas freundschaftlichem Geplauder und vielleicht einem anerkennenden Schulterklopfen. Bill jedoch blieb schweigsam. Er hielt vor der *Geißel*, gleich neben der *Herz 4* an der großen Straße nach Westen.

»Nett, daß die Kneipen in dieser Gegend so früh aufmachen, nicht wahr?« sagte er.

Crook warf ihm einen haßerfüllten Blick zu. »Eins ist sicher«, schnaubte er, *»dich* wird jedenfalls nie jemand für eine Frau halten.«

Wütend warf er die Wagentür hinter sich zu.

In der Ariadne-Reihe sind bisher erschienen:

Ariadne 1001 Anthony Gilbert: Das Geheimnis der alten Jungfer
Ariadne 1002 Marion Foster: Wenn die grauen Falter fliegen
Ariadne 1003 Joy Magezis: Untergetaucht
Ariadne 1004 Anthony Gilbert: Fette Beute
Ariadne 1005 Lauren Wright Douglas: Lauernde Bestie
Ariadne 1006 Jessica Mann: Das Gewerbe der Mrs. Knox
Ariadne 1007 Katherine V. Forrest: Die Tote hinter der Nightwood Bar
Ariadne 1008 Josephine Bell: Mord im Ruhestand
Ariadne 1009 J.R. Hulland: Der Tod studiert mit
Ariadne 1010 Masako Togawa: Der Hauptschlüssel
Ariadne 1011 Sarah Dreher: Stoner McTavish
Ariadne 1012 P.M. Carlson: Vorspiel zum Mord
Ariadne 1013 Val McDermid: Die Reportage
Ariadne 1014 Kim Småge: Die weißen Handschuhe
Ariadne 1015 Katherine V. Forrest: Amateure
Ariadne 1016 Dorothy Cannell: Die dünne Frau
Ariadne 1017 Kim Engels: Zur falschen Zeit am falschen Ort
Ariadne 1018 Dolores Komo: Clio Browne, Privatdetektivin
Ariadne 1019 Barbara Wilson: Der Porno-Kongreß
Ariadne 1020 Sonja Lasserre: Gestern, heute und kein Morgen
Ariadne 1021 Val McDermid: Das Nest
Ariadne 1022 P.M. Carlson: Sicher ist nur Mord
Ariadne 1023 Sarah Dreher: Schatten (Stoner McTavish 2)
Ariadne 1024 Joan Hess: Rufmord
Ariadne 1025 Sarah Schulman: Ohne Delores
Ariadne 1026 Dorothy Cannell: Der Witwenclub
Ariadne 1027 Barbara Wilson: Ein Nachmittag mit Gaudí
Ariadne 1028 Joy Magezis: Schüttelfrost
Ariadne 1029 Katherine V. Forrest: Beverly Malibu
Ariadne 1030 Susan Kenney: Zuchtrosen
Ariadne 1031 Mary Wings: Sie kam zu spät
Ariadne 1032 P.M. Carlson: Versuch mit Mord
Ariadne 1033 Val McDermid: Der Fall
Ariadne 1034 Anthony Gilbert: Schwarze Bühne
Ariadne 1035 Marion Foster: Wenn die Macht ihr Netz auswirft

Schildkröte Clementine hat Lust auf Abenteuer ...

... Schildkrötengatte Arthur hingegen möchte, daß Clementine zu Hause bleibt, während er arbeiten geht. Er überhäuft sie mit Geschenken, die sich auf ihrem Panzer türmen und sie immer unbeweglicher und unglücklicher machen. Als sie merkt, daß ihr nur noch ihre Träume geblieben sind, befreit sie sich. Sie verläßt Arthur und geht auf Reisen.

Argument-Sonderband 202
Neue Folge
208 Seiten, broschiert
DM 18,50

Feministische Märchen und Geschichten wie diese gefallen Erwachsenen, Kindern aber nicht. Woran liegt es, daß alternative Erziehungsansätze, die von Kindern ein nicht-geschlechtsspezifisches Verhalten erwarten, so wenig erfolgreich sind? Warum verwenden Kinder im Gegenteil ihre erfinderische Kreativität darauf, die Einordnung in weiblich und männlich »korrekt« vorzunehmen, wollen Mädchen wie Mädchen und Jungen wie Jungen sein?

Die australische Sozialwissenschaftlerin Bronwyn Davies erforscht seit vielen Jahren die soziale Welt von Kindern. Sie las mit Mädchen und Jungen im Vorschulalter Märchen und zeichnete die anschließenden Gespräche und Spiele auf. Fesselnd und neu verknüpft sie feministische Theorie und empirische Untersuchung, präsentiert faszinierende Einzelheiten aus der Welt der Kinder und vermittelt neue Einsichten in die soziale Konstruktion von Geschlecht.

Argument

Rentzelstraße 1 · 2000 Hamburg 13